BASTEI LÜBBE

Von Norman Vincent Peale sind außerdem bei BASTEI-Lübbe lieferbar:

66168 Lebe positiv!
66180 So hast du mehr vom Leben
66223 Die Kraft des positiven Denkens
66328 Leben kann Freude sein
66337 Nimm das Glück in deine Hand
66365 Das Abenteuer des Lebens
66366 Die Wirksamkeit positiven Denkens
66367 Begeisterung wirkt Wunder

Über den Autor:

Norman Vincent Peale wurde am 31. Mai 1898 in Bowersville/Ohio, USA geboren. Nach einer journalistischen Ausbildung arbeitete er zunächst für das *Detroit Journal* und studierte dann Theologie an der *University School of Theology*. Er veröffentlichte zahlreiche Bestseller zu seiner Theorie des positiven Denkens, die in viele Sprachen übersetzt wurden. Er starb am Heiligabend 1993.

NORMAN VINCENT

PEALE

Der leuchtende Stern

Was uns zu Gewinnern macht

Aus dem Amerikanischen von
Rosmarie Winterberg

BASTEI LÜBBE

BASTEI-LÜBBE-TASCHENBUCH
Band 66368

Erste Auflage: Mai 1999

Originaltitel: POWER OF THE PLUS FACTOR
Originalverlag: Fleming H. Revell Company,
Old Tappan, New Jersey

Neuausgabe 1996
Die ersten Auflagen dieses Buches erschienen
unter dem Titel »Der Plus-Faktor«.
Linzenzausgabe im Bastei-Verlag Gustav H. Lübbe GmbH.,
Bergisch Gladbach
Einbandgestaltung: Manfred Peters
Titelfoto: Bavaria, Düsseldorf
Druck und Verarbeitung: Elsnerdruck, Berlin
Printed in Germany
ISBN 3-404-66368-3

Das Reich Gottes ist inwendig in euch.

Lukas 17,21*

* Alle Bibelworte sind in dieser deutschen Ausgabe nach der sog. Schlachter-Bibel (»Unter Berücksichtigung der besten Übersetzungen nach dem Urtext übersetzt von Franz Eugen Schlachter«, Das Haus der Bibel, Genf/Zürich) zitiert.

Inhalt

1

Die Herausforderung des Plus-Faktors, der Lebenskraft

Und wenn ich Ihnen sagte, daß Sie eine Macht in sich haben, die Ihr Leben zu revolutionieren vermag? Eine Macht, die unsichtbar, unberührbar, aber vollkommen wirklich ist.

Eine Macht, die Sie so dramatisch verwandeln kann, daß sie unter ihrer Führung ein völlig neuer Mensch werden, stärker, zuversichtlicher, ausgeglichener, energischer, spannkräftiger, besser imstande, mit der ständig wachsenden Kompliziertheit des modernen Lebens fertig zu werden.

Angenommen, ich fügte hinzu, daß diese ungewöhnliche Kraft Sie aus dem Versagen zum Erfolg, aus der Krankheit zur Gesundheit, aus dem Selbstzweifel zur Selbstsicherheit emporheben kann.

Und wenn ich Ihnen dann weiter versicherte, sie könnte Ihnen helfen, gleichgesinnte Freunde zu finden, Probleme zu lösen, aus abgestandenen Gewohnheiten auszubrechen, geradezu explosionsartig in eine Welt zu dringen, die total anders ist als die Welt, die Sie bisher gekannt haben, eine Welt der Begeisterung und Heiterkeit, des Verstehens und der Freude – wie würden Sie reagieren?

Ich denke, Sie würden mehr über diese Macht wissen wollen: Wie heißt sie? Woher kommt sie? Wie hnde ich sie? Was muß ich tun, damit sie in meinem Leben wirksam wird?

Meine Antworten dürften Sie überraschen, weil sie so einfach sind. Jedermann weiß, daß es eine Lebenskraft gibt, die alles Lebendige auf dieser Welt erhält und beseelt. Mit ihr lebt man. Ohne sie ist man tot. Diese Lebenskraft hat Gott in uns alle gelegt. Das, worüber ich hier schreibe, ist eine besondere Äußerungsform, eine besondere Konzentration von ihr, die Außergewöhnliches tut für Menschen, die sie begreifen und die Hand nach ihr ausstrecken und sie in ihrem Leben wirken lassen.

Ich nenne sie den Plus-Faktor.

Sie ist die Eigenschaft des *Besonders*-Seins, die wir an gewissen Menschen bemerken. Menschen, die mit mehr Eifer, mehr Energie, mehr Begeisterung leben als andere.

Die sich höhere Ziele setzen und sie häufiger erreichen.

Die trotz Widrigkeiten und Mühsal immer weitermachen.

Die Pech einfach abschütteln und, wo immer sie hinkommen, Wärme und Anteilnahme und Ermutigung ausstrahlen.

Kurz, Menschen, in denen ein wunderbarer Plus-Faktor am Werk ist.

Gewiß, sagen Sie jetzt vielleicht, ich kenne solche Leute, aber wie ist das mit mir? Wie komme ich zu solchem *Besonders*-Sein? Wo finde ich diesen Plus-Faktor?

Auch darauf ist die Antwort ganz einfach. Sie finden ihn dort, wo Sie ihn am wenigsten vermuten: in Ihnen selbst.

Wenn der liebe Gott einen Menschen wie Sie oder mich erschafft, wie fängt er es an? Ich stelle mir gerne vor, daß er zuerst all die komplizierten Körperteile so einrichtet, daß sie miteinander im Gleichgewicht und in Harmonie sind: Haut, Knochen, Nerven, alle Elemente einer erstaunlichen Maschine, die ein Leben lang halten soll.

Er aber, der uns »ein bißchen niedriger als die Engel« erschafft, fügt noch etwas hinzu. Er gibt jedem von uns eine

Macht, die ich den Plus-Faktor nenne: dieses Extrading *im Geist*.

Dort bleibt es, tief drin in der Persönlichkeit jedes einzelnen. Sie brauchen nicht auf die Suche zu gehen; es ist bereits dort. Über eines aber müssen Sie sich klar sein: Die Macht des Plus-Faktors aktiviert sich nicht selbst. Sie ist im Menschen latent vorhanden und bleibt latent, bis sie aktiviert wird.

Das ist der Grund, weshalb sie sich bei manchen Menschen stärker zeigt als bei andern. Es sind Menschen, die gelernt haben, wie man sie aufbietet.

Wenn Sie wollen, daß dieser wunderbare Kraftstrom in Ihnen aktiv wird, sollten Sie vorab einige Dinge tun.

- Machen Sie als erstes die wesentliche Entdeckung, daß der Plus-Faktor kein Mythos, nichts Abstraktes ist, sondern eine Tatsache, die seit Jahrhunderten von klugen Menschen erkannt und genutzt wird.
- Als nächstes akzeptieren sie, daß der Plus-Faktor bereits in Ihr Inneres eingepflanzt ist und nur darauf wartet, freigelassen zu werden.
- Dann entschließen Sie sich, daß er zur Wirkung gebracht werden soll. Es darf dabei kein Vielleicht, kein Zaudern, keine Halbherzigkeit geben. Sie müssen es intensiv, dringend, unbedingt wollen. Und Sie müssen es *sofort* wollen.
- Sie entschließen sich, der Tatsache ins Auge zu blicken, daß diese herrlichen angeborenen Möglichkeiten nicht voll ausgelebt werden. Sie geben zu, daß sie bisher – zum Teil aus Unwissenheit – blockiert, ignoriert, vernachlässigt wurden. Sie geben sich selbst das Versprechen, Ihre Denkweisen neu zu ordnen, so daß die Hindernisse wegfallen und die Kraft sich Bahn brechen kann.

- Wenden Sie schließlich das an, was Ihrem Leben Macht gibt – die Methode der Heiligen Schrift: »Allen denen aber, die ihn aufnahmen, gab er Vollmacht ...« (siehe Johannes 1,12).

Wir leben in einer Welt der Gesetze, die im geistigen wie im körperlichen Bereich gelten. Und hier ist das Wichtigste, was es zu bedenken gilt:

Der Plus-Faktor tritt im Leben eines Menschen im Verhältnis zu der Harmonie in Erscheinung, in der sich dieser Mensch mit Gott und seinen umfassenden Gesetzen befindet.

Wenn Sie wollen, daß der Plus-Faktor in Ihrem Leben wirksam wird, wenn Sie am empfangenden Ende des Kraftstroms stehen wollen, dann müssen Sie lernen, auf bestimmte Weise zu denken und zu handeln und eine bestimmte Art Mensch zu sein.

Dieser Lernprozeß liegt durchaus im Rahmen unserer Fähigkeiten, und das vorliegende Buch möchte Ihnen helfen, ihn zu meistern. Nur dürfen Sie nicht erwarten, daß es eine mühelose Meisterschaft wird. Der Plus-Faktor ist uns allen eingepflanzt – aber sehr tief.

Es ist fast, als wüßte der Schöpfer, daß ein gewisses Maß an ringendem Bemühen für seine Kinder gut ist. Er weiß auch, daß sie das, was sie sich erarbeiten müssen, am höchsten schätzen. Infolgedessen richtete er es so ein, daß der Plus-Faktor in einem Menschen nicht einfach lossprudelt, sondern begriffen und aktiviert werden muß. Der Herr installierte den verborgenen Dynamo, doch ist es unsere Aufgabe, die Sperren und Hindernisse zu entfernen, die den Strom kurzschließen. Es ist unsere Aufgabe, die Türen unseres Inneren zu öffnen und diese Energie, diesen Plus-Faktor, herausdringen zu lassen.

Oft erkennt man auf den ersten Blick, ob bei Menschen der Plus-Faktor wirkt oder nicht. Man sieht etwa eine junge Frau eine Straße entlanggehen, ihr leuchtendes Haar weht im Wind, eine fast greifbare Aura von Gesundheit und Lebenskraft umgibt sie, in ihren klaren Augen liegt Zuversicht, ihr Schritt ist zielbewußt, und man sagt zu sich selbst: »Ja, da ist es. Sie hat es. Sie hat den Plus-Faktor, und der Plus-Faktor hat sie.«

Dann stößt man auf ein menschliches Wrack, das schlaff an einer Wand lehnt, den Kopf hängen läßt und ins Leere starrt, und man weiß genau, daß hier der Plus-Faktor nicht an der Arbeit ist; er wurde von einigen oder einer ganzen Reihe von Minus-Faktoren blockiert: Alkohol, Drogen, Angst, Sorge, Schuldgefühl, Krankheit. Er wurde bis zu dem Punkt verneint, wo jemand nicht mehr in der Lage ist, selbst mit den elementarsten Herausforderungen des Daseins fertig zu werden

Oder ein drittes Beispiel: Man lernt einen offensichtlich tüchtigen Menschen kennen, der bei weitem nicht so kreativ ist, wie er aufgrund seiner Fähigkeiten sein könnte.

Ich glaube nicht, daß es einen genauen Plan oder ein ausführliches Rezept für die Freisetzung des Plus-Faktors gibt. Wenn es so etwas gäbe, besäßen wir alle ihn in viel größerem Maße. Doch je mehr wir lernen, an ihn zu glauben, ihm zu vertrauen und uns ihm aufzuschließen, desto mehr erfahren wir, daß Ziele erreicht, Pläne verwirklicht werden, die Schaffenskraft durchhält, Befürchtungen und Spannungen weichen und geistiges Wachstum nicht nur möglich, sondern fast unvermeidlich wird.

In diesem Buch weise ich auf einige der wichtigsten Lebensbereiche hin und zeige auf, wie der Plus-Faktor Menschen in schwierigen oder leidvollen Zeiten geholfen hat; ich biete Vorschläge an, die dem Leser helfen werden, ihn zu finden und einzusetzen. Es ist das Anliegen dieses Buches, ein besseres Verständnis dieses inneren Kraftvorrates zu ermöglichen und einen Beginn seiner Wirksamkeit zu veranlassen.

Wir wollen dort anfangen, wo der Plus-Faktor auf einen nicht greifbaren, aber beachtlichen Bereich des menschlichen Daseins trifft: im Bereich der Träume.

2

Der Plus-Faktor und kreatives Träumen

Haben Sie manchmal das Gefühl, nicht alle Möglichkeiten auszuschöpfen, die sich Ihnen bieten?

Plagt Sie gelegentlich der Gedanke, es seien größere Energien, kreativere Ideen und die Fähigkeit zu Problemlösungen irgendwo in Ihnen eingesperrt?

Wenn ja, dann sind Sie nicht allein. Wir *alle* haben von Zeit zu Zeit solche Empfindungen.

Ich glaube, diese Gefühle stammen aus dem Bewußtsein, daß die Lebenskraft in uns ein Bruchteil der großen, allumfassenden Lebenskraft ist, die wir Gott nennen. Da wir, wie die Bibel sagt, nach seinem Bild geschaffen sind, müßten wir eigentlich Zugang zu der ganzen Stärke haben, die wir brauchen, um erfolgreich, ja triumphierend leben zu können. Der Plus-Faktor müßte in uns wirken, nicht nur dann und wann, sondern immer.

Warum wird er nicht in jeder Minute, in jeder Stunde aktiv? Weil wir ihn von gewissen Dingen blockieren lassen. Unwissenheit und Angst können ihn blockieren. Haß, Neid, Zorn, Kleinmut, negative Gedanken, eigennützige Handlungen ... all das kann den Plus-Faktor vom Funktionieren abhalten. Ein bißchen davon wird trotzdem durchdringen, vielleicht genug, daß wir gerade eben vorankommen. Aber es wird bloß ein Tröpfeln sein statt des mächtigen Stromes, als der er gedacht ist.

Ebenso aber wie es Haltungen und Handlungen gibt, die den Kraftstrom verengen, gibt es glücklicherweise auch einige, die den Kanal breiter machen, damit mehr von der Kraft durchkommt. Der erste Schritt, der getan werden muß, um den Plus-Faktor in Gang zu bringen, ist: lernen, ein kreativer Träumer zu sein.

Wenn ich *Traum* sage, meine ich nicht jene schattenhaften Bilder, die durch unseren Geist gaukeln, wenn wir schlafen. Nein, die Träume, von denen ich schreibe, sind die unbestimmten Hoffnungen, fernen Visionen, die ersten schwachen Regungen der Phantasie, die sich einstellen, wenn wir uns in den frühesten Phasen der Planung von etwas Lohnendem befinden. Es ist etwas Wundervolles um solche Träume. Auf irgendeine unheimliche Weise, die niemand je ganz versteht, scheinen sie die Saat ihrer eigenen Erfüllung in sich zu tragen. Wenn Sie sich etwas lange genug und hartnäckig genug erträumen, ist es, als ginge eine Tür auf, und durch diese Tür kommen gewaltige Kräfte, die Sie bei Ihren Bemühungen, den Traum Wirklichkeit werden zu lassen, lenken und unterstützen.

Mit anderen Worten: Kreatives Träumen hilft die Macht freilegen, die wir den Plus-Faktor nennen.

Abgebrühte, aufs Praktische ausgerichtete Menschen rümpfen manchmal die Nase über so etwas. Für sie sind *Träumer* unrealistische, unpraktische Leute.

Ich erinnere mich lebhaft an ein Gespräch, das ich als junger Mann mit meinem rauhen alten Onkel Herschel führte. Er war ein hochangesehener Geschäftsmann und eine Säule seiner Gemeinde, konnte aber zuweilen recht schroff sein.

Um durch das College zu kommen, mußte ich mir Geld borgen. Da Onkel Herschel *das* Familienmitglied war, das Geld besaß, borgte ich es von ihm. Als ich dann nach dem College weiterstudieren wollte, brauchte ich noch mehr Geld, also suchte ich Onkel Herschel erneut auf.

»Onkel Herschel«, sagte ich, »ich weiß, ich schulde dir noch Geld, aber ich möchte mir jetzt noch mehr leihen.«

Onkel Herschel blickte nicht übermäßig erfreut drein. »Wozu brauchst du noch mehr?« wollte er wissen.

»Ich will Pfarrer werden«, sagte ich. »Die Welt ist voll von Menschen, die Hilfe nötig haben. Ich möchte etwas für die Probleme der Leute tun. Ich habe einen Traum, Menschen zu helfen.«

Onkel Herschel schnaubte laut und verächtlich. »Träume!« sagte er. »Mit Träumen kommst du nirgends hin!«

Direkt hinter ihm hing an der Wand eine Kopie der Unabhängigkeitserklärung. Ich wußte, daß er große Stücke darauf hielt, und deutete mit dem Finger darauf. »Das da ist aus Träumen entstanden«, erklärte ich. »Die Männer, die dieses Stück Papier unterzeichneten, hatten einen Traum – den Traum von einer freien Nation unter Gott. Dieses Dokument ist die Verkörperung ihres Traumes. Weil sie einen Traum hatten, leben du und ich heute hier in Freiheit.«

Onkel Herschel murrte und knurrte noch ein Weilchen, aber er gewährte mir das Darlehen. Und ich nehme an, er träumte, daß ich es ihm zurückgeben würde, und das tat ich auch zu gegebener Zeit. Das Andenken an den guten Mann halte ich in Ehren.

Die Welt war schon immer voll dramatischer Beispiele dafür, was geschehen kann, wenn ein entschlossener Mensch einen Traum fest in seine Gedanken einschließt und den Plus-Faktor wirken läßt. Vor fast zwei Jahrhunderten lebte William Lloyd Garrison in einem Land, in dem die Sklaverei als natürlicher und sogar wünschenswerter Zustand anerkannt war. Garrison aber entschied, sie sei ein abscheuliches Verbrechen gegenüber Gott und der Menschheit. Er begann von einem Staat zu träumen, in dem es keine Sklaverei mehr gab. Er begann zu träumen, er – ein einzelner, einsamer Mensch – könne tatsächlich diese ungeheure Wende herbeiführen helfen. Er sagte in diesem unmöglichen Traum zu sich selbst: »Ich werde die Sklaverei in diesem Land vernichten.«

Die Übermacht gegen ihn war überwältigend. Die Generalversammlung einer Kirche hatte festgelegt, Sklaverei sei gottbestimmt. Prominente Staatsmänner beharrten darauf, daß das ganze Gebäude unseres Landes auf der Sklaverei beruhe.

Der Stand der Sklaverei in den Vereinigten Staaten war also wirtschaftlich vom Norden wie vom Süden abgesegnet, als William Lloyd Garrison seinen Traum zu träumen wagte. Mit der geballten Kraft des Plus-Faktors aber schmiedete er aus seinem Traum einen »Hammer« und schlug damit auf den starren Felsbrocken Sklaverei ein. Die Leute höhnten und lachten, aber Jahr um Jahr schwang Garrison weiter seinen Hammer, bis dieser immer größer und zu einem wuchtigen Vorschlaghammer wurde, dessen Donnern durch das ganze Land hallte. Endlich zeigte sich in dem Felsen ein Riß, und die beglückende Tatsache ist, daß zuletzt die Sklaverei in den Vereinigten Staaten für ungesetzlich erklärt wurde.

Erinnern Sie sich auch noch, was hundert Jahre später Martin Luther King sagte, als er von einer Welt sprach, in der alle Überreste von Rassismus und Vorurteilen abgeschafft sein würden? Er sagte: »Ich habe einen Traum ...«

Träumer sind fast immer Optimisten. Ein Pessimist – jemand, der nur negative Möglichkeiten sieht – glaubt, es werde wohl kaum etwas Gutes eintreffen. Träumer dagegen glauben, es sei nichts zu gut, um wahr zu sein. Sie leben in freudiger Erregung, weil ihre Träume ihnen helfen, diese Freude zu erzeugen. Meine Mutter war eine Träumerin. Sie sah Romantik und Poesie in allen Dingen. Ich erinnere mich an eine Nebelnacht auf einer Fähre auf dem Hudson River, als sie eine halbe Stunde lang versuchte, mich das Spannend-Geheimnisvolle von großen Schiffen sehen und fühlen zu lassen, die in der Dunkelheit mit schwach glimmenden Lichtern und heiser bellenden Nebelhörnern aneinander vorbeizogen. Anscheinend ist es ihr gelungen, denn nach all diesen Jahren denke ich immer noch daran.

Manchmal benutzt das Unterbewußtsein, dieser phantastische Mechanismus, einen eigentlichen Traum – einen Schlaftraum – als Botschaft für jemanden, der sich mit einem Problem herumquält. Vor ein paar Jahren hatte in Texas ein arbeitsloser Reisevertreter versucht, Käsekuchen herzustellen – seine Mutter war eine hervorragende Köchin gewesen – und an Bekannte zu verkaufen, um ein paar Dollar zu verdienen. Doch das brachte bei weitem nicht ein, was er brauchte. Da hatte er eines Nachts einen ungewöhnlich lebhaften Traum, in dem er sich selber mit vielen unüblichen Zutaten einen Kuchen backen sah. Der Traum war so klar, das Rezept so ausführlich, daß er beim Aufwachen sogar noch wußte, wieviel Backpulver er genommen hatte.

Verblüfft über die Eindringlichkeit des Traumgeschehens ging er in die Küche und stellte genau nach dieser »Anleitung« einen Kuchen her. Als später ein Nachbar vorbeikam, bot ihm Jim ein Stück an. »Yahoo!« schrie der Besucher. »Das ist ja phantastisch!«

So wurde der Yahoo-Kuchen geboren. In der Form des »Lone-Star State« Texas gebacken, verkaufte er sich fabelhaft. Jim Head hatte wenig Erfahrung als Bäcker, und von Lebensmittelverteilung verstand er nichts. Aber der Plus-Faktor, der dem zwingenden Traum auf den Fersen folgte, gab ihm die Energie und den Optimismus, alle Hindernisse und Begrenzungen zu überwinden. Heute ist er ein glücklicher, erfolgreicher Mann.

Träume kennen keine Alters-, Rassen- oder Nationalitätsgrenzen. Unlängst weilten wir in Japan in einem hübschen neuen Hotel auf einem Hügel in der Nähe des Zentrums von Tokio. Die Hotelleitung war mir gegenüber sehr freundlich, und so wünschte ich vor der Abreise den Besitzer zu sehen, um mich bei ihm zu bedanken. Er war ein würdiger japanischer Gentleman, in dessen Hotel in Kioto ich mich schon einige Male aufgehalten hatte. Er war inzwischen achtzig, aber noch immer quicklebendig. Ich fragte ihn, wie er ins Hotelgeschäft gekommen sei, und drückte meine Bewunderung für den Unternehmungsgeist aus, mit dem er in einem Alter, in dem die meisten längst im Ruhestand sind, noch ein großes neues Hotel gebaut hatte und führte.

»Oh«, antwortete er, »wie Sie wissen, ist dies nicht mein einziges Hotel. Ich habe noch vier andere. Mein Leben lang träumte ich davon, ein guter Gastwirt zu sein. Schon als Kind setzte ich mir das zum Ziel. Ich träumte, daß es eintreffen würde. Ich glaubte daran, daß es eintreffen würde. Und es ist eingetroffen. Um erfolgreich zu sein, muß man erst einmal einen Traum haben. Dann muß man sehr hart arbeiten. Schließlich wird, wenn man fest träumt und fest arbeitet, der Traum wahr. Ist das in Ihrem Lande nicht auch so?«

Doch, versicherte ich und erzählte ihm, wie mein Freund

Bill Marriott, der ein großes Hotelimperium errichtete, mit einem kleinen Limonadenstand und ganz ohne Geld angefangen hatte. Ich erzählte auch von einem anderen Freund, Dave Thomas, dem Präsidenten und Begründer der Wendy-Restaurantkette, der einst Tellerwäscher in Annapolis gewesen war, was ihn aber nicht hatte aufhalten können. Warum nicht? Weil er einen Traum hatte – den Traum von einem Restaurant, in dem es nur einen einzigen Artikel gab: einen vorzüglichen Hamburger. Er hatte den Traum, und er hatte den Willen zu arbeiten, und wiederum wurde, als diese beiden explosiven Ingredienzen sich vermengten, der Plus-Faktor freigesetzt und trug ihn zum erstaunlichen Erfolg.

Ich glaube, die langen Träume, die wir als Kinder haben, wirken sich auf unser ganzes Leben aus. Ich bat einmal Dorothy Draper, eine der besten Innenarchitektinnen Amerikas, unsere Institute für Religion und Gesundheit in New York City einzurichten. Dorothy war ein Genie in der Zusammenstellung von Farben. Sie erklärte uns, daß Farbe den Geist entweder emporheben oder niederdrücken kann. So verwendete sie leuchtende Farben, um Gefühle aufzurichten und anzuregen, und sanfte Farben, um Spannungen zu mildern. Sie erzählte mir auch, daß sie als kleines Mädchen, das in einem sehr häßlichen, tristen Haus in Armut lebte, oft im Bett lag und in Gedanken ihr Zimmer mit dem strahlenden Glanz aller Farben des Regenbogens ausstattete. Ihr Traum war es, eines Tages mit ihren Farbinfusionen überall die Menschen aufzuheitern. Und genau das tat sie dann.

Ein bekannter Schriftsteller und Geschichtenerzähler sagte mir einmal, daß er als kleiner Junge von fünf oder sechs Jahren in kalten Winternächten für sich ein Spiel erfunden hatte: Er kroch unter den Decken ans Fußende des Bettes, spähte hinaus und sah zu, wie das Kohlenfeuer in seinem

Zimmer langsam verglühte. Tief in der Glutasche erblickte seine Phantasie hochragende Burgzinnen in Flammen, brennende Höhlen, in denen sich feurige Drachen versteckten, Dörfer, vom Sturmwind des Krieges durchfegt.

Wenn dann das Feuer aus war, spielte er ein weiteres Spiel. Er warf alle Decken ab und stellte sich vor, er sei ein armes, verlassenes, einsames Kind, das auf einer eisigen Straße fror. Wenn er wirklich anfing zu schlottern, kam in seiner Vorstellung ein freundlicher Reisender vorbei und deckte ihn mit einem Mantel zu (an dieser Stelle zog er eine der Wolldecken hoch). Nachher kam eine gute Fee und legte eine weitere Decke darüber. Eine ganze Prozession gutherziger Passanten deckte ihn weiter zu. Dann schlief er ein, und am Morgen wunderten sich seine Eltern, warum er verkehrt herum im Bett lag.

»Ich habe es ihnen nie gesagt«, verriet er mir mit schüchternem Lächeln. »Aber wissen Sie, diese Träume sind in Erfüllung gegangen. Mein ganzes Leben lang kamen mir gütige Menschen zu Hilfe, sooft ich in Schwierigkeiten war, Beistand oder Schutz brauchte.«

Ein Beispiel für das Wirken des Plus-Faktors? Er war davon überzeugt.

Das Lied, das sich aus dem Musical *Man of La Mancha* am meisten einprägt, ist jenes, in dem Don Quijote alle, die ihm zuhören wollen, drängt, »den unmöglichen Traum zu träumen«. Das Lied beruht auf der glühenden Überzeugung des alten Ritters, daß der Plus-Faktor jedem, der das tut, zu Hilfe kommt. Je unmöglicher der Traum, lautet sogar die Verheißung, desto größer wird die Kraft sein, die einem zukommt.

In Chicago gab es vor Jahren einen zerlumpten Zeitungsjungen, der oft auf einem Gitter im Gehsteig beim Gebäude der *Chicago Tribune* kauerte, weil der von den im Untergeschoß laufenden Druckerpressen durch den Schacht aufsteigende Luftstrom ihn warm hielt. Von dort aus konnte der Bub schöngekleidete Männer und Frauen in ein Theater auf der andern Straßenseite gehen sehen, wo blitzende Lichter auf dem Vordach jeweils die Attraktion des Abends buchstabierten. In einer kalten Nacht nahm er sich vor, eines Tages selbst diese Attraktion zu sein, und um die Geburt dieses unmöglichen Traumes festzuhalten, nahm er einen rostigen Nagel und kratzte seinen Namen und das Datum in den Beton eines Fenstersimses hinter dem Schachtgitter. Und die Jahre vergingen, aber der Traum verging nicht, und es kam der Tag, an dem der zerlumpte Zeitungsjunge, jetzt in Frack und weißem Schlips, die Besuchermassen, die in jenes Theater strömten, mit den verblüffendsten Zauberkunststücken in Bann schlug, die man dort je gesehen hatte. Es war Howard Thurston, der große Magier; und ab und zu nahm er seine Freunde mit über die Straße und zeigte ihnen den Namen und das Datum, die er vor vielen Jahren unbeholfen in den Fenstersims geritzt hatte.

Ein ebenso unmöglicher Traum erwachte in einem kleinen schwarzen Mädchen, das in einem Waisenhaus in Troy, New York, lebte. Es hieß Dorothy Brown. Als Dorothy fünf Jahre alt war, wurde sie zu einer Mandeloperation ins Spital gebracht. Die meisten Kinder hätten Angst gehabt, nicht aber Dorothy. Sie war fasziniert von der wundersamen Welt der Medizin, in der sie sich befand: Menschen, die anderen Menschen halfen, indem sie Schmerzen linderten, gebrochene Knochen richteten, Krankheiten heilten. Dort und damals beschloß Dorothy Brown, eines Tages würde sie Teil dieser Welt sein. Sie war erst fünf Jahre alt, aber sie setzte sich ein Ziel: sie würde einmal Ärztin werden.

Der Traum sah absolut hoffnungslos aus. Unehelich geboren, war Dorothy in dem Waisenhaus untergebracht worden, weil ihre Mutter es sich nicht leisten konnte, sie zu behalten. Es war ausgemacht, daß sie in dem Alter, in dem andere Kinder in die Oberschule kamen, würde arbeiten müssen. Sie hatte keine Freunde außerhalb des Waisenhauses, keine Familie, keine Beziehungen irgendwelcher Art. Und doch ...

Und doch flackerte etwas in diesem Kind auf, ein winziger Funke, der zur Flamme wurde. Zur Flamme, die alle Wahrscheinlichkeitsgesetze mißachtete. Zur Flamme, in die der Plus-Faktor blies und die deshalb nie ausging.

Eines Tages fragte die Kleine den Leiter des Waisenhauses, warum sie nie, wie einige der anderen Kinder, Besuch bekomme. Der freundliche Mann erwähnte dies im Kreise einiger Bekannter aus seiner Kirchgemeinde. Die Folge war, daß eine weiße Familie namens Coffeen das Mädchen besuchen kam. Als Dorothy erzählte, sie wolle Ärztin werden, hörten diese Leute ihr zu und lachten nicht. Sie waren sicher, daß sie keine Chancen hatte, doch sie schenkten ihr Aufmerksamkeit, Zuneigung und Ermutigung.

Wie es seinerzeit in Waisenhäusern üblich war, trat Dorothy mit vierzehn Jahren eine Stelle als Dienstmädchen an und verdiente 14 Dollar in der Woche, 2 Dollar am Tag. In der Wohnung ihrer Arbeitgeber standen viele Bücher, und es wurde ihr erlaubt, sie zu lesen. In zwei Jahren sparte sie 500 Dollar und beschloß, nun die High-School zu besuchen. Als sie bei der Anmeldung nach ihrer Adresse gefragt wurde, mußte sie zugeben, daß sie keine Stellung, kein Zuhause, keine Adresse hatte.

Wenn aber jemand die Ausstrahlung des Plus-Faktors in sich hat, kommen andere Menschen herbei und helfen, getrieben von einem Impuls, den sie oft gar nicht begreifen. Der Schulleiter hörte sich Dorothys Geschichte an. Dann fand er ein Ehepaar, das bereit war, sie als Pensionärin aufzunehmen. Sie bezahlte für ihr Zimmer, solange ihr Geld reichte. Und als es aufgebraucht war, behielten sie sie trotzdem.

Nach dem Schulabschluß arbeitete sie wieder als Dienstmädchen, um Geld für das College zu verdienen. Bei den Löhnen, die damals bezahlt wurden, rechnete sie aus, daß sie elf Jahre brauchen würde. Der Glaube an ihren Traum aber wich und wankte nie. Jede Nacht bat sie Gott, ihr zu helfen, ihn zu verwirklichen. Sie leistete Überstunden. Sie übernahm Sonderaufgaben. Irgend etwas gab ihr Ausdauer und Energie. Ich bin sicher, es war der Plus-Faktor.

Einer ihrer Chefs, der hörte, wie sie davon sprach, Ärztin zu werden, machte sie auf ein Stipendium aufmerksam, das ein kleines methodistisches College in North Carolina ausgeschrieben hatte. Sie bewarb sich darum und gewann es. Sie belegte alle naturwissenschaftlichen und vormedizinischen Kurse, die es dort gab. Aber als sie das Abschlußexamen bestanden hatte, blieb kein Geld für das Medizinstudium mehr übrig.

Wenn man wirklich vom unsichtbaren Strom des Plus-Faktors gestützt und getragen wird, scheint es manchmal, daß selbst der mächtige Schwung des Weltgeschehens eine hilfreiche Hand ausstreckt. Mit dem Ausbruch des Zweiten Weltkrieges wurden Arbeitskräfte knapp, und die Armee setzte Frauen mit naturwissenschaftlicher Schulbildung als Inspektorinnen in den Ausrüstungsdepots ein. Innerhalb von zwei Jahren hatte Dorothy Brown 2000 Dollar Erspartes. Das reichte zwar nicht, aber sie konnte nicht länger warten. Sie trat in das Meharry Medical College in Nashville, Tennessee, ein. Als ihre Mittel zu Ende waren, halfen ihr Freunde aus. Und endlich kam der Tag, an dem das verlassene schwarze Kind aus dem Waisenhaus in Troy Ärztin war.

Wie denkt Frau Dr. Brown heute selber über das alles? Sie glaubt ganz einfach, daß sie jetzt den Traum auslebt, der ihr in den Sinn kam, als sie fünf Jahre alt war. Sie glaubt, daß Gott, genauso wie er jedem von uns ein besonderes Talent mitgibt, uns auch Träume schenkt, damit wir dieses Talentes gewahr werden. »Es spielt keine Rolle«, sagt sie, »wie weit hergeholt oder unerreichbar der Traum aussehen mag. Wenn wir fest bleiben, wenn wir stark genug an Gott und an uns selbst glauben, um uns an die Arbeit zu machen und dabeizubleiben und uns zu bemühen, daß der Traum Wirklichkeit wird, dann schickt uns Gott die Menschen, die aus Liebe zu ihm und zu uns das tun, was wir selbst nicht für uns zu tun vermögen.«

Ein lebendig vor Augen stehender Traum – ein zäh verfolgtes Ziel – der Glaube, daß Gott bei dem ehrlichen Streben helfen wird – eine unerschütterliche Entschlossenheit, zu arbeiten und immer weiterzuarbeiten: Dies alles ergibt den Schlüssel, der das Tor zu jener Macht öffnet, die wir den Plus-Faktor nennen.

Träume sind nicht einfach Schäume, sie sind die Eltern von Möglichkeiten. Möglichkeiten sind die Nachkommen von Träumen. Ohne das eine gibt es das andere nicht, also: träumen Sie. Träumen Sie große Träume, träumen Sie lang, träumen Sie starke Bilder. Und denken Sie daran: Manchmal ist der Plus-Faktor nur einen Traum entfernt.

3

Plus-Faktor und Zielsetzungen

Nehmen wir an, Sie haben mit Hilfe kreativer Träume wirklich begonnen, den Plus-Faktor in Ihrem Ich freizusetzen.

Was ist jetzt weiter zu tun?

Da der Plus-Faktor mit stetig wachsender Kraft wirken soll, müssen Sie an diesen Träumen arbeiten. Sie müssen sich formen, konzentrieren, auf das Wesentliche verdichten.

Sie müssen einen Viadukt bauen, über den sie aus dem Reich der Träume ins Reich der Wirklichkeit treten können.

Mit anderen Worten: Sie müssen lernen, sich Ziele zu setzen.

Vor vierhundert Jahren schrieb der große französische Essayist Michel de Montaigne diese Worte: »Kein Wind begünstigt den, der keinen vorgesehenen Hafen hat.«

Er meinte damit, daß jemand ohne klar umrissene Ziele im Leben dazu verurteilt ist, im Kreis zu segeln, immer frustriert, immer steuerlos, nie irgendwo hingelangend.

Montaignes Worte stimmten schon damals und stimmen heute vielleicht erst recht, weil die Welt inzwischen komplizierter und noch mehr auf Wettbewerb ausgerichtet ist. Wenn Sie in diesem schnellen, superspezialisierten Jahrhundert nicht imstande sind, klar, ruhig und überlegt für sich Ziele zu setzen, dann bleiben Sie in der Flaute von Unentschlossenheit und Trägheit auf der Strecke.

Wenn Menschen sich Ziele setzen, die klar und deutlich sind, wenn sie durch Zeiten der Enttäuschung, des Stillstands oder gar der Fehlschläge eisern an diesen Zielen festhalten, wenn sie sich vorstellen, daß sie sich stetig darauf zubewegen und sie schließlich auch erreichen, dann steigt aus der Tiefe ihres Inneren eine mächtige, praktisch unbesiegbare Kraft auf. Das ist der Plus-Faktor.

Tritt der Plus-Faktor erst einmal in Erscheinung und nimmt die Sache in die Hand, dann schwillt die Woge der Energie und Zuversicht so stark an, daß sie alle Hindernisse überwindet.

Lassen Sie mich ein Beispiel aus einer kleinen Bauerngemeinde im östlichen Pennsylvanien erzählen.

Walter Harter, der eben die Oberschule in dieser Kleinstadt abgeschlossen hatte, sah aus wie ein ganz gewöhnlicher Bursche. Er hinkte ein wenig wegen eines schlecht verheilten Beinbruchs in seiner Kindheit. Im übrigen war er ein durchschnittlicher Junge, der das College nicht besuchte, weil seine Eltern es sich nicht leisten konnten.

Wie Ihnen heutzutage jeder Farmer bestätigen wird, kann es in einer Bauerngemeinde sehr schwierig sein. Auf jeden Fall gab es in Walter Harters Umgebung kaum Arbeit irgendwelcher Art. Doch ein Traum und ein Plan hatten sich im Hinterkopf dieses Jünglings geformt. Und wo ein Traum und ein Plan zusammenkommen, kann das Ergebnis ein Ziel sein ... zuweilen ein Ziel, das dem Plus-Faktor die Tür öffnet.

Im Falle von Walter Harter war es das Ziel, in New York City Arbeit zu finden, wo er noch nie gewesen war und wo er keine Menschenseele kannte. Nur eines konnte ihm die unerschütterliche Überzeugung beigebracht haben, daß ein solches Ziel zu erreichen war: der Plus-Faktor in seinem Innern.

Walter Harter begab sich zum Telefonbüro des Städtchens und borgte sich das Telefonbuch von New York City. Er ging die Listen verschiedener Warenhäuser in der Stadt durch. Schließlich konzentrierte er sich auf eine bekannte Warenhauskette. Verstreut über Manhattan, Brooklyn, Queens, Long Island und die Bronx fanden sich die Adressen von 393 Filialen. Walter Harter sagte sich, unter diesen vielen Kaufhäusern *müsse* eine offene Stelle für ihn sein. Er nahm sich vor, jedem einzelnen einen Brief zu schreiben.

Das war ein großes Vorhaben für einen Teenager ohne Mittel, ohne Hilfe irgendwelcher Art. Er setzte einen Brief auf, in dem er seinen Wunsch äußerte, in einem dieser Kaufhäuser tätig zu sein, egal in welcher Stellung, vom Bodenputzer an aufwärts. Eine Schreibmaschine hatte er nicht, also schrieb er von Hand an 393 Kaufhausgeschäftsführer. Er nahm sich fünfzehn Briefe pro Tag vor, und daran hielt er sich, einen Tag nach dem andern.

Antworten trafen nicht ein. Keine einzige. Von allen Formen der Ablehnung kann Schweigen die verheerendste sein. Doch etwas trieb – und stützte – Walter Harter. Er machte eisern weiter.

Schließlich bat er seine Eltern, ihn ziehen und sein Glück in der großen Stadt versuchen zu lassen. Sie waren besorgt, denn er kannte ja niemanden dort. Aber sie willigten ein und kratzten etwas Geld zusammen, von dem er ein paar Tage leben konnte. In ein paar Tagen werde er zurück sein, stellten sie sich vor.

In Manhattan ging Walter zum Times Square und fand dort eines der größten Warenhäuser jener Kette. Er fragte nach dem Geschäftsführer, der ihm erklärte, selbst wenn das Kaufhaus einen Brief von Walter bekommen hätte, wäre er an die Personalabteilung der Kette weitergeleitet worden.

Walter wußte nicht genau, was eine Personalabteilung ist, aber er ließ sich den Weg zu einem riesigen Gebäude an der Park Avenue zeigen. Als er sich dort vorstellte, wurde er zu einem streng dreinblickenden Herrn hinter einem gewaltigen Schreibtisch geführt, der anscheinend alles unter sich hatte. Der starrte Walter eine Zeitlang an. Dann stand er auf, lächelte und deutete auf einen Tisch mit Stapeln von Briefen. »Ihre Bewerbungen liegen dort«, sagte er, »alle dreihundertdreiundneunzig! Wir wußten, daß Sie eines Tages hier aufkreuzen würden. Wir haben eine Bürostelle für Sie. Sie können heute nachmittag anfangen.«

Eine unglaubliche Geschichte? Ja, aber eine wahre. Walter Harter wurde später selbst Geschäftsführer eines der Kaufhäuser. Und auch als er sich anderen beruflichen Dingen zuwandte, behielt er den Schwung, den der Plus-Faktor ihm in Form von Initiative und Ausdauer verliehen hatte.

Dieser Vorgang, sich auf den inneren Kraftstrom einzustellen und ein echter Zielsetzer zu werden, ist nicht einfach. Er muß, wie jede andere Fertigkeit, studiert und geübt werden, bevor man ihn beherrschen kann. Um dazu zu gelangen, gilt es, eine positive Einstellung zu entwickeln und sich eine gewisse Disziplin aufzuerlegen. Wenn Sie an Ziellosigkeit leiden und dazu neigen, sich geschlagen zu geben, dann gebe ich Ihnen hier fünf Ratschläge. Ich weiß, daß sie Ihnen helfen werden, denn zu verschiedenen Zeiten meines eigenen Lebens haben sie auch mir geholfen.

1. *Schärfen Sie Ihr Denken in bezug auf Zielsetzung.* Machen Sie sich ernsthafte Gedanken darüber. Natürlich gibt es Ziele aller möglichen Größenordnungen, von eigentlichen Lebenszielen bis zu kleinen bestimmten Vorsätzen. Lernen Sie zwischen langfristigen und kurzfristigen Zielen zu unterschei-

den. Bestimmen Sie, wie vielen Sie sich widmen können. Seien Sie dabei realistisch hinsichtlich des Aufwandes an Zeit und Mühe, die dafür notwendig sein könnten. Das Ziel ist den Preis wert. Man darf sich nicht in vagen Kreisen treiben lassen, sondern muß den Kompaß des Verstandes benutzen, einen Kurs festlegen und diesem unbeirrt folgen.

2. *Legen Sie sich auf vorzügliche Leistungen fest.* Manchmal sagt jemand: »Ich weiß einfach noch nicht, was ich aus meinem Leben machen will.« Nun gut, vielleicht noch nicht. Aber während Sie darauf warten, daß das Ziel in Sicht kommt oder sich deutlich abzeichnet, gibt es nichts, das Sie davon abhalten sollte, ein sowieso wichtiges Ziel zu wählen: den Entschluß, *alles* so gut wie nur möglich zu tun, das Beste aus allem zu machen, was Ihnen der Herr an Talenten und Fähigkeiten mitgegeben hat.

Vor ein paar Jahren traf ich eine Dame, die mit mir in die Oberschule gegangen war. Sie schaute mich eine ganze Weile nachdenklich an. Schließlich sagte sie: »Na ja, du hast dich ja recht ordentlich herausgemacht bei dem bißchen, was du hattest!« Die Leute lachen immer, wenn ich das erzähle, aber irgendwie machte sie mir doch ein großes Kompliment. Jedenfalls betrachte ich es gern so: Ich hoffe, ich habe mein Bißchen genommen und mich bemüht, das Beste daraus zu machen. Das ist doch wohl unsere Aufgabe.

Mein langfristiges Ziel im Leben stand klar und direkt vor mir, seit ich vor vielen Jahren aus der Presse ausgestiegen war, um Pfarrer zu werden. Es ist das Ziel, die größtmögliche Zahl von Menschen dazu zu bringen, ihr Leben Jesus Christus zu weihen. Ihnen das Wissen zu vermitteln, daß er heute genauso lebendig ist wie vor zweitausend Jahren in Judäa und Galiläa. Daß er Frieden und Kraft in Ihr Leben bringen kann. Das ist mein Ziel, heute und solange ich lebe. Ich verfolge es mit jedem Fünkchen Energie und Entschlossenheit, das ich besitze. Mehr als einmal bin ich in Schwierigkeiten geraten. Aber stets ist mir der Plus-Faktor zu Hilfe gekommen und hat mich durch dunkle Zeiten gezogen.

3. *Lernen Sie zwischen einem Ziel und einem Wunsch unterscheiden.* Ein altes Sprichwort lautet: »Wenn Wünsche Pferde wären, würden Bettler reiten.« Damit will man sagen, daß das bloße Wünschen nicht etwas in Erfüllung gehen läßt. Die Märchen, die wir alle als Kinder liebten, sind voller Zaubersprüche, die sofortiges Glück bringen und Träume wahr werden lassen; das ist aber Phantasie und nicht Wirklichkeit. Der Grund, weshalb solche Geschichten über Jahrhunderte hinweg so ansprechend bleiben, ist, daß sie leuchtende Belohnungen ohne Anstrengungen verheißen. Das Leben ist nicht so.

Nur zu oft, finde ich, klammern sich Menschen an Wünsche, die in Wirklichkeit bloß Phantasien sind. Ich hielt mich früher einige Male in einem bestimmten Hotel im Mittelwesten auf. Jedesmal versicherte mir der junge Manager, es sei sein erstrebtes Ziel, Gouverneur jenes Bundesstaates zu werden. Er war ein umgänglicher, liebenswerter Mensch, und als Hotelier lernte er eine Menge Leute kennen. Aber nie geschah etwas, das seinen Lebensstil verändert hätte.

Schließlich fand ich heraus, daß sein Ehrgeiz aus der Zeit stammte, die der damalige Gouverneur in jenem Hotel verbracht hatte. Das ganze Gepränge und Zeremoniell um ihn herum beeindruckte den Manager sehr, so daß er fand, es wäre nett, eines Tages selber Gouverneur zu sein. Bei dieser Vorstellung kam er sich wichtig vor, darum hielt er daran fest, baute sie aus, sprach darüber. Es war jedoch nur ein Wunsch, ein Tagtraum, ähnlich der Vision, die ich als kleiner

Junge hatte: Ich wuchs in Ohio auf und träumte davon, einmal Baseballstar bei den Cincinnati Reds zu werden. Es war ein herrlicher Gedanke, aber nur ein Wunsch und nicht ein zu verwirklichendes Ziel.

Vergleichen wir den tagträumenden Hotelmanager mit einem jungen Ehepaar, das ich kannte. Die beiden wünschten sich ein eigenes Heim. Sie konnten es sich nicht leisten, ein Haus zu kaufen, aber sie schafften eine Anzahlung auf ein Stückchen Land. Als sie das einmal hatten, zeichneten sie ein paar rohe Pläne auf Packpapier auf dem Küchentisch ihrer kleinen Mietwohnung. Dann gingen sie mit Pflöcken und Schnüren hinaus und schritten einen Umriß ihres Traumhauses auf dem Grundstück ab. Sie diskutierten darüber, was jeder Raum enthalten und wie er aussehen sollte. Sooft ihnen etwas Neues einfiel, änderten sie die Pflöcke und Schnüre. So ging das Monat um Monat.

In der Zwischenzeit erlegten sie sich die Disziplin eines doppelten Zehnten auf. Beide hatten eine Stellung. Sie legten 10 Prozent ihres gemeinsamen Einkommens für ihre Kirche beiseite und weitere 10 Prozent für ihr »einstiges« Haus. Wenn eines von ihnen eine Schwarzarbeit übernahm, kam das Geld dafür in den »Baufonds«. Sie versagten sich viele kleine Freuden, um den Fonds wachsen zu lassen.

Nach drei Jahren gingen sie mit ihren Plänen und ihren Ersparnissen zu einer Hypothekarfirma. Inzwischen ging eine Art Triebkraft, eine ruhige Zuversicht, eine Aura der Entschlossenheit von ihnen aus, die selbst den abgebrühten Darlehensbeamten beeindruckte. Nennen Sie es Plus-Faktor, nennen Sie es, wie Sie wollen: Sie bekamen ihr Darlehen, sie bauten ihr Traumhaus, sie leben mit zwei reizenden Kindern heute noch darin.

Warum? Weil sie nicht dasaßen und vor sich hin wünschten. Sie hatten einen festumrissenen Plan. Sie hatten einen Termin. Sie hatten ein Ziel, sie arbeiteten darauf hin, und sie erreichten es.

4. *Bereiten Sie sich mit dem Erreichen von Zwischenzielen auf höchste Ziele vor*. Wenn Sie lernen, dies konsequent zu befolgen, dann werden Sie sich für Ihre höchsten Ziele nicht mehr übernehmen müssen: Diese werden sich zu gegebener Zeit wie von selber einstellen.

In der Industrie habe ich das oft miterlebt. Einmal fragte ich einen Bankpräsidenten, wie er zu seinem Start im Bankgeschäft gekommen sei. »Mit Saubermachen«, lächelte er. »Mein erster Job bestand darin, in einer kleinen Kleinstadtbank die Böden zu reinigen. Es war kein großartiger Job, aber ich putzte alles so sauber, als hinge meine ganze Bankierszukunft davon ab. Was ja natürlich auch der Fall war.

Schließlich wurde ich Laufbursche, dann Schalterbeamter, dann Kassierer und so weiter. Auf jeder Stufe bemühte ich mich, alles gut zu erledigen. Als sie am Ende einen Präsidenten brauchten, um ein paar wirklich große finanzielle Probleme zu bereinigen, kannte ich jeden einzelnen Schritt im Bankgeschäft. Und so haben sie *mich* berufen.« Der Mann war von einer niedrigen Arbeit in eine Spitzenposition aufgestiegen, und ich zweifle nicht daran, daß der Plus-Faktor ihm den ganzen Weg beistand.

Hotelier Ed Leach, der Präsident der Jack-Tar-Hotelkette war, tat dasselbe: Seine erste Tätigkeit bestand darin, daß er als Gärtnergehilfe Mist auf die Blumenbeete eines Hotels in Galveston verteilte. Sein Ziel war es, dieses Hotel zu leiten, und das tat er dann auch, aber erst, nachdem er jeden einzelnen Posten der ganzen Stufenleiter ausgefüllt hatte. Er wußte, ob ein Kellner tüchtig oder unfähig war, denn er war selber Kellner gewesen. Er wußte, ob sich ein Concierge höflich oder unhöflich benahm, denn er war auch einer gewesen. Als er zuletzt bereit war und *weil* er bereit war, fiel ihm die angestrebte Stellung in den Schoß.

Das Prinzip, um das es hier geht, ist völlig logisch und normal: Die Übung und Erfahrung, die man sich auf dem Weg zu einem untergeordneten Ziel aneignet, machen einen bereit, ein höheres zu verfolgen. Ich kannte einen jungen Mann, der ein recht begabter Schriftsteller war. Sein langfristiges Ziel war es, Romanautor zu werden, aber er wußte, daß es ihm dazu noch an Reife und Können fehlte. Also setzte er sich eine Reihe einzelner, aber zusammenhängender Ziele. Er nahm eine Stelle bei einer Zeitschrift an, wo er beobachten konnte, wie Kurzgeschichten aufgebaut wurden, warum die einen erfolgreich waren und die anderen nicht. Dann verfaßte er selbst Kurzgeschichten. Als nächstes arbeitete er für das Fernsehen und lernte, wie Drehbücher zusammengefügt werden. Zuletzt fing er an, Romane zu schreiben, und erntete – nicht sogleich, aber mit der Zeit – beträchtlichen Erfolg. Warum? Weil er nicht mit einem Satz auf ein Ziel zusprang, sondern darauf hinarbeitete; er bereitete sich Schritt für Schritt auf den Erfolg vor. Dann war er bereit.

5. *Wählen Sie Ziele, die nicht nur Ihnen, sondern auch anderen zugute kommen.* Ein Ziel, das mit der Fürsorge für Mitmenschen zu tun hat, scheint den Plus-Faktor viel schneller zu aktivieren als andere. Es ist nicht genug, wenn jemand ein Medizinstudium antritt, nur um reich und berühmt zu werden; das Grundanliegen sollte der Wunsch sein, Menschen zu helfen. Dasselbe gilt für Anwälte, Geschäftsleute oder was auch immer. Sie werden sehen, es geht leichter, wenn der Begriff des Dienens in das Ziel eingebettet ist.

Ich kenne einen jungen Mann, Isaac Tigrett, der seinen ganzen Mut zusammennahm und in London ein Restaurant eröffnete. Er nannte es »Hard Rock Café«. Es war sehr laut, sehr frech, sehr ausgelassen und sehr amerikanisch, und viele dachten, es würde ein gewaltiger Flop. Statt dessen war – und ist – es ein echter Knüller. Immer stehen lange Menschenschlangen draußen und warten, bis sie hinein können. Jetzt gibt es ein »Hard Rock Café« an der 57. Straße West in Manhattan, eines in Stockholm und eines in Tokio und eines in Dallas. Und wie lautet das Motto von Isaac Tigrett? »Hab alle lieb; bediene alle.« Und er ist auch genau diese Sorte Mensch.

Einmal habe ich John Johnson, den Verleger des Magazins *Ebony*, nach dem Geheimnis seines großen Erfolges gefragt. »Kleine, realisierbare Ziele«, erwiderte er. »Mit der Zeit summierten sie sich zum Erreichen großer Ziele.«

Diese Einstellung liegt einigen der großartigsten Erfolgsgeschichten Amerikas zugrunde. Vor Jahren schlug sich ein junger Mann, der Sohn eines College-Präsidenten und Predigers, mit verschiedenen Arbeitsstellen herum; sein Problem war: »Keine davon schien für irgend jemanden von Nutzen zu sein.« Von Kindheit an war er im Sinne christlicher Ethik erzogen worden, zu der auch die Vorstellung des Dienens, der Verbesserungsfähigkeit des einzelnen, des Wertes der Zeit, der Bedeutung der inneren Einstellung gehörten. Schon als Siebzehnjähriger hatte er die Gewohnheit angenommen, das Wesentliche dessen, was er täglich in Zeitschriften und Büchern las, auf Zetteln festzuhalten; vor dem Einschlafen wiederholte er jeweils, was er an dem Tag gelernt hatte, und sah auf den Zetteln nach, ob er etwas vergessen hatte.

Als er 1921 seine Stelle bei Westinghouse in Pittsburgh wegen einer Rezession verlor, beschloß er, eine Idee weiterzuverfolgen, auf die er bei seinem früheren Lesen und Notieren gekommen war: einen »Reader's Service« herauszugeben, einen Leserdienst, bestehend aus wertvollen Artikeln, die um der Zeitersparnis willen gerafft und als Zeitschrift in Taschenbuchformat erscheinen sollten, damit der Leser sie bei sich tragen und in freien Minuten zur Hand nehmen konnte. Der junge Mann hatte sich damals an verschiedene Zeitschriftenverleger gewandt; sie alle lehnten ab. Sogar der große William Randolph Hearst sagte ihm, das würde sich niemals in genügender Zahl verkaufen lassen. Aber, wie der junge Mann einige Jahre später sagte: »Es war mir egal, ob ich einen Penny verdiente, wenn das Magazin nur dem Leser diente.«

Bereits trat der Plus-Faktor auf den Plan, der Menschen mit uneigennützigen Zielen zu Hilfe kommt. Mit festem Glauben an seine Idee begannen DeWitt Wallace und seine Frau Lila ihre kleine Zeitschrift selber herauszugeben. Das war 1922. Als die Wallaces starben, hatte die Zeitschrift 100 Millionen Leser, 30 Millionen Abonnenten, 18 Millionen in den Vereinigten Staaten und die übrigen in der ganzen Welt. Der *Reader's Digest* war und ist die große Verlagserfolgsgeschichte unserer Zeit.

Ich kannte die Wallaces gut; sooft ich bei ihnen war, drehte sich das Gespräch um Fragen wie »Wie können wir jungen Menschen helfen? Wie können wir älteren Menschen helfen? Wie können wir irgendwo irgend jemandem helfen, der Hilfe braucht?«

Wenn Sie also ein Ziel haben, das auf die eine oder andere Weise Hilfe an Mitmenschen in sich schließt, dann lassen Sie es sich von niemandem ausreden. Glauben Sie keinem, wenn er sagt: »Das geht doch nicht.« Es können Wunder geschehen, wenn Sie sich klare, wertvolle, nützliche Ziele setzen und sie mit Zuversicht anstreben. Also zielen Sie ruhig hoch.

Verbannen Sie alle negativen oder schwarzseherischen Gedanken aus Ihrem Kopf, und legen Sie sich voll und ganz ins Zeug. Wenn Sie das tun, werden Ihnen große Kräfte beistehen.

Ihr innerer Plus-Faktor wird zu ihnen gehören.

4

Der Plus-Faktor und zwei magische Worte

Wir haben beschrieben, wie wichtig kreatives Träumen ist.

Wir haben die Notwendigkeit hervorgehoben, sich Ziele zu setzen.

Gibt es in diesem Prozeß der Freisetzung und Aktivierung des Plus-Faktors noch einen folgerichtigen dritten Schritt?

Ja, den gibt es. Er besteht aus zwei magischen Worten.

Lassen Sie mich einen Augenblick abschweifen. Haben Sie je daran gedacht, welche Macht einer gewissen Kombination von Worten innewohnt? Shakespeare sagt mit bloß acht Worten, wie die Zukunft eines Menschen bestimmt wird: »Sein oder Nichtsein, das ist hier die Frage.« Natürlich ist das die Frage! Soll der Plus-Faktor eine Kraft in Ihrem Leben sein oder nicht? Werden Sie sich Ziele setzen und sie erreichen oder nicht? Können Sie zu Erfolg gelangen oder nicht? Wird das Glück zu Ihnen kommen, oder wird es knapp außerhalb Ihrer Reichweite bleiben? Werden diese Dinge sein oder nicht sein – das ist in der Tat die Frage.

Dann gibt es eine noch kürzere Wortfolge als die von Shakespeare formulierte. Sie wird Henry Kaiser, dem großen Industriemagnaten, zugeschrieben und trifft genau auf viele erfolgreiche Unternehmen zu. Sie besteht aus nur sechs Worten: »Finde einen Bedarf, und decke ihn.«

Und jetzt beschränken wir uns gar auf *zwei* magische Worte, die uns sagen, wie wir so gut wie alles vollbringen können, was wir vollbringen wollen, zwei starke Worte, die jede Situation zu verändern vermögen, zwei dynamische Worte, die von viel zu wenig Menschen benutzt werden. Und wie lauten diese kleinen, erstaunlichen Wörtchen?

Tu es!
Ist dir etwas eingefallen? Tu es!
Hast du einen Traum? Tu es!
Hast du einen Ehrgeiz? Tu es!
Hast du einen großartigen Impuls,
einen brennenden Wunsch? Tu es!

Bist du über etwas niedergeschlagen? Fürchtest du dich vor etwas? Zögerst du, etwas zu versuchen? Manche Leute haben ihr Leben lang Angst, das zu tun, was sie eigentlich tun möchten. Wenn sie dann aber einmal den Kopf hochwerfen und sagen: »Das will ich!«, dann wird der Plus-Faktor frei, und Kraft beginnt sie zu durchfluten.

Diese Kraft strömt in dem Augenblick, in dem man den ersten Schritt unternimmt, oder sogar schon, wenn der erste positive Gedanke sich einstellt. So eindringlich man auch träumt, so klar man seine Ziele festlegt, es geschieht nichts, bevor man *dafür sorgt*, daß es geschieht, durch einen aktiven Schritt auf die Erfüllung dieser Träume, einen entscheidenden Schritt auf die Verwirklichung dieser Ziele hin.

Als im Jahre 1912 Juliette Low aus England in ihre Heimatstadt Savannah im Bundesstaat Georgia zurückkehrte, brachte sie einen Traum mit, einen Funken, den ihr Sir Robert Baden-Powell eingegeben hatte, jener britische Held aus dem Burenkrieg, der in England die Organisation der Pfadfinder ins Leben gerufen hatte. Wenn die Pfadfinderei für die englischen Buben gut war, überlegte sich Juliette Low, warum sollte sie nicht auch gut für die amerikanischen Mädchen sein? Ein Traum, sehen Sie: ein kreativer Traum. Während der ganzen Fahrt über den Atlantik dachte sie über den Traum nach und formte und feilte ihn, bis er zum Ziel wurde, zu einem schwierigen, fernen Ziel, aber immerhin einem Ziel.

Mit diesem Traum und diesem Ziel im Kopf kehrte sie also in die Stadt zurück, in der sie geboren war, ging an das primitive Telefon – eine Kopie davon ist in dem alten Haus an der Bull Street heute noch ausgestellt – und rief ihre Freundin Nina Pape an, die in der Stadt eine Schule leitete.

»Nina«, sagte sie, »bitte, komm gleich herüber. Ich habe etwas für die Mädchen in Savannah und die Mädchen von Georgia und die Mädchen des ganzen Landes und der ganzen Welt, *und wir fangen noch heute abend damit an!*«

Das war er, der entscheidende dritte Schritt. Und wie Millionen Pfadfinderinnen von einst und jetzt bezeugen können, *taten sie's*. Es dauerte Jahre, bis das Mädchenpfadfinderwesen zu einer großen nationalen Bewegung wurde, aber, wie das alte chinesische Sprichwort sagt: Auch die längste Reise beginnt mit einem einzigen Schritt.

Ich habe es erlebt, daß dieser einzige Schritt den Plus-Faktor so nachdrücklich in Gang setzte, daß die Person, die ihn unternahm, von lähmender Furcht befreit wurde. Schon Emerson schrieb: »Tu, wovor du dich fürchtest, und der Tod der Furcht ist gewiß.« Ich habe vor einer Reihe von Jahren an diese Prophezeiung gedacht, als der US-Senator Warren Barbour aus New Jersey mein Freund wurde. Wir lernten uns eines Abends bei einem Bankett in Newark kennen, wo wir beide sprechen mußten. Wir saßen nebeneinander am Rednertisch, und er sagte zu mir: »Wie fühlen Sie sich, wenn Sie gleich eine Rede halten müssen? Haben Sie nie Angst?«

O doch, sogar oft, gestand ich. Ich kenne mich nicht bei allen öffentlichen Rednern aus, aber ich bin sicher, daß die meisten eine gewisse Furcht, sich vor ein Publikum hinzustellen, nie ganz überwinden können. Vielleicht ist das ganz gut, denn ein erhöhter Adrenalinspiegel putscht auf und läßt das Hirn ein wenig besser arbeiten.

Senator Barbour erzählte mir, es habe eine Zeit gegeben, in der es für ihn blanke Agonie gewesen sei, öffentlich aufzutreten. »Dabei war ich einmal Amateurboxer«, sagte er, »und ich fürchtete nie jemanden im Ring. Aber sobald ich aufstand, um eine Rede zu halten, hatte ich einen trockenen Mund, meine Hände zitterten, und mir wurde heiß und kalt. Zuletzt wollte ich mit einer solchen Heidenangst einfach nicht weiterleben. Um sie zu überwinden, verkündete ich meine Kandidatur für den Senat.« (Er *tat es.*) »Ich dachte gar nicht daran, daß ich gewinnen könnte, wirklich nicht, aber ich wußte, daß der Wahlkampf mich zwingen würde, hinauszugehen und Reden zu halten. Die einzige Möglichkeit, die Angst vor dem Reden zu überwinden, bestand darin, es zu tun.«

Was also fürchten Sie? Was hält Sie zurück? Was steht Ihnen im Wege? Tun Sie's! Ich habe diese simple Regel so oft funktionieren gesehen. Wenn ich jemanden überreden kann, es zu *tun*, dann wird er ein Sieger statt ein Besiegter.

Gewöhnlich ist es Angst vor dem Versagen, die den Kraftstrom des Plus-Faktors blockiert. Diese Angst führt zu Trägheit, manchmal geradezu zu einer Lähmung der Persönlichkeit. Und je länger diese anhält, desto schwieriger ist sie zu durchbrechen.

Zuweilen kann es buchstäblich um Leben oder Tod gehen. Ich erinnere mich an einen Unfall, der vor ein paar Jahren in North Carolina passierte. Ein junger Mann namens Samuel A. Mann wanderte über Land und beschloß, einen Sumpf zu durchqueren, um sich einen weiten Umweg zu ersparen. Er trug hüfthohe Stiefel und stapfte durch den Morast, als er zu etwas kam, das wie eine trockene Sandbank aussah. Er wollte hinüber – und sank plötzlich bis zu den Knien ein, und als er zurück wollte, hielt etwas seine Beine wie in einem Schraubstock fest und zog ihn immer tiefer. In einem Augenblick totalen Grauens wurde ihm klar, daß er in ein großes Treibsandloch geraten war, und ihm fiel ein, daß die Einheimischen immer sagten: »Aus diesem Treibsand kommt nie einer lebendig heraus.« Einen Moment lang lähmte ihn die Panik, er sank tiefer und tiefer ein. Zu seiner Linken sah er eine Stelle mit Sumpfgras, dessen Halme einen guten Zentimeter breit waren. Er dachte bei sich: »Wenn ich nur dieses Gras erreichen könnte; eine Handvoll wäre vielleicht so stark wie ein Seil.« Er streckte den Arm aus, aber zwischen seinen Fingern und dem Sumpfgras klaffte eine Lücke von fast drei Fuß. Er wußte, wenn er zu springen wagte und das Gras verfehlte, würde er unter dem tückischen Sand verschwinden.

Der Sand stand jetzt schon fast am oberen Rand seiner Hüftstiefel, und mit einemmal fiel ihm ein, daß der Sand eigentlich nicht ihn, sondern seine Stiefel festhielt, die ihrerseits ihn festhielten. Mit zitternden Fingern löste er die Riemen, mit denen die Stiefel am Gürtel festgemacht waren. Dann holte er tief Luft, bat Gott um Hilfe und *tat es.* Er warf sich in voller Länge über den tödlichen Sand. Seine Finger berührten das Sumpfgras, packten mehrere Büschel davon. Langsam, vorsichtig, Zentimeter um quälenden Zentimeter zog er sich aus seinen Stiefeln auf den festen Boden.

Er rettete sich, weil er *es tat*.

Wollen Sie Kraft in sich haben? Wollen Sie Frieden im Kopf und im Herzen? Wollen Sie über den Treibsand der Ängstlichkeit und des Zweifels hinweg nach dem Erfolg greifen? Dann nehmen Sie diese magischen Worte, sagen Sie sie sich immer wieder vor. Bitten Sie Gott um Hilfe – und *tun Sie's!* Und zwar nicht morgen oder nächste Woche oder nächsten Monat oder nächstes Jahr.

Jetzt. Tun Sie's jetzt!

5

Plus-Faktor und Beharrlichkeit

Bis jetzt habe ich in diesen Seiten Methoden zur Aktivierung des Plus-Faktors aufgezählt ...

Träumen Sie kreativ.

Setzen Sie sich hohe, lohnende Ziele.

Tun Sie den ersten entscheidenden Schritt auf Ihr Ziel zu.

Und was dann? Dann tun Sie einen weiteren Schritt, und noch einen, und noch einen, bis das Ziel erreicht, das Vorhaben verwirklicht, die Aufgabe erfüllt ist.

Wie lange es auch dauern mag, *harren Sie aus.* Wie oft Sie auch entmutigt werden mögen, *halten Sie durch.* Wie sehr Sie auch aufgeben möchten, *machen Sie weiter.*

Präsident Calvin Coolidge, von vielen »Cal der Schweiger« genannt, hat nicht viel gesprochen, aber wenn er etwas sagte, lohnte es sich, ihm zuzuhören. Zu diesem Thema sagte er:

> »Nichts in der Welt kann Beharrlichkeit ersetzen. Nicht Talent: nichts ist alltäglicher als erfolglose Leute mit Talent. Nicht Geist: die Welt ist voll von gescheiterten Gebildeten. Beharrlichkeit und Entschlossenheit allein sind allmächtig. Das Schlagwort ›weitermachen‹ hat die Probleme der Menschheit gelöst und wird sie immer lösen.«

Winston Churchill sagte dasselbe mit anderen Worten. Wenn es um eine Sache ging, die jede Mühe wert war, mahnte er: »Nur nicht aufgeben. Nie, nie, nie ... aufgeben!«

Warum ist Beharrlichkeit, warum ist Ausdauer so enorm wichtig? Weil ohne sie so wenig Bedeutendes vollbracht wird. Und weil ihr Fehlen so oft zum Fehlschlag führt. Fast alle von uns kennen die Geschichte von der rostigen alten Spitzhacke in der Felswand einer unergiebigen Mine, die ein Bergarbeiter dort einfach steckenließ, als er verärgert aufgab und weglief. Jahre später hieb ein anderer Kumpel gedankenlos seine Hacke gegen die gleiche Wand – und brach durch in die sagenhafte gold- und silberhaltige Erzlagerstätte Comstock Lode. Unermeßliche Reichtümer wären dort für den ersten Goldsucher bereit gewesen, hätte er nur ein bißchen länger durchgehalten. Noch ein paar Schwünge mit der Spitzhacke hätten genügt. Aber er gab zu früh auf ... und er hat nie erfahren, was diese Negativentscheidung ihn kostete.

Den Gegensatz dazu bildet jener arbeitsuchende junge Mann in Boston, der in der Lokalzeitung ein Stellenangebot las. Er schrieb an die angegebene Postfachnummer, bekam aber keine Antwort. Er schrieb ein zweites und dann ein drittes Mal. Noch immer keine Antwort. Da ging er in das betreffende Postamt, suchte das Schließfach und wartete daneben, bis jemand kam und die Post holte. Er folgte dieser Person zu einem Büro, ging hinein und erzählte dem Direktor, was er getan hatte. Es liege ihm noch immer sehr viel an der ausgeschriebenen Stelle, fügte er hinzu. Der Direktor sah ihn erstaunt an. »Schön«, sagte er, »wir suchen immer Leute mit Ausdauer und Entschlossenheit. Bei Ihnen scheint beides vorhanden zu sein; Sie können bei uns anfangen.« So kam Roger Babson, der spätere berühmte Financier, zu seiner ersten Stellung.

Zuweilen sehen wir Leute, die trotz scheinbar unüberwindlicher Schwierigkeiten durchhalten. Ich habe dann immer das Gefühl, daß sie über ihren Plus-Faktor Anweisungen empfangen haben müssen, von denen nicht einmal sie selbst eine Ahnung hatten.

Einer der bemerkenswertesten Männer, die ich je kennenlernte, war der Libanese Musa Alami. Er hatte in England Schulen besucht, und seine Familie war sehr wohlhabend gewesen, bis sie in einer der Unruhen, die den Libanon immer wieder erschüttern, alles verlor. Musa Alami schlug sich in das kahle Wüstengebiet des Jordantales unweit von Jericho durch.

Dieses von der Sonne versengte Land hatte sich wahrscheinlich seit den Tagen Johannes des Täufers kaum verändert. Hier konnte man nichts anbauen, denn das Wasser fehlte. Auf der einen Talseite flimmerten die Berge von Judäa in den Hitzewellen, auf der andern erhoben sich die Moabhöhen. Es waren weder Mittel noch Maschinen vorhanden, um den Jordanfluß zu stauen. Aber irgendwie gelangte Musa Alami, der von erfolgreicher Bewässerung in anderen Gebieten mit Hilfe von Grundwasser gelesen hatte, zur Überzeugung, daß unter dem glühenden Sand Wasser vorhanden sei. Und er gab bekannt, er werde danach graben.

Seine Ankündigung erntete Kopfschütteln und Hohngelächter. Die alten Beduinen der Gegend wiesen darauf hin, daß hier seit Menschengedenken nur Wüste gewesen war. Einst hätten die Fluten des Toten Meeres den Jordangraben bedeckt; der Sand selbst sei voller Salz. Musa Alami sei ein Narr oder vielleicht ein Verrückter. Und nicht nur die Beduinen lachten. Regierungsbeamte und ausländische Wissenschaftler verspotteten ihn ebenfalls. Hier gab es kein Wasser. Hier konnte es gar kein Wasser geben.

Trotzdem fing Musa Alami mit der Hilfe einiger bitterarmer Flüchtlinge aus dem nahen Lager bei Jericho zu graben an. Mit der Brunnenbohrmaschine? Mit dem Löffelbagger? Nein. Er und seine zusammengewürfelte Mannschaft gruben in Handarbeit, mit Pickel und Schaufel. Sie stiegen hinunter in der glühenden Hitze, Tag um Tag, tiefer und tiefer, während die Zuschauer grinsten. Sie stiegen hinunter, dieser unerschrockene Mann und seine zerlumpten Kameraden, Woche um Woche.

Was hielt sie bei der Stange? Hoffnung. Und neben der Hoffnung hatten sie Ausdauer, schlichte Beharrlichkeit.

Ich bin sicher, das hatte der Plus-Faktor bewirkt.

Eines Tages, ein halbes Jahr nachdem sie mit dem Graben angefangen hatten, wurde der Sand feucht. Und ein wenig weiter unten war er naß. Zuletzt begann Wasser, frisches Wasser, das Loch zu füllen. Und Musa Alami und seine Freunde lachten nicht, schrien nicht und jubelten nicht. Sie weinten. Ein alter Beduine sagte: »Musa, jetzt kann ich sterben. Ich habe Wasser aus der Wüste kommen sehen.«

Eine tolle Geschichte, nicht? Ich weiß, daß sie wahr ist, denn ich habe Musa persönlich gekannt und habe den großen Wasserstrom aus dem ausgedörrten Herzen der Wüste sprudeln sehen, und Musa selbst hat die Geschichte meiner Frau Ruth und mir erzählt. Heute wachsen auf riesigen Anbauflächen Früchte und Gemüse aller Art ... alles, weil ein einzelner, beharrlicher, entschlossener Mann überzeugt war, daß so etwas geschehen könnte ..., überzeugt und von seinem Plus-Faktor gestärkt.

Vor Jahren, als es den Salk-Impfstoff noch nicht gab, wurde ein junger Mann in Dallas, James C. McCormick, von der Kinderlähmung betroffen. Er war vollkommen gelähmt, vollkommen hilflos und litt große Schmerzen. Er konnte sich nicht bewegen, konnte nicht schlucken, nicht atmen; er mußte in einer »eisernen Lunge« leben. Er wollte sterben. »Herr«, betete er, »ich bin so hilflos, daß ich mir nicht das Leben nehmen kann. Bitte, nimm du es mir.«

Gott aber erhörte dieses Gebet nicht.

Da betete er: »Wenn ich nicht sterben darf, so nimm mir bitte die furchtbaren Schmerzen.«

Die Ärzte gaben ihm Medikamente, die die Schmerzen linderten, nur wurde er gefährlich abhängig von diesen Drogen.

Also betete er: »Herr, bitte nimm diese Sucht von mir.«

Und mit der Zeit ließ die Sucht nach.

Dann betete er: »Bitte gib, daß ich wieder schlucken kann. Laß sie diesen Schlauch aus meinem Hals und diese Nadeln aus meinen Armen nehmen. Wenn ich nur einen Schluck Wasser trinken kann, will ich versuchen, dich um keine weitere Gunst zu bitten.«

Und er schaffte es, zu schlucken, doch er brachte es nicht fertig, mit den Bitten an Gott aufzuhören. Sein Plus-Faktor ließ es nicht zu.

So betete er weiter: »Lieber Gott, laß mich imstande sein, ein bißchen selbst zu atmen. Laß mich imstande sein, aus dieser eisernen Lunge herauszukommen, nur für ein Weilchen.«

Und auch das ging mit der Zeit in Erfüllung.

Eine Weile später betete er erneut: »Himmlischer Vater, ich bin so dankbar für alles, was Du mir gewährt hast. Darf ich noch um einen einzigen Gefallen bitten? Laß mich aus diesem Bett gelangen, nur für eine Stunde, und in einem Rollstuhl die Welt außerhalb dieses Spitalzimmers sehen.«

Auch dieses Gebet wurde erhört. Dann bat James McCormick um genügend Kraft in den Armen, um den Rollstuhl selber bewegen zu können, und danach um die Fähigkeit und Stärke, an Krücken zu gehen. Zuletzt, nach zwanzigjährigem Ringen, konnte James McCormick mit zwei Stöcken gehen, und er war in der Lage, zu heiraten und Kinder zu haben und ein fast normales Leben zu führen.

Wie kam es soweit? Gewiß, die Ärzte halfen. Letztlich aber war es das Beten, das ihn auf die Beine brachte – und die Beharrlichkeit. Es war eben ein Beten der intensivsten und beharrlichsten Art. Ich bin sicher, Gott ist über solche Gebete nicht erzürnt. Er wird nicht ungeduldig oder ihrer überdrüssig. Sein weites, mitfühlendes Herz wird von solchem Glauben und solcher Ausdauer angerührt. Fragen Sie James C. McCormick. Er wird Ihnen dasselbe sagen.

Mein Wörterbuch erklärt die beiden wichtigen Begriffe so:

> *Beharren:* fest und sicher bei einem Zustand, Vorsatz oder Tun bleiben, trotz allfälliger Widerstände und Einsprüche.
>
> *Durchhalten:* bei etwas Angefangenem beharren, ein Vorhaben trotz Schwierigkeiten oder Hindernissen durchführen, standhaft weitermachen.

Achten Sie auf diesen letzten Satzteil: *standhaft weitermachen.* Er erinnert mich an eine Hausfrau und Mutter in Ohio, Alice Vonk. Sie lebte in einer Kleinstadt dieses fruchtbaren Farmerstaates, und sie pflanzte gern, besonders Blumen. Dabei hatte sie eine kleine intime Gewohnheit, die sie immer beibehielt: Sooft sie Samen in die Erde steckte, sprach sie leise ein kleines Gebet vor sich hin. Menschen konnten Pflanzen zwar säen, meinte sie, aber wachsen lassen müsse sie Gott.

Eines Abends las Alice Vonk in einem Samenkatalog von einem Preis, der für eine reinweiße Ringelblume ausgesetzt war. Sie zog selbst gern Ringelblumen, aber die waren immer gelb oder orange oder rostrot. Die Samenfirma brauchte eine reinweiße, weil sie dann mit Hilfe von Fremdbestäubung Hybriden verschiedenster Farben züchten konnte, und bot eine Belohnung von 10000 Dollar.

Nun war Alice Vonk, die Mutter von acht Kindern, keine Expertin in Pflanzengenetik, aber ein bißchen etwas von Kreuzungen verstand sie, und eine Stimme in ihrem Inneren sagte: »Warum versuchst du's nicht?« Der Plus-Faktor drängte sie, zu handeln.

Mit den größten gelben Ringelblumen, die sie in dem Samenkatalog fand, fing Alice Vonk an. Wie gewohnt, sprach sie ein kleines Gebet, während sie die Samenkörner in den reichen Boden steckte. Dann wartete sie.

Schließlich gingen die Ringelblumen auf, gelb wie Sonnenschein. Alice Vonk suchte die blassesten aus, ließ sie ungepflückt verwelken, sammelte die Samen und steckte diese im nächsten Jahr wieder ein. »Irgendwo«, erklärte sie ihrer skeptischen Familie, »ist eine reinweiße Ringelblume, und ich werde sie finden!« Bei ihr gab es keine Entmutigung, keinen Zweifel, keine Andeutung eines möglichen Mißerfolges. Sie würde ausharren. Sie würde durchhalten. Egal, wie lange es dauern mochte.

Und das tat sie, ein Jahr nach dem andern. Allmählich wurden ihre Ringelblumen immer blasser, aber die reinweiße, die sie suchte, war nicht dabei. Ihre Kinder wurden groß, einige heirateten und zogen fort. Ihr Mann starb, und eine Zeitlang gab sich Alice Vonk der Trauer hin. Dann aber holte sie tief Atem und wandte sich wieder ihren Ringelblumen zu. Inzwischen hatte sie Enkelkinder, und die wollten ihr immer helfen. »Blumen und Kinder sind sich sehr ähnlich«, sagte sie. »Man muß sie verstehen – und darf nie aufgeben.«

Fast zwanzig Jahre lang pflanzte und betete sie und hielt durch. Und eines Morgens schaute sie hinaus auf ihren Garten, und da prangte in voller, herrlicher Blüte eine reinweiße Ringelblume! Nicht fast weiß. Nicht sozusagen weiß. Reinweiß!

Alice Vonk schickte hundert Samen von dieser Ringelblume an die Samenfirma. Es dauerte lange, bis die Samen unter Laborbedingungen geprüft und zum Blühen gebracht waren. Doch dann kam der Tag, an dem der Präsident der Firma sie anrief: »Frau Vonk, ich bin glücklich, Ihnen sagen zu können, daß Sie unseren Preis gewonnen haben!«

Was war das für eine innere Stimme, die ihr gesagt hatte: »Warum versuchst du's nicht?«? Was hieß sie Jahr um Jahr weitermachen, anstatt entmutigt aufzugeben, wie es die meisten Leute getan hätten? Ich kann nichts anderes glauben, als daß es das war, von dem in diesem ganzen Buch die Rede ist: Ihr Plus-Faktor war am Werk.

Aktiviert und stärkt diese unsichtbare Eigenschaft, der Plus-Faktor, die Beharrlichkeit eines Menschen, oder ruft umgekehrt das Beweisen von Ausdauer diese hervor? Ich glaube, die Sache funktioniert so und so herum. Wenn man von sich aus entschlossen eine Mühe auf sich nimmt, kommt einem der Plus-Faktor zu Hilfe. Andererseits scheint es Zeiten zu geben, in denen sich der Plus-Faktor auf unglaubliche Weise selbst bemerkbar macht. Er veranlaßt die betreffende Person, sich ein fast unerreichbares Ziel auszusuchen und dann gegen alle Aussichten darauf zu beharren, bis eine »hoffnungslose« Hoffnung zur Wirklichkeit wird.

Unterschätzen Sie die Macht der Beharrlichkeit nicht. Machen Sie immer, immer weiter. Und geben Sie nie, nie auf. Das Verwirklichen und Vollbringen kommt denen zu, die durchhalten.

»Das Reich Gottes ist inwendig in euch« (Lukas 17,21), sagte Jesus zu seinen Jüngern. Er sagte auch: »Wenn ihr Glauben hättet wie ein Senfkorn (...), nichts würde euch unmöglich sein.« (Matthäus 17,20) Der Plus-Faktor ist eine Auswirkung dieser ewigen Wahrheit.

6

Wie der Plus-Faktor zu wirken beginnt

Weiß man immer, wann der Plus-Faktor zu wirken beginnt? Nein, nicht unbedingt. Vor einiger Zeit beobachtete ich im Fernsehen, wie der junge deutsche Tennisspieler Boris Becker im Wimbledon-Finale Ivan Lendl schlug. Boris und Ivan lieferten sich einen großartigen Kampf, aber es bestand kein Zweifel darüber, wer an jenem Tag der Stärkere war. Der achtzehnjährige Rotschopf besiegte die Nummer eins im Welttennis glatt in drei Sätzen. Natürlich spielte Lendl gut, aber Becker beherrschte das Match, und man merkte, daß Lendl das wußte.

Hinterher stellte ein Reporter Becker die üblichen Fragen, und der junge Mann antwortete mit liebenswürdiger Bescheidenheit. Nein, sagte er, er halte sich nicht für den besten Spieler der Welt. Vielleicht sei er der Beste auf Gras, aber nicht unbedingt auf langsameren Unterlagen.

»Sie haben mit großer Selbstsicherheit gekämpft«, bemerkte der Reporter, »fast so, als spürten Sie, daß der Center Court in Wimbledon heute Ihnen gehört. Stimmt das?«

Becker nickte langsam, mit einem ernsten Ausdruck in seinem Bubengesicht. »Als ich herauskam, um mein allererstes Spiel in diesem Turnier auf diesem Platz zu bestreiten, hatte ich ein merkwürdiges Gefühl. Es ist schwer zu beschreiben. Ich spürte es in den Füßen, in den Knöcheln und in den Beinen ... Es gab mir große Selbstsicherheit und Kraft. Ich war sicher, auf diesem besonderen Platz ganz nach vorne zu kommen. Ich war sicher, daß ich gewinnen würde.«

Ein merkwürdiges Gefühl? Kaum zu beschreiben? Ein phantastisches Durchdrungensein von Kraft und Sicherheit?

War das ein Ausdruck des Plus-Faktors? Wer will es verneinen?

Als ich Boris Becker das merkwürdige Gefühl schildern hörte, das ihn auf einem Tennisplatz überfiel, mußte ich an eine Geschichte denken, die Michael Landon aus seinem Leben erzählt. Heute ist Michael Landon durch Fernsehserien wie *Bonanza, Unsere kleine Farm* und andere berühmt, ein Superstar; damals aber war er ein dürrer Oberschüler in New Jersey mit Namen Eugene Orowitz, von seinen Freunden Ugy genannt.

Ugy war kein guter Sportler; er war scheu und gehemmt. Er hatte überhaupt kein Selbstvertrauen, bis eines Tages, als er ein paar älteren Jungen beim Speerwerfen zusah, der Trainer ihn halb im Scherz fragte, ob er es auch einmal versuchen wolle. Als es Ugy tatsächlich versuchte, flog der Speer zur allgemeinen Verblüffung bis in die Haupttribüne, wo er mit abgebrochener Spitze steckenblieb. Der Trainer sagte, er dürfe den zerbrochenen Speer behalten, und von da an übte er fast Tag und Nacht. Bevor er die High-School abschloß, hatte er den Speer auf 192,94 Meter geworfen, was in jenem Jahr Landesrekord der High-School-Studenten war. Sein Ausnahmekönnen trug ihm ein Stipendium an einem Sport-College in Kalifornien ein, und er dachte ernsthaft an die Olympischen Spiele. Doch dann machte ein Muskelriß in der Schulter seiner Laufbahn als Speerwerfer ein Ende.

Das seltsame Gefühl aber, das ihn überkommen hatte, als

er zum erstenmal einen Speer in der Hand hielt, vergaß er nie. »Ich kam mir vor wie ein Spartaner-Krieger. Ich spürte so eine phantastische Erregung und Zuversicht und Kraft. Es war eigenartig. Und Jahre später erlebte ich dasselbe auf einem völlig anderen Gebiet. Meine Sportkarriere war damals schon vorbei. Ich schlug mich mit Gelegenheitsarbeiten durch. Ein Bekannter, der in einem Stück namens ›Home of the Brave‹ mitspielte, bat mich, seinen Text mit ihm zu proben. Wir fingen an, das Drehbuch zu lesen, und auf einmal war dieses Gefühl von Erregung und Zuversicht und *Richtigkeit* wieder da: Ich wußte, daß ich Schauspieler werden wollte. Ich wußte, daß es mir *bestimmt* war, Schauspieler zu sein. So trat ich in die Schauspielschule von Warner Brothers ein und war auf meinem Weg.«

Woher wußte Michael Landon, daß es ihm bestimmt war, Speerwerfer zu werden? Woher wußte er, daß es ihm bestimmt war, Schauspieler zu sein? Etwas sprach zu ihm, etwas tief in seinem Inneren. Ich denke, es war der Plus-Faktor.

Auch ein anderer Mann kommt mir in den Sinn, John Holmes, der mir aus England geschrieben hat. Er erzählte mir von sich und seiner Kindheit in Australien. Seine Eltern waren Farmer, denen es während der großen Depression ziemlich schlecht ging. »Als Kind merkte ich das nicht«, schrieb er, »weil ich viel Platz und Freiheit hatte, dazu die Aufmerksamkeit und Fürsorge liebevoller Eltern.« Aber das Leben war hart dort im australischen Hinterland.

Nach und nach wurde es besser, so daß John später in der Lage war, sich etwas Geld zu leihen, eine eigene kleine Farm zu kaufen, zu heiraten, eine Familie zu gründen. In den frühen sechziger Jahren, schrieb er, lief alles recht gut, die Holmes' schienen alles zu haben, was sie brauchten. »Von Zeit zu Zeit aber ergriff mich eine unbestimmte innere Unruhe. Es war, als sagte mir eine ferne Stimme, daß es irgendwo ein größeres und besseres Leben für mich gibt. Ich tat dies jedoch als Träumerei ab.«

Kinder kamen auf die Welt. Das »Unbestimmte« geisterte weiterhin durch Johns Unterbewußtsein und flüsterte ihm zu, irgendwo würden große Dinge auf ihn warten. Nur wußte er nicht, was – oder wo – diese Dinge sein mochten.

»Ende 1960 war ich entschlossen, anderswo Gelegenheiten zu suchen. Wenn sie nicht zu finden waren, konnte ich jederzeit zu dem zurückkehren, was ich am besten verstand: Land zu bebauen. 1970 verkaufte ich den größten Teil meines Besitzes, bezahlte alle Schulden, die beträchtlich waren, und machte mich mit Frau und Kindern nach England auf. Wir hatten keine Ahnung, wo wir uns niederlassen oder was wir tun würden.«

Oberflächlich betrachtet, war es natürlich Wahnsinn. Abertausende von Kilometern weit zu reisen, mit wenig bis gar keinen Mitteln, in ein fremdes Land, wo er weder Freunde noch Kontaktpersonen hatte, mit einem fünfköpfigen Anhang, ohne Berufserfahrungen oder Fähigkeiten außerhalb der Landwirtschaft ... man konnte zu John Holmes wirklich sagen: »Was in aller Welt hat Sie geritten?«

Die einzige Antwort, die überhaupt einen Sinn macht, wäre John selbst gar nicht eingefallen: Es war der Plus-Faktor, der ihn wie ein Wispern im Ohr über die vielen Jahre hinweg beeinflußt hatte. Der Plus-Faktor, der ihn antrieb, seine Heimat zu verlassen und weit übers Meer zu ziehen. Und es war der Plus-Faktor, der einer Quelle tief in seinem Inneren entströmte, der ihm die Energie und Entschlossenheit verlieh, jedes Hindernis zu überwinden, das sich ihm in den Weg stellte.

»Obwohl wir mehr als vier Wochen brauchten, um England zu erreichen, hatte ich schon innerhalb von zehn Tagen nach unserer Ankunft eine Stelle als Verkäufer. Ich packte meine Aufgabe mit Entschlossenheit und großer Begeisterung an. Ich erlernte den neuen Beruf, oft unter enormen Schwierigkeiten, aber in der aufrichtigen Überzeugung, eines Tages Erfolg zu haben.«

Erfolg hatte er dann auch, und zwar so sehr, daß seine Firma heute Vertretungen in mehreren Städten besitzt. Als er mir schrieb, bat er mich um eine Zusammenkunft mit ihm und sechs seiner besten Verkäufer, die mit ihren Frauen nach New York kamen. Ich erfüllte seinen Wunsch mit Vergnügen und war ungeheuer beeindruckt vom Kaliber dieser Leute. Man merkte es ihnen an, daß der Plus-Faktor sie alle mit Tatkraft erfüllte.

Manchmal kann, glaube ich, eine einzige Tat eines Menschen dem Plus-Faktor die Tür öffnen. Die langfristigen Ergebnisse der Tat treten unter Umständen jahrelang nicht offen zutage, doch der Vorgang hat begonnen.

Ich denke da an einen jungen Einwanderer, Bernard Castro, der noch ein Teenager war, als er aus seinem heimatlichen Sizilien in unser Land kam. Ich versetze mich zurück in die Nacht vor vielen Jahren, als er am schmutzigen Fenster seines billigen Zimmers in der New Yorker East Side stand und in den Schnee hinausstarrte, der niederwirbelte und alles zudeckte. Schon lag er fußtief in den Straßen; der Verkehr war vollkommen zusammengebrochen.

Der junge Bernard Castro, der noch mit seinem Englisch kämpfte, hatte einen Abendkurs an der DeWitt-Clinton-Schule belegt. Doch das war weit weg auf der Westseite der Stadt. Draußen heulte der Wind; das Schneegestöber wurde zum Schneesturm. Sollte er versuchen, sich zu Fuß durchzukämpfen, oder sollte er besser bleiben, wo er war?

Castro hatte einen Arbeitsplatz als Polsterer gefunden. Die Bezahlung war sehr schlecht. Seine Lippen waren wund von den Polsternägeln, die er im Mund festhielt und dann in die Möbel hämmerte. Er war müde. Seine Schuhsohlen waren dünn, sein Mantel noch dünner. Würde es denn etwas ausmachen, wenn er an einem Abend den Kurs schwänzte?

Während er noch dort am Fenster stand, kam ihm etwas in den Sinn, das er in einem Zeitungsartikel gelesen hatte. Der Journalist hatte geschrieben, die Spanne zwischen Erfolg und Mißerfolg sei oft nur die Bereitschaft, die Extra-Mühe auf sich zu nehmen, die Extra-Meile zu gehen, die Extra-Härte zu ertragen. Entweder habe man diese Fähigkeit, oder man habe sie nicht. Jäh wandte sich Bernard Castro um, nahm seinen schäbigen Mantel, band sich ein Halstuch ums Gesicht und stürzte sich hinaus in den Sturm.

Häuserblock um Häuserblock stapfte er durch den dunklen Abend, seine Hände und Füße wurden gefühllos vor Kälte. Endlich stand er vor dem Eingang der Schule – die Tür war verriegelt. Ein Abwart spähte heraus. »Bist du verrückt? Kein Mensch kommt an so einem Abend her! Die Schule ist geschlossen!« Und die Tür schnappte wieder zu.

Bernard Castro stapfte zurück, durchfroren bis auf die Knochen, den Kopf gegen den eisigen Wind gesenkt. Aber während er heimging, spürte er, wie ein kleines Fünkchen Wärme in ihm zu glühen begann. Es war das Wissen, daß er von zweitausend Schülern der einzige war, der sich zum Schuleingang durchgekämpft hatte. Er war der einzige, der die Extra-Mühe auf sich genommen, die Extra-Meile zurückgelegt hatte, und wenngleich die Anstrengung vergeblich gewesen war, wußte er, daß die unsichtbare Kraft, die ihn dazu getrieben hatte, ihn auch bei allen zukünftigen Bemühungen anspornen und unterstützen würde.

Er wußte nicht, wie er diese Kraft benennen mußte; er wußte nicht, woher sie kam. Doch als er endlich wieder in seinem kleinen Zimmer war und in sein schmales Bett sank, wußte er, daß diese Stärke ihn nie mehr im Stich lassen würde – und das tat sie auch nicht.

Es war der Plus-Faktor.

Später trugen Bernard Castros Energie und Entschlossenheit ihn auch durch die schwere Wirtschaftskrise. Er stieg vom Polstererlehrling zum Innenarchitekten mit eigenem Geschäft auf. Was ist daran so Besonderes, denken Sie jetzt vielleicht – eine Menge Leute haben die Depression überstanden. Aber die geheimnisvolle Kraft, die den jungen Bernard geheißen hatte, sich an jenem bitterkalten Abend in Manhattan durch den Schneesturm zu kämpfen, leitete und beeinflußte ihn in all den Jahren.

Eine Gabe, die der Plus-Faktor manchmal an den Tag bringt – und das ist eine sehr wertvolle Gabe –, ist die Fähigkeit, in scheinbar zusammenhanglosen Dingen die verborgenen Möglichkeiten zu sehen. Zuweilen ist es eine neue Verwendungsart eines altbekannten Gegenstandes. Zuweilen ist es eine noch nicht ausprobierte Kombination von Ideen oder Theorien. Zuweilen ist es die unverhoffte Antwort auf ein kniffliges Problem.

In Bernard Castros Leben kam eine Zeit, in der er diese Gabe notwendig brauchte. Er mühte sich ab, ein stromlinienförmiges Bettsofa zu entwerfen, etwas Schlankeres und Eleganteres als die plumpen Couches, die soviel Platz beanspruchten. Es schien keine Lösung zu geben. Es funktionierte einfach nichts.

Dann sah Castro eines Tages auf einem kleinen Kabinenkreuzer zu, wie der Besitzer einen Sitz in eine Schlafkoje verwandelte, indem er den unteren Teil des Rahmens hervorzog und die Polster flachlegte. Der Rahmen bestand aus Rippen, die wie die Zähne zweier Kämme ineinandergriffen. Offen vermochten sie das Gewicht eines Schläfers zu tragen. Geschlossen brauchten sie nur halb soviel Platz. Da war sie vor seinen Augen, die Lösung des Konstruktionsproblems, das ihm so zu schaffen gemacht hatte. Er bezog das System in seine Entwürfe ein und baute die Castro-Bettcouch, die ihn berühmt gemacht hat – und reich.

Glück? Aufgewecktheit? Phantasie? Erfindungsgabe?

Gewiß doch, das alles. Aber wenn man alle diese Dinge zusammensetzt und zusammenzählt, muß man, glaube ich, noch nach etwas Tieferem Ausschau halten. Man muß die Hauptsache dem Plus-Faktor zuschreiben, dann zäher Hartnäckigkeit, harter Arbeit, angestrengtem Nachdenken und einem großen, starken Glauben.

7

Plus-Faktor und Geisteshaltung

Wenn ich an meine Schulzeit zurückdenke, dann gibt es da ein Erlebnis, das ich nie vergessen werde. In der fünften Klasse hatte ich einen Lehrer, der ein erklärter positiver Denker war. Er hieß George Reeves und machte auf seine Schüler einen unvergeßlichen Eindruck. Er war groß und wog fast hundert Kilo, ein Turm von einem Mann.

George Reeves war eine ausgeprägte Persönlichkeit, voller Vitalität; zuweilen tat er Dinge, die nicht voraussehbar waren. Zum Beispiel hatte er die Gewohnheit, unvermittelt »Ruhe!« zu brüllen. Und Sie können mir glauben, wenn er Ruhe verlangte, dann herrschte Ruhe! Dann schritt er zur Wandtafel und schrieb mit großen Druckbuchstaben das Wort »KANNICHT« hin.

»Seht euch das Wort an!« befahl er. »Was machen wir damit?«

Wir wußten, welche Antwort er haben wollte, und so rief die ganze Klasse im Sprechchor: »Das ICHT auswischen!« Und mit weit ausholender Gebärde ließ er das ICHT verschwinden, so daß nur noch ein imposantes KANN auf der Tafel prangte. Den Kreidestaub von den Fingern wischend, musterte er uns. »Laßt euch das eine Lehre sein, und vergeßt es nie: Man *kann*, wenn man denkt, zu können.« Wenn sein

Blick über die Buben und Mädchen glitt, die staunend zu ihm aufblickten, huschte ein Lächeln über sein Gesicht. »Hört zu, junge Damen und Herren« – aus irgendeinem Grunde nannte er uns nie Buben und Mädchen –, »hört gut zu! Ihr seid größer, als ihr zu sein glaubt! Ihr *könnt*, wenn ihr daran glaubt, wirklich daran glaubt, daß ihr etwas könnt. Und«, fügte er hinzu, »das ist das einzig Wichtige, was ich euch in dieser Klasse beibringen will.«

Durch den Nebelschleier der Jahre sehe ich jenen starken, klugen, gütigen Mann dort stehen und sich bemühen, einer Klasse amerikanischer Kinder zu verstehen zu geben, was sie aus ihrem Leben machen konnten – was sie werden konnten. Und was er uns lehrte, ist heute genauso richtig wie damals. »Ihr könnt, wenn ihr glaubt, daß ihr könnt!« Laßt uns also wirklich daran glauben, daß wir unsere Ziele erreichen, unsere Vorhaben ausführen und das sein können, was wir sein wollen.

Ein Grund, warum wir das zu erreichen vermögen, ist, daß in jedem von uns etwas steckt, das ich den Plus-Faktor genannt habe. Und diese Kraft oder Energie, dieser Ansporn kann uns aus dem Gewöhnlichen empor- und über das Mittelmäßige hochheben. Der Plus-Faktor ist es, der jemandem hilft, alle Probleme des Lebens zu meistern. Der Plus-Faktor kann aus Ihnen und aus mir und aus jedem Menschen, der sich seiner Leitung anvertraut, echte Vollbringer machen.

Der Plus-Faktor ist eng mit der Geisteshaltung verknüpft, der ich den Namen »positives Denken« gegeben habe. Und was genau ist positives Denken? Ja, natürlich ist es das Gegenteil von negativem Denken. Es ist das »Ich kann«-Prinzip im Gegensatz zur »Ich kann nicht«-Denkweise. Es ist das Glauben an die eigenen Möglichkeiten und das Überwinden der eigenen Zweifel.

Positives Denken ist nicht einfach nur »große Dinge denken«. Es kann sich in kleinen Schritten äußern, doch diese ergeben zusammengenommen etwas Großes. Sie wachen zum Beispiel am Morgen auf, und Ihr erster Gedanke ist: *»Das wird ein lausiger Tag.«* Ihre Frau, schon fröhlich beim Frühstück, fragt: »Wie geht's dir denn heute morgen, Schatz?« Und der negative Denker gibt die übliche Antwort: »Ach, gar nicht gut. Mir ist die ganze Energie ausgegangen. Ich bin fix und fertig!« Das Dumme an so einer Antwort ist, daß sie einfach nicht stimmt. Er *denkt* bloß »fix und fertig«.

Vielleicht sind Sie Handelsvertreter, und an diesem Tag ist in Ihrer Agenda der Besuch eines ausgesprochen schwierigen Kunden vorgemerkt. »Ich komme mit dem einfach nicht zu Rande. Er kauft bestimmt nicht.« So laufen Ihre Gedanken. »Ich habe kein gutes Gefühl.« Und: »Ich kann es nicht.« Gleich zwei abträgliche Negative. Und da schleppt sich dann der negative Denker ohne Schwung durch den Tag, denkt und redet sich immer weiter abwärts – ein Opfer der drei bösen »M«: Mangel an Vertrauen, Mutlosigkeit, Minderwertigkeitsgefühl.

Im Grunde gibt es nur zwei Denkweisen: negatives Denken und positives Denken. Und das negative Denken ist ein sehr gefährlicher Vorgang, denn er blockiert den Strom des Plus-Faktors.

Es gibt ein Naturgesetz der Anziehungskraft. »Gleich und gleich gesellt sich gern«, lautet die Redensart. Auf dieselbe Weise ziehen Gedanken derselben Art sich gegenseitig an. Wenn wir gewohnheitsmäßig negative Gedanken in unsere Umwelt, in unsere persönliche Welt, in unsere Berufswelt aussenden, ziehen wir fast unvermeidlich negative Ergebnisse auf uns. Ausgesprochene oder auch unausgesprochene Gedanken haben starke Schwingungen. Sie setzen Kräfte in

Gang, die unweigerlich genau die gedachten, geäußerten und eingebildeten Resultate erbringen. Es ist ein geistiges Gesetz, daß negatives Denken, negative Einstellungen, negative innere Bilder zu negativen Ergebnissen führen *müssen*.

Wenn Sie in Ihrem Leben oder in Ihrer Karriere immer wieder Negatives erleben, dann geschieht das nicht einfach so; es sind auch nicht unbedingt »Pechsträhnen« daran schuld. Es könnte sich vielmehr um die unvermeidliche Folge von gedachten und ausgesendeten negativen Geisteshaltungen handeln. Dieser Defätismus kann in Ihrem Inneren schon vor langer Zeit entstanden sein. Vielleicht hat er aus Ihnen einen negativen Denker und Empfänger gemacht.

Doch ich habe eine gute Nachricht für Sie, eine *großartige* gute Nachricht: Sie können sich ändern und ein positiver Denker werden, in dessen Persönlichkeit, in dessen Berufsleben, in dessen menschliche Beziehungen der positive Segen des Plus-Faktors einströmt. Und ich hoffe, Sie sind sich darüber im klaren, daß es *jetzt* Zeit für diese persönliche Änderung ist. Denn wenn Sie es jetzt nicht tun, besteht die Gefahr, daß Sie es vielleicht nie tun werden.

Der positive Denker, die positive Denkerin ist eine optimistische, glaubensdurchdrungene Person, die gewohnheitsmäßig positive Bilder und Standpunkte ausstrahlt, also kreative, positive Gedanken in die Umwelt sendet. Diese starken Gedankenwellen beeinflussen die Umwelt positiv, und es werden positive Rückstrahlungen aktiviert. Was Sie geistig über eine lange Zeit aussenden, kehrt genau und unweigerlich in gleicher Art zurück. Wenn Sie also wirklich erfolgreich werden wollen, ist es von entscheidender Wichtigkeit, daß Sie sich radikal ändern, von zerstörerischem negativem Denken zu kreativem positivem Denken übergehen.

Manchmal sagen mir Leute, die für ihre negative Einstellung eine Ausrede brauchen: »Ich bin nun einmal ein geborener negativer Denker. Mein Vater war es und mein Großvater auch schon. Es liegt in der Familie.« Tatsächlich, es kann in der Familie liegen, und es liegt oft in der Familie, aber daß man deswegen ein geborener negativer Denker sei, ist pure Einbildung.

Der Schöpfer erschuf jeden von uns nach seinem Bild und hauchte uns Leben ein. Das bedeutet Energie, Begeisterung, Optimismus. Ich habe noch nie ein negatives Baby gesehen. Kleinkinder scheinen von Natur aus positiv zu sein. Nur werden einige eben in negative Familien hineingeboren, und da sie empfindsam auf die familiäre Atmosphäre reagieren, in der sie aufgezogen werden, nehmen sie mit der Zeit negative Züge an. Solche Kinder wachsen mit einer geringen Selbstachtung auf, sie neigen dazu, sich als geborene Versager oder Verlierer zu sehen.

Als ich einmal durch die verwinkelten Gäßchen von Kaulun in Hongkong schlenderte, kam ich zu einer Tätowierbude. Im Fenster waren Muster der verfügbaren Tätowierungen ausgestellt. Auf Brust oder Arme konnte man sich einen Anker oder eine Flagge oder eine Meerjungfrau oder was auch immer anbringen lassen. Was mir aber am meisten auffiel, waren drei Worte, die man sich einritzen lassen konnte: *Born to lose* – zum Verlieren geboren.

Verwundert betrat ich den Laden, zeigte auf diesen Schriftzug und fragte den chinesischen Tätowierkünstler: »Läßt sich wirklich jemand diesen schrecklichen Satz ›Zum Verlieren geboren‹ auf seinen Körper tätowieren?«

»Ja, zuweilen«, antwortete er.

»Aber«, wandte ich ein, »ich kann mir einfach nicht vorstellen, wie jemand, der bei Verstand ist, das tun kann!«

Der Chinese tippte sich einfach an die Stirn und sagte in

gebrochenem Englisch: »Vor Tätowierung auf Brust, Tätowierung in Kopf.«

Ein echter Philosoph, dachte ich. Denn ein Mensch wird das, was er über eine lange Zeit hinweg in seinen Kopf einritzt. Tatsache aber ist, dies muß nicht »Zum Verlieren geboren« sein. Es kann »Zum Siegen geboren« sein.

George Hallas, der berühmte Coach der Chicago Bears aus der Football-Nationalliga, hatte an seiner Bürowand einen in die Augen springenden Spruch angebracht: »Geh stets als Gewinner zu Bett.« Ein kluger Gedanke. Im Schlaf können die Vorstellungen des Bewußtseins ins Unterbewußtsein eindringen. Und George Hallas wollte nicht, daß seine Spieler sich Verlierergedanken hingaben. Also: Nehmen Sie Defätismus nie mit ins Bett. Stellen Sie sich beim Einschlafen sich selbst sieghaft vor, und lassen Sie das Erfolgsbild innerlich keimen. Die Wirkung wird wunderbar sein. Beherzigen Sie den Rat eines der erfolgreichsten Sportleiter unserer Zeit!

Coach Hallas stand damit auch auf festem psychologischem Boden. Es ist eine Tatsache, daß es tief in der menschlichen Natur liegt, genau das zu werden, was wir über eine lange Zeit in uns selber sehen. Das Bild von uns, das wir bewußt festhalten, reproduziert sich gern als Wirklichkeit. Wenn Sie beispielsweise an einem Minderwertigkeitskomplex leiden und sich selbst stets als unzulänglich vor Augen haben, also nicht an sich glauben, wird gerade das Sie letztlich zu dem machen, was Sie sich vorstellen.

Doch Sie haben es in der Hand, Ihr Selbstbild zu normalisieren und anzufangen, an sich als an einen tüchtigen, fähigen Menschen zu denken. Tun Sie's, und Sie werden allmählich das, was Sie in Ihrer Vorstellung sind.

Das ist nicht bloß Theorie. Es ist eine Tatsache, ich weiß es aus Erfahrung. Als Junge hatte ich brennende Minderwertigkeitsgefühle. Ich war schüchtern, ängstlich und verlegen, das heißt, ich genierte mich, schreckte davor zurück, unter die Leute zu gehen. Ich fand mich ziemlich unfähig und total unbegabt. Ich betrachtete mich als einen Niemand. Dann merkte ich, daß die Leute auch dieser Meinung waren. So ist das: Andere übernehmen unbewußt unsere eigene Einschätzung.

Eine neue Selbsterkenntnis aber stellte sich eines Tages während meines zweiten College-Jahres in einem Kurs in Wirtschaftslehre ein. Der Professor, Ben Arneson, wurde mir später ein Freund fürs Leben. Am Schluß der Schulstunde sagte er: »Peale, bleiben Sie noch ein paar Minuten.« Er blickte mich forschend an. »Was ist mit Ihnen los? Warum sind Sie bloß so ein Wurm? Sie schleichen herum, als hätten Sie furchtbare Angst. Wenn ich Sie in der Stunde etwas frage, werden Sie rot und bringen keinen Ton heraus, obwohl ich weiß, daß Sie den gelernten Stoff sehr gut beherrschen. Warum«, fügte er hinzu, »überwinden Sie diesen Minderwertigkeitskomplex nicht und benehmen sich wie ein Mann?«

Trotz meines Unmuts über diese scheinbare Rücksichtslosigkeit mußte ich zugeben, daß er recht hatte. »Ich weiß nicht«, stotterte ich, »wahrscheinlich bin ich eben ein Versager.«

»Sagen Sie so etwas Negatives nie wieder! Denken Sie es nicht einmal!« donnerte er mich an. »Stützen Sie sich auf Ihren Glauben«, fuhr er sanfter fort, »bitten Sie Ihren Vater im Himmel, der Sie erschaffen hat, Sie zu ändern.«

Ich stolperte aus dem Klassenzimmer, die Halle entlang und die lange Außentreppe hinunter. Auf der viertuntersten Stufe blieb ich stehen. Und auf dieser Stufe geschah etwas vom Großartigsten in meinem Leben. Dort betrat ich den Weg zum Glauben an mich selbst.

Das kam so: Ich stand völlig entmutigt und hoffnungslos da. Dann tat ich, was man mich geheißen hatte: Ich betete! Es war ein schlichtes, verzweifeltes Gebet. Der Dichter James Russell Lowell schrieb in »Die Kathedrale«:

Ich, der ich doch stets morgens und am Abend bete,
Ich hab' dreimal vielleicht im Leben echt gebetet,
Dreimal, bis in mein Unbewußtes aufgewühlt,
Die völlige Befreiung, die Gott ist, gefühlt.

Jedenfalls betete ich diesmal wirklich mit allem, was in mir war. »Sieh, Herr«, sagte ich, »Du kannst einen Dieb in einen ehrlichen Mann, einen Trunkenbold in einen nüchternen Menschen verwandeln. Kannst Du nicht einen verwirrten, geschlagenen Jungen wie mich zu einem normalen machen? Amen.«

Wahrscheinlich erwartete ich ein Wunder, aber im Augenblick geschah gar nichts, außer daß ich mich ruhig und irgendwie glücklich fühlte.

Bald danach brachte ein anderer Professor mich dazu, Emerson und Thoreau, Mark Aurel und William James zu lesen – Autoren, die lehren, was mit einem Menschen vorgehen kann, wenn er lernt, richtig zu denken. Ich lernte, daß ich mein Leben ändern konnte, indem ich meine Geisteshaltung änderte. Nach und nach gelangte ich zu einem normalen Glauben an mich selbst und entdeckte, daß der Plus-Faktor uns zu Hilfe kommt, wenn wir ihn nur lassen. Ich machte die wichtigste Entdeckung, die es gibt: daß wir können, wenn wir daran glauben, daß wir können.

8

Der Plus-Faktor: Quelle des Mutes

Ein menschlicher Wesenszug, der seit Anbeginn der Zeit bewundert wird, ist die Fähigkeit, Gefahr oder Leiden tapfer auf sich zu nehmen. Und eng verwandt damit ist die Begabung, angesichts schwieriger moralischer Entscheidungen die richtige Wahl zu treffen. Wir nennen diese besonderen Tugenden *Mut* – und sehr wenige von uns können es sich leisten, selbstzufrieden festzustellen, daß sie ihn besitzen. Im Gegenteil, die meisten fürchten sich vor etwas, und wir sind nie ganz sicher, wie wir reagieren würden, wenn wir uns dem, was uns angst macht, ganz plötzlich zu stellen hätten.

Glücklicherweise steckt in jedem von uns eine verborgene Kraft, die uns helfen kann und auch hilft, in solchen Notfällen zu bestehen. Ich habe dieser Kraft den Namen Plus-Faktor gegeben, und immer wieder höre oder lese ich von ungewöhnlichen Ereignissen, bei denen sie Menschen in gefährlichen oder verzweifelten Situationen durchströmte und sowohl mit fast unfaßbarer Stärke und Ausdauer als auch mit jener Furchtlosigkeit versah, die wir Tapferkeit oder Heldenmut nennen.

Stellen Sie sich vor, was vor ein paar Jahren an einem Pazifikstrand in der Nähe von San Francisco geschah. Es war Anfang Mai. Zwei Neuabsolventen des San Francisco State

College, Shirley O'Neill und Albert Kogler, gingen schwimmen. Sie sprangen in die Brandung, Al voraus, schwammen durch die Brecher und ließen sich im tiefen, ruhigen Wasser etwa fünfzig Meter vom Ufer entfernt gemütlich treiben. »Weitaus schöner, als in der Bibliothek zu sitzen, was?« meinte Al, und Shirley nickte zufrieden. Was keines von beiden wußte, war, daß aus der Tiefe eines der furchterregendsten, vernichtendsten Lebewesen auf sie zusteuerte, das es gibt: ein großer weißer Hai.

Im Reich der Tiere ist der weiße Hai der gefürchtetste Killer. Oft erreicht er eine Länge von viereinhalb Metern, eine Tonne oder mehr stromlinienförmiger Muskelmasse; die mächtigen Kiefer mit den dreieckigen, rasiermesserscharfen Zähnen vermögen ohne weiteres einen Seelöwen oder einen Menschen in zwei Hälften zu zerteilen.

Shirley hörte einen Schrei, als ein riesiger grauer Umriß sich plötzlich in die Luft zu erheben und auf Al zu stürzen schien. Sein Kopf, mit einemmal rot von Blut, verschwand unter Wasser, tauchte wieder auf, war verzerrt von Todesangst. »Fort, Shirley!« kreischte er, »fort! Es ist ein Hai!«

Shirley O'Neill war es, als hörte ihr Herz zu klopfen auf. Eine Sekunde lang konnte sie sich nicht rühren. *Fort!* schrie jede Faser in ihr, *fort!* Sie wandte sich dem Ufer zu, von namenlosem Grauen gepackt. Der Tod war bei ihr im Wasser. Der Tod wollte sie als nächstes Opfer. Dessen war sie sich sicher.

Dann aber schwamm sie nicht weiter. Etwas ließ sie innehalten. Etwas zwang sie zurück, zurück in das rotgefärbte Wasser, wo der Hai noch immer um sich schlug, zurück dahin, wo das jetzt blutrote Meer kochte und wirbelte. Sie schwamm zurück zu ihrem Freund. Sie wollte nach seiner Hand greifen und fuhr entsetzt zurück: Sein Arm war an der Schulter abgerissen.

Bestimmt würde der Hai wiederkommen. Bestimmt würde er erneut angreifen. Bestimmt hatte dieses junge Mädchen jeden Anlaß und Grund, sich selbst in Sicherheit zu bringen.

Doch sie brachte sich nicht in Sicherheit. Sie schwamm zu Al und legte ihm den Arm um die Brust. »Lieg still, Al. Versuch nicht zu schwimmen. Lieg still!«

Auf dem Rücken, mit dem freien Arm rudernd, mit den Füßen strampelnd, zog sie ihn dem Strand entgegen. Langsam, langsam, einen Blutstreifen nachziehend – Blut, das andere menschenfressende Ungeheuer anlocken konnte oder auch dasselbe Tier noch einmal. Wellen überspülten ihren Kopf. Alberts Körper schien mit jeder Sekunde schwerer zu werden. Doch er lebte noch. Sie würde ihn nicht aufgeben.

Jetzt waren sie in der Brandung, und ihre Füße berührten Boden, aber sie konnte nicht mehr weiter. Sie konnte nur schwach um Hilfe rufen, und das Rauschen der Brandung erstickte ihre Rufe. Wie durch ein Wunder wurde sie von einem Fischer weiter unten am Strand gesehen. Blitzschnell kam er näher und warf seine Angelschnur treffsicher dicht neben Shirley ins Wasser. Sie wand sie sich um die Taille, er haspelte sie ein und schleppte Shirley und ihre verwundete, blutende Last ins flache Wasser.

Jetzt liefen die Leute von allen Seiten herzu. Jemand legte eine Decke über Al. Er war noch bei Bewußtsein, wenn auch nur knapp, und Shirley O'Neill, eine Katholikin, die wußte, daß Al nie etwas von irgendeiner Religion hatte hören wollen, fragte ihn, ob sie ihn taufen dürfe. Als er nickte, holte sie in ihrer Badekappe Wasser aus dem Meer, kniete neben Al nieder, zeichnete das Kreuz auf seine Stirn und taufe ihn »im Namen des Vaters, des Sohnes und des Heiligen Geistes«. Dann wurde eine Bahre gebracht und Al ins Spital gefahren. Zwei Stunden später starb er.

So endete das Leben, das Shirley O'Neill zu retten sich bemüht hatte. Doch ich denke, gläubige Menschen würden sagen, daß für Albert Kogler das ewige Leben begann. Die Frage ist, was war das für eine Kraft, die angesichts der furchterregendsten aller Gefahren eine junge College-Schülerin überkam und ihr den Mut und die Selbstlosigkeit zu ihrem Handeln verlieh?

Es gibt Menschen, die noch keine große Angst erlebt haben, die noch keine frühere große Angst, kein »eingebautes« tiefes Grauen in sich tragen, so daß in einer unvorhergesehenen Krise wie dieser vielleicht das Mutreservoir noch nicht angebraucht ist. Kann aber der Plus-Faktor auch in Erscheinung treten, wenn eine alte, tiefverwurzelte Furcht besteht, die die ganze Persönlichkeit eines Menschen durchdrungen hat? Ich glaube ja. Nehmen wir nur den Fall von Naomi Clinton aus Camden (South Carolina).

Es gibt Menschen, die mit einer schrecklichen Angst vor Feuer durchs Leben gehen, was meist die Folge eines traumatischen Kindheitserlebnisses ist. So jemand war Naomi Clinton. Als sie drei Jahre alt war, brannte ihr Elternhaus bis auf den Grund nieder. Sie wurde zwar von ihrer Schwester heil hinausgetragen, aber sie erinnerte sich, in die Flammen gestarrt und vor Schrecken entsetzlich geschrien zu haben. Jahre später zerstörte erneut ein Brand das Heim ihrer Familie und legte es in Schutt und Asche. Sooft Naomi danach ihr eigenes Haus und ihre Kinder verließ, bangte sie um deren Sicherheit. Die Angst vor dem Feuer begleitete sie stets.

Als Naomi Clinton eines Tages von einer geschäftlichen Tagung in Florida nach Hause fuhr, sah sie eine kurze Strecke vor ihr eine schwarze Rauchsäule von der Autobahn aufsteigen. Beim Näherkommen bemerkte sie mehrere Autos am Straßenrand und eine Handvoll Leute, die entsetzt auf einen

Lastwagen starrten, der sich überschlagen hatte und in Flammen ausgebrochen war. Öltonnen, die aus dem Laster gefallen waren, lagen herum. Naomi Clinton hatte das Bedürfnis, die Augen abzuwenden und weiterzufahren, doch die Flammen züngelten jetzt höher und blockierten die Straße. Sie mußte anhalten. Schon fühlte sie, wie die altvertraute Angst sich ihrer bemächtigte, aber sie stieg aus und gesellte sich zu den Zuschauern.

In diesem Augenblick sah sie etwas wie einen Haufen Schutt neben dem Lastwagen. Dann bewegte sich der Schutt. Es war kein Schutt. Es war der Lastwagenfahrer, der dort im Feuer lag. Während Naomi Clinton hinsah, hob sich eine Hand aus den Flammen, winkte, flatterte. Schließlich hob der brennende Mann irgendwie den Kopf und schaute sie durch den Rauch hindurch an.

Diesen Augenblick sollte Naomi nie mehr vergessen. »Ich konnte seine Augen sehen. Sie waren voller Entsetzen, weit aufgerissen. Und sein Mund bewegte sich. Ich sah den Schrei auf seinen Lippen, so schwach, daß ich ihn nicht zu hören vermochte. Das Donnern des Feuers deckte ihn einfach zu. Alle anderen standen einfach da und starrten.

In diesem Augenblick überkam mich ein unbeherrschbares Gefühl. Bevor ich etwas dachte oder mir nur etwas einfiel, lief ich los, auf den brennenden Mann zu. Jemand schrie: ›Machen Sie keinen Blödsinn! Die Öltonnen werden jeden Moment explodieren!‹ Der Arm des Fahrers sank zu Boden, hob sich erneut. Er schien zu sagen: *Hilf mir! Ich brenne!*

Meine Feuerangst zerrte an mir, rief: ›Nein! Nein! Nein!‹ Doch eine Macht, die viel stärker war als Furcht, eine Macht, die ich nicht begreife, übernahm die Herrschaft. Ich schüttelte den Mann ab, der mich zurückzuhalten versuchte, und rannte durch das brennende Gras zu dieser geschwärzten, ausgestreckten Hand. Die Kleider des Fahrers standen in Flammen. Er wollte sich aufrichten, konnte aber nicht.«

Naomi Clinton war nur 50 Kilo schwer. Irgendwie gelang es ihr, den Mann unter den Armen zu fassen und von dem lodernden Lastwagen wegzuzerren. Die Hitze schlug Blasen in ihre nackten Arme und Beine. Rundum war Feuer. Ein Autoreifen explodierte knallend und überschüttete sie mit brennenden Gummifetzen, die ihren Hals verletzten und ihre Haare ansengten. Sie aber zog den Mann immer weiter aus dem brennenden Gras und auf die Straße. Dann schlug sie mit bloßen Händen auf seine rauchenden Kleider ein und warf sich schließlich über ihn, um die Flammen mit ihrem eigenen Körper zu ersticken.

Als endlich die Polizei und ein Krankenwagen eintrafen, war Naomi in einem solchen Angst- und Schockzustand, daß sie kaum imstande war, Fragen zu beantworten. Als sie zu ihrem Wagen zurückgehen wollte, gaben ihre Beine nach, und sie sank zu Boden.

Der Lastwagenfahrer hatte schwere Verbrennungen erlitten, aber er überlebte. Naomi Clinton erhielt vom Gouverneur von South Carolina eine Auszeichnung für heldenhaftes Verhalten und später eine silberne Carnegie-Medaille.

Wie brachte sie so etwas fertig, diese zierliche kleine Frau, die das Grauen vor dem Feuer doch immer gelähmt hatte? Sie brachte es fertig, weil, um es mit ihren eigenen Worten zu sagen, »eine Macht, die viel stärker war als Furcht, die Herrschaft übernahm«.

Naomi war überzeugt, daß diese Macht geradewegs von Gott gekommen war. Und ich meine, sie hatte recht, denn dort kommt der Plus-Faktor auch her.

Es ist merkwürdig, wie oft Menschen, die in einem Notfall klug und stark reagieren, das Gefühl haben, diese Klugheit und Stärke sei nicht ihrem Willen oder ihrer Entschlossenheit entsprungen, sondern einer geheimnisvollen Quelle, die sie nicht beim Namen zu nennen vermögen. Sie sind in dieser Beziehung aufrichtig. So war es auch bei John Skerjanec, einem Leitungsaufseher bei der Southern-Colorado-Elektrizitätsgesellschaft.

Skerjanec hatte Starkstromleitungen in den Bergen westlich des Red Canyon Park kontrolliert und war auf dem Rückweg ins Büro. In einem Halbtonner fuhr er über die gewundenen Bergstraßen. Am frühen Nachmittag gelangte er zur US 50, einer zweispurigen Schotterstraße, unweit der Stelle, wo sie am sogenannten Eight Mile Hill in eine steil abwärts führende Strecke übergeht. Das war ein sehr gefährliches Straßenstück, auf dem in den vorangegangenen drei Jahren fünf Menschen umgekommen waren.

Als Skerjanec an der Kreuzung stoppte, sauste ein Personenwagen an ihm vorbei und so schnell das Steilstück hinunter, daß er sofort wußte, hier stimmte etwas nicht. Zwei Frauen saßen darin; die eine klammerte sich ans Steuerrad, die andere hatte die Arme hochgerissen und schrie. Offensichtlich hatten die Bremsen versagt, und dann war auch das Getriebe ausgefallen. Völlig außer Kontrolle raste der Wagen den Berg hinunter, mindestens acht Kilometer steile Rampen und Haarnadelkurven vor sich.

Skerjanec schwang sein Gefährt um die Einbiegung, dem »durchgegangenen« Auto nach, und trat aufs Gas. »Und es war eigenartig«, erzählte er später: »Ich plante bereits genau, was ich tun würde. Die Idee schien aus dem Nichts einfach dazusein. Ich weiß nicht, wie ich darauf gekommen bin, aber es erschien mir als die einzige Möglichkeit, wie ich die beiden Frauen davor bewahren konnte, von der Straße in den Abgrund zu fliegen.«

Deren Wagen pfeilte mit 120 Stundenkilometern abwärts. Skerjanec brauchte mehr als anderthalb Kilometer, um ihn einzuholen. Er wußte, daß sich weiter vorn ein etwa anderthalb Kilometer langes, relativ gerades Straßenstück anschloß. Wenn er überholen wollte, mußte es dort geschehen. Er drückte das Gaspedal durch, der Lieferwagen schoß vorwärts, die Nadel am Tacho zeigte auf 136 Stundenkilometer.

Jetzt rasten sie nebeneinander die Straße hinunter. Die Gefahr für beide Wagen war enorm: wenn sich auch nur die Schutzbleche berührten, bedeutete dies den Tod für alle Insassen. Skerjanecs Denken aber war nur auf die Idee fixiert, »die aus dem Nichts da war«. Er überholte und beobachtete dabei den anderen Wagen im Rückspiegel. Als er ihn genau hinter sich hatte, verlangsamte er die Fahrt ein wenig und hoffte, die Dame am Steuer werde nicht in Panik geraten. Er wartete, bis die Stoßstangen sich berührten. Der Stoß trieb die beiden Wagen auseinander, aber er wußte, daß die Frau begriff, was er vorhatte, und ihm zu helfen versuchte. Die Stoßstangen prallten erneut zusammen, und diesmal behielten sie den Kontakt. Ganz sachte und stufenweise betätigte Skerjanec die Bremsen. Als die Geschwindigkeit nachließ, schaltete er in den zweiten Gang. Vorne war bereits eine scharfe Kurve zu sehen. Aber die von Bremsen und Motor bewirkte Hemmkraft genügte. Dicht vor der Kurve kamen beide Wagen zum Stillstand.

Woher kam das »Gewußt wie«? Und die Entschlossenheit? Und das fahrerische Können? Und der Mut? Der Mut, der es John Skerjanec ermöglicht hatte, sein Leben aufs Spiel zu setzen im Versuch, zwei völlig fremde Menschen zu retten? Kein Zweifel: Der Mut stammte aus derselben Quelle wie der Mut von Naomi Clinton. Er stammte von der Gottesgabe, die ich den Plus-Faktor nenne.

Mut äußert sich nicht immer in einer körperlichen Tat. Es gibt auch einen moralischen Mut: die Art Mut, die jemanden befähigt, das zu tun, was er oder sie für richtig hält, obwohl – oder gerade wenn – etwas anderes vielleicht nützlicher wäre. Viele große Menschen der Geschichte zeigten diesen Mut – und waren eben deshalb groß. Martin Luther, als er beim Reichstag zu Worms seinen Verleumdern gegenüberstand und sagte: »Es ist weder klug noch vernünftig, etwas gegen die Gebote des Gewissens zu tun. Hier stehe ich: ich kann nicht anders.« Abraham Lincoln, als er vor der Krise des Bürgerkrieges stand. Einige seiner Ratgeber fanden, er sollte nicht zur Gewalt greifen. Horace Greeley sagte zu ihm: »Wenn Sie verlieren, tränken Sie das Land mit Blut; wenn Sie siegen, heften Sie das Land nur mit Bajonetten zusammen.« Lincoln aber hatte die Vision eines vereinten Landes und den moralischen Mut, für dessen Bewahrung zu kämpfen. Weil er durchhielt, ist Amerika das, was es heute ist.

Zuweilen greift moralischer Mut auch in das durchaus körperliche Reich des Sports über. An einem Dezemberabend starrte ein junger Football-Coach durch ein Hotelfenster in Birmingham in die dunkle Nacht von Alabama hinaus. Er befand sich in einer Situation, von der er gehofft hatte, sie nie erleben zu müssen. Er war erst seit relativ kurzer Zeit Cheftrainer am Giorgia-Technikum, hatte es aber geschafft, dem langanhaltenden Abwärtstrend der Football-Mannschaft eine Wende zu geben. Seine »Gelbjacken« hatten während der ganzen Saison hart gekämpft und schließlich die Chance errungen, am Silvesterabend gegen die favorisierte Mannschaft aus Michigan um den Nationalpokal, die All-American Bowl, zu spielen. Sie waren die klar Schwächeren, doch Trainer Bill Curry hatte großes Vertrauen in sie ... gehabt.

Eben hatte er erfahren, daß vier der wichtigsten Spieler

seiner Mannschaft ihre Trainingsregeln gebrochen hatten. Allen Spielern war gesagt worden, daß Kondition von äußerster Wichtigkeit sei; man erwarte von ihnen, daß sie sich jederzeit an die Trainingsvorschriften hielten. Jeder Verstoß, warnte man sie, würde disziplinarische Maßnahmen nach sich ziehen. Ob sie das verstünden, waren sie gefragt worden. Alle hatten ja gesagt.

Trotzdem hatten sich, nur achtundvierzig Stunden vor diesem entscheidenden Spiel, vier der Jungen nicht an die Sperrstunde gehalten. Nach einem gemeinsamen festlichen Abendessen, das Spannungen lockern und überbeanspruchte Nerven beschwichtigen sollte, hätten sie zu einer bestimmten Zeit schlafen gehen sollen. Als aber die Trainerassistenten nachsahen, waren vier Spieler nicht dort, wo sie sein mußten: im Bett.

Wie sollte die Strafe aussehen? Wenn der Coach sie disqualifizierte, vor diesem ausschlaggebenden Kampf nach Hause schickte, war es so gut wie sicher, daß die Tech-Mannschaft verlor, denn sie gehörten zu den Spitzenkönnern. Nirgendwo in den Vereinigten Staaten ist der Sieg in Football-Spielen so wichtig wie im tiefen Süden. Wenn Curry seine vier Sünder sperrte und verlor, würde es einen wilden Sturm der Entrüstung absetzen. Schon bei der Bekanntgabe seiner Absicht würde enormer Druck auf ihn ausgeübt werden, die Strafe aufzuheben. Die ganze Sympathie und die Popularität, die er sich in diesem Jahr erworben hatte, würden auf der Strecke bleiben. Das seit Jahren wichtigste Spiel der Tech-Mannschaft war kaum zu retten. Andererseits ...

Andererseits hatten die Spieler die Vorschriften gekannt. Sie hatten wissentlich dagegen verstoßen. Wie sollten sie jemals lernen, wie wichtig Disziplin und Selbstbeherrschung sind, wenn man ihnen bloß auf die Finger klopfte und sie dennoch spielen ließ? Und wie mußte denen zumute sein, die sich an die Regeln gehalten hatten? Was war das *Richtige*?

Als er sich diese Frage stellte und um Klarheit betete, wußte Coach Curry die Antwort. Er gab die Order heraus: Die vier fehlbaren Spieler durften nicht antreten.

War hier der Plus-Faktor am Werk? Natürlich. Er ist immer am Werk, wenn jemand bei einer schwierigen Entscheidung das moralisch Richtige wählt. Und wenn der Plus-Faktor in einer Situation den Ausschlag gibt, können erstaunliche Dinge passieren.

Wie bei jenem Pokalspiel. Der Ersatz-Quarterback, zum Beispiel, war noch ziemlich grün und hätte jede Menge Fehler machen können. Statt dessen lieferte er das Spiel seines Lebens. In den letzten Minuten gelang der Mannschaft ein Spielzug, der ihr zum unglaublichen 17 : 14-Sieg verhalf.

Wenn Sie an jenem Abend im Stadion gewesen wären, hätten Sie den Plus-Faktor nicht sehen können, denn er bleibt immer unsichtbar. Aber gespürt hätten Sie ihn, während da ein »Underdog«-Team, zusätzlich geschwächt durch das Fehlen seiner größten Stützen, sich in einer mächtigen Aufwallung von Mut und Entschlossenheit aufbäumte und das Spiel gewann.

Mut, heißt es in meinem Lexikon, sei »Die Festigkeit des Geistes, die extremer Gefahr oder Schwierigkeit entgegentritt, ohne zurückzuzucken oder auszuweichen«. Das Wort »courage« selbst sei vom lateinischen Wort für »Herz« abgeleitet; tapfere Herzen haben den Mut, etwas zu ertragen, und ich meine, es ist oft der Plus-Faktor, der für diesen Mut sorgt. Lassen Sie mich zum Schluß dieses Kapitels eine Geschichte erzählen, die sich vor einigen Jahren in den waldigen Hügeln von Kentucky zutrug.

Marshall Clouse, der an jenem sonnigen Tag durch das

dichte Unterholz drang, war ein glücklicher Mensch. Er war neunundsiebzig Jahre alt und auf einem Auge blind, aber er trug seine Kettensäge und anderen Holzfällerwerkzeuge noch mühelos, und er liebte diese Arbeit: Bäume zu fällen, die dann in die kleine Sägemühle gefahren wurden, die er seit zwanzig Jahren sein eigen nannte. Er hatte seinen Kleinlastwagen etwa hundert Meter entfernt geparkt, dicht neben der alten, unbefestigten Straße. Zum Abendessen wollte er wieder zu Hause sein. Niemand wußte genau, wo er war.

Er fällte zwei, drei Bäume ohne Schwierigkeiten. Dann, als eine hohe Pappel sich neigte, verfing sie sich im Geäst eines anderen Baumes. Marshall Clouse sägte den Stamm eines dritten durch, in der Hoffnung, dieser werde den steckengebliebenen mitreißen. Das geschah aber nicht, und er wandte sich ab – in dem Augenblick, als beide Bäume donnernd niederkrachten und ihn zu Boden schlugen. Als er aus seiner Bewußtlosigkeit erwachte, mit aufgerissenem, blutendem Gesicht, waren seine beiden Beine unter einem der gestürzten Bäume festgeklemmt, die Knochen zerschmettert, die Schmerzen fast unerträglich.

Vermutlich hatte er noch nie etwas vom Plus-Faktor gehört. Zeit seines Lebens aber hatte er an eine Macht geglaubt, die großer war als er, und an diese wandte er sich nun um Kraft und Mut. Irgendwie schaffte er es mit Hilfe eines Schraubenziehers, den er in der Tasche seines Overalls hatte, seine zerschlagenen Beine unter dem Baum hervorzugraben. Bewegen aber konnte er sie nicht. Als er versuchte, sich zum Kriechen auf den Bauch zu drehen, blieben seine Füße in Ranken und Zweigen hängen, was die Qualen noch verschlimmerte. Die einzige Art, wie er sich fortbewegen konnte, war, daß er sich rücklings, auf die Ellbogen gestützt, Zentimeter um Zentimeter dahinschleppte.

Mancher auch nur halb so alte Mann wäre unter dem Schmerz und Schock zusammengebrochen. Er hätte die Tatsache hingenommen, daß der Lastwagen hoffnungslos weit weg, völlig außer Reichweite, war, und wäre lieber still liegengeblieben, als die Marter jeder Bewegung zu ertragen.

Etwas im Innern von Marshall Clouse jedoch weigerte sich, klein beizugeben. Zentimeter um quälenden Zentimeter schleppte er sich auf dem Rücken weiter, durch das Gewirr des Unterholzes, über scharfkantige Steine; Blut floß ihm von der Stirn, das Hemd war in Fetzen, die Beine hingen hilflos an seinem Körper. Stunde um Stunde mühte er sich ab, während die Sonne allmählich unterging und sich nächtliche Kälte über den schweigenden Wald senkte. Immer wieder biß er sich auf die Lippen, um nicht laut zu schreien, bis er – vier Stunden nachdem der Baum ihn getroffen hatte – endlich neben seinem Wagen lag.

Er öffnete die Tür und reckte die Hand, um sich am Steuerrad hochzuziehen. Das Steuerrad war dicht über seinen zitternden Fingern. Noch einmal versuchte er es, vor Schmerzen aufstöhnend. Er konnte es nicht erreichen. Hier hätte jeder weniger starke Mann, einer, der nicht von unbezwingbarer Entschlossenheit durchdrungen gewesen wäre, aufgegeben. Doch das tapfere Herz des Neunundsiebzigjährigen gab nicht auf. Langsam, unter Qualen, begann er aus Blättern, Erde, Zweiglein, allem, was er zu fassen bekam, einen kleinen Hügel zu bauen, und dann zog er sich hinauf. Wieder streckte er den Arm aus, ergriff das Steuerrad, bot seine letzten Kraftreserven auf und hievte sich in den Wagen.

Auch jetzt noch war er in einer furchtbaren Lage. Seine Beine waren unbrauchbar. Er konnte sie nicht benutzen, um die Bremsen oder den Gashebel zu betätigen. Das einzige, was er tun konnte, war, den Wagen zu starten, einen niedrigen Gang einzuschalten und, so gut es ging, zu lenken, während das Auto hügelabwärts rollte, zurück zur Hauptstraße, zu jemandem, der ihm helfen würde. Und das tat er denn auch.

Marshall Clouse verbrachte Wochen im Krankenhaus und dann Monate der Rekonvaleszenz zu Hause. Die Ärzte sagten ihm, er würde nie mehr gehen können. Heute aber geht er wieder. Nicht sehr gut vielleicht. Aber er geht.

Welche Kraft trug diesen neunundsiebzigjährigen Alten durch eine solch schwere Prüfung hindurch? Marshall Clouse, der schon mehr als sechzig Jahre lang ein gläubiger Christ war, würde sagen, Jesus habe es getan. Und damit hätte er recht. Aber wäre es nicht fair, zu sagen, daß Jesus ihm zu Hilfe kam, indem er in seinem Geist und in seinem Körper den Plus-Faktor und die zusätzliche Kraft freisetzte, die es ihm möglich machten, schlimmste Verletzungen, einen schweren Schock, Blutverlust, marternde Schmerzen und scheinbar unüberwindliche Hindernisse zu überwinden?

Für mich gibt es überhaupt keinen Zweifel, daß in Marshall Clouse von einer Macht, die größer war als er selbst, der Plus-Faktor ausgelöst wurde. Und der Mut und die Kraft, die dieser ihm gab, retteten sein Leben.

9

Der Plus-Faktor und innerer Frieden

Innerer Frieden ist wichtig für das Wohlergehen, für erfolgreiche Leistungen und für das Glücklichsein. Wie erlangt man ihn? Eine der schönsten Bibelstellen lautet: »Einem festen Herzen bewahrst du den Frieden, weil es auf dich vertraut.« (Jesaja 26,3) Fest soll das Herz sein, gleich einem Mast, der auch im schlimmsten Sturm aufrecht stehenbleibt. Wenn es so in Gott befestigt ist – dem unermeßlichen, unverrückbaren, unwandelbaren, ewigen Gott –, dann können die Ängste, Verwirrungen und Spannungen, von denen Sie umgeben sind, den Frieden nicht durchdringen, der Sie einhüllt. Dann sind Sie ruhig und beherrscht, Belastungen bringen Sie nicht zum Wanken. Und in dieser Art von geistigem Klima kann der Plus-Faktor wachsen.

Krisen suchen jedes Menschenleben heim; das ist nun einmal harte Wirklichkeit. Ein großer amerikanischer Psychiater aber hat gesagt, die Einstellung zu Tatsachen könne wichtiger sein als die Tatsachen selbst. Thomas Carlyle dachte ebenso, als er von der »ruhigen Überlegenheit des Geistes über die Umstände« sprach. Man kann auf ein Problem oder eine Krise mit Ängstlichkeit, Anspannung und Panik reagieren. Oder man kann den Rat eines alten chinesischen Philosophen befolgen, der mahnte: »Nimm einen Notfall stets gelassen.« Wer diese Kunst – es *ist* eine Kunst – beherrscht, der weiß auch, wie man Streß und Spannungen überwindet.

Die alltägliche Redensart, die diese Haltung zusammenfaßt, lautet: »Nur immer mit der Ruhe!« Alle großen Sportler kennen diese lockere Selbstbeherrschung. Der verstorbene Branch Rickey, einer der bekanntesten Baseball-Manager unseres Landes, sagte mir einmal, er würde nie einen Spieler engagieren, und wäre er noch so gut im Halten, Treffen oder Laufen, wenn er nicht »locker wie Asche« sei. Ist das nicht ein anschaulicher, aussagekräftiger Ausdruck? Können Sie sich etwas Lockereres als Asche vorstellen?

Natürlich denke ich auch, daß es einen Punkt gibt, an dem die kreative Gelassenheit in Trägheit umkippen kann. Ich erinnere mich an eine Geschichte über einen Touristen, der auf einen Indianer stieß, der dösend vor seinem Adobehäuschen saß. Der Tourist, ein fleißiger Bankier aus dem Osten, war darüber ein wenig ungehalten. »Häuptling«, sagte er zu ihm, »wollen Sie nicht in die Stadt gehen und sich einen Job suchen?« Der alte Indianer öffnete ein Auge und sagte: »Warum?«

Der Bankier antwortete: »Weil man heutzutage gute Löhne zahlt. Sie könnten bis zu zweihundert Dollar in der Woche verdienen.« Und der alte Indianer sagte: »Warum?«

Geduldig erklärte der Bankier: »Wenn Sie zweihundert Dollar in der Woche verdienten, könnten Sie Geld sparen und gut anlegen. Dann könnten Sie sich zur Ruhe setzen und nicht mehr arbeiten.«

Da öffnete der Alte beide Augen und sagte: »Arbeite *jetzt* nicht!«

War der Indianer faul – oder hatte er recht?

Nun ja, das ist bloß eine drollige kleine Anekdote, die mir gefällt. Der innere Frieden oder, wie Paulus sagte, der Frieden Gottes, der höher ist als alle Vernunft, ist etwas, zu dem wir alle gelangen können, wenn wir nur die Ruhe in unser Herz eindringen lassen. Dann haben wir alle Spannungen unter Kontrolle.

Im 4. Kapitel des Markus-Evangeliums ist eine Stelle, die jedermann lesen sollte, wenn er unter Spannungen oder Furcht leidet. Die Verse beschreiben, wie Jesus im hinteren Teil eines kleinen Schiffes auf dem See Genezareth schlief, als ein Sturm aufkam. Stürme brechen oft sehr plötzlich über diese Binnenseen herein und toben dann recht heftig.

Lebhaft schildert die Erzählung die Angst und Bedrängnis der Jünger. Sie wußten, daß sie in großer Gefahr schwebten. Der Regen peitschte ihnen ins Gesicht, daß sie kaum mehr etwas sehen konnten. Vielleicht war das Segel weggerissen. Rund um sie zuckten die Blitze, krachte der Donner. Sie tasteten sich zum Heck des schlingernden Bootes, wo Jesus, den Kopf auf seinen Arm gebettet, tief und ruhig schlief. Sie rüttelten ihn wach und riefen: »Meister, kümmert es dich nicht, daß wir umkommen?«

Er schlug die Augen auf und schaute auf den sturmgepeitschten See, auf die schreckerfüllten Gesichter. Ich kann mir sein Lächeln vorstellen, als er aufstand, über die nassen Planken schritt, den Mast ergriff – eine hohe, breitschultrige Gestalt mit tropfendem Haar, bis auf die Haut durchnäßt. Dann hob er einen Arm und rief mit einer Stimme, die über das Heulen des Windes hinweggetragen wurde, nur zwei Worte: »Schweig, verstumme!«

Und, wie der Evangelist in aller Schlichtheit sagt, »es ward eine große Stille«.

Ich habe mich schon manches Mal gefragt, wo diese Stille wohl war. Über den Sturmwellen des Sees? Sicherlich. Aber war sie nicht noch bedeutsamer in den Herzen der Jünger?

Die Furcht war vertrieben, die Panik vorbei. In ihrer wiedergewonnenen Seelenruhe sahen die Wellen gar nicht mehr so entsetzlich aus.

Welch ein sensationelles Beispiel des Wirkens der Kraft Christi! Seine Persönlichkeit war so stark, so zwingend, daß sie Stille in den tobenden Sturm und Frieden in die angstvollen Seelen seiner Gefährten brachte. Was Wunder, daß sie einander in Ehrfurcht zuraunten: »Wer ist doch der, daß auch der Wind und das Meer ihm gehorsam sind?«

Ich meine, wir sollten uns immer daran erinnern, daß Jesus mit uns in dem kleinen Schiff fährt, das unser Leben ist, diesem oft von Stürmen und hoher See bedrängten Boot. Lassen wir ihn die Hand heben und rufen: »Schweig, verstumme!« Und dann können wir sagen: »Und es ward eine große Stille.«

Meine Mutter sagte oft: »Übergib deine Sorgen Jesus. Halte dein Herz gotterfüllt. Halte es verankert in Gottes Größe. Halte es standhaft im Wissen, daß er dich liebt und sich um dich kümmert.« Sie hatte ja so recht, denn das macht das tiefe Geheimnis des inneren Friedens aus, eines Friedens, in dem der Plus-Faktor wachsen und gedeihen kann. Wer sich auf Gottes Willen und Gottes Gebote einstellt, in dessen Wesen wird der Plus-Faktor wirksam werden.

Es beruhigt Geist und Seele, die Bibel zu lesen, zu beten, über Gottes Güte nachzusinnen. Es hilft einem, wenn man sich selber immer wieder bestätigt, daß die Kraft Gottes in uns wohnt und zu unserer Verfügung steht. Vor einiger Zeit fand ich es nützlich, in diesem Sinne eine solche Bestätigung, Affirmation genannt, aufzuschreiben, die ich in meiner Brieftasche aufbewahre und mir selbst von Zeit zu Zeit wieder vorsage. Das beruhigt und stärkt. Sie lautet:

Ich bestätige, daß der Plus-Faktor, eine Offenbarung
der Kraft Gottes, in mir aufsteigt,
meinen Körper erneuert und heilt,
meinen Geist und meine Seele stark macht,
mir in meiner Arbeit Erfolg schenkt.
Ich bestätige Gesundheit, Energie, Begeisterung
und Lebensfreude.
All dies verdanke ich Jesus Christus,
meinem Herrn und Heiland.
Er hat mir das Siegesprinzip geschenkt,
für das ich ihm täglich danke.

Ich weiß noch etwas, das von größtem Wert für jedermann ist, der sich wünscht, daß der Plus-Faktor kraftvoll zum Tragen kommt. In der Bibel steht, daß Jesus seinen Jüngern Macht über böse Geister gab. Warum also sollten wir, die wir ebenfalls seine Jünger sind, nicht diese Macht über die Dämonen des Zweifels, der Angst und Sorge in Anspruch nehmen, die den Strom der Lebenskraft in uns blockieren?

Stellen Sie sich diese negativen Kräfte vor, wie sie gleich einer Armee gegen Sie antreten, drohend, böswillig, angriffsbereit. Und dann sehen Sie vor Ihrem inneren Auge sich selbst Ihre geistige Rüstung anlegen, Ihr Schwert ziehen und gegen die feindlichen Linien losstürmen, im festen Vertrauen, daß Gott auf Ihrer Seite steht.

Beschwören Sie dieses Bild herauf, nicht nur einmal, sondern immer wieder. Wenn Sie fest entschlossen sind, Ihre Macht über diese zerstörerischen Elemente ein für allemal einzusetzen, dann werden allmählich die starken, schöpferischen Kräfte des Plus-Faktors ungehindert zu wirken beginnen.

Die moderne Wissenschaft fängt gerade erst an, die in

einem entspannten, friedvollen Geist latent vorhandene Kraft zu verstehen, so, wie sie anfängt zu verstehen, wie wichtig ein entspannter Körper ist. Bald jedermann weiß über die wohltuende Wirkung einfacher Muskelkontrolle Bescheid. Das läßt sich mühelos üben.

Um den Zustand körperlicher Entspanntheit zu erreichen, setzt oder legt man sich erst einmal bequem hin. Dann sagt man zu seinen Gesichtsmuskeln: »Loslassen!« und stellt sich vor, wie Heiterkeit über die Züge huscht. Dann sagt man zur Lunge: »Atme tief und ruhig; laß los!« Man wendet sich den Muskeln der Beine, der Füße, der Zehen zu, immer mit der Aufforderung: »Loslassen!« Langsam streckt man die Hand aus, Handfläche nach oben, dann dreht man sie um und sagt: »Jetzt schütte ich alle meine Sorgen, all meine Spannungen, all meine Ängste in die große, allmächtige Hand Gottes.« *Und man läßt sie alle los.*

Muskelverspannungen können uns geradezu verknoten; aber Muskelspannungen werden von Gedanken hervorgerufen und beherrscht. Wenn Sie Ihre Seele in Einklang mit Gottes Kraft bringen, kann diese die Muskeln Ihres Körpers anweisen, sich zu lockern und störungsfrei zu arbeiten.

Von überragender Bedeutung für das Erreichen des inneren Friedens ist der Umgang mit dem Inhalt dieses »Inneren«: der Masse schlimmer Gedanken, die sich im Lauf der Jahre angesammelt haben, all den Gewissensbissen, all den Nichtigkeiten, all den verborgenen Sünden, all den Haßgefühlen, dem Groll, den Rachegelüsten. Das Innere vieler Menschen ist mit Taschen voller Gift ausgestattet. Und das Gift fließt aus diesen Taschen durch die ganze Persönlichkeit, läßt Finger zittern, das Herz schneller schlagen und den Blutdruck ansteigen, so daß Streß und Verspannung immer mehr zunehmen.

Wenn Ihr Inneres auf diese Weise gefüllt ist (verstopft wäre ein besseres Wort), dann leben Sie fortwährend in zu schnellem Tempo, weil Sie in Ihrem Unterbewußtsein das Gefühl haben, Sie müßten bestraft werden. Sie versuchen von diesem Gefühl loszukommen. Aber Frieden kann in Ihrem Inneren nicht einziehen, bevor Sie es ausräumen durch eine Beichte und durch die Reinigung, die nur von Gott kommt. Das ist die heilsamste Erfahrung, die jemand machen kann.

Vor einiger Zeit war ich im Begriff, mich in einer Stadt, in der ich gerade einen Vortrag gehalten hatte, in meinem Hotelzimmer zur Ruhe zu begeben, als das Telefon läutete. Eine Frauenstimme sagte: »Wenn ich Ihnen einen Wagen schicke, würden Sie dann herkommen und mit meinem Mann sprechen? Es scheint, daß niemand imstande ist, ihn zu heilen.«

»Madam, ich bin kein Arzt«, wehrte ich ab.

»Das weiß ich«, sagte sie. »Aber alle Ärzte sind der Meinung, daß seine Krankheit nur mit einer spirituellen Behandlung zu heilen ist.«

»Tut mir leid«, stellte ich klar, »ich bin kein Geistheiler. Ich glaube zwar daran, daß der Glaube heilen kann, aber wenn Sie von mir erwarten, daß ich Ihren Mann heile, dann müßte ich Sie enttäuschen.«

»Mein Mann glaubt so sehr an Sie.«

»Glaube an mich hilft ihm gar nichts«, sagte ich. »Hat er wenigstens den Glauben an Gott oder an Jesus Christus?«

»Er ist nicht sehr oft zur Kirche gegangen«, gestand sie. »Er war wohl zu sehr mit Geldverdienen beschäftigt. Bitte kommen Sie. Wir beide brauchen Sie.«

Der Wagen holte mich ab. Er brachte mich zu einer imposanten Villa, fast einem Herrschaftshaus. Der Mann war ein großer, stämmiger Kerl, ein typischer Selfmademan. »Was fehlt Ihnen?« fragte ich.

»Ich bin nervös«, antwortete er. »Ich kann nicht schlafen. Ich habe so komische Gefühle in den Armen. Der da ist so steif, daß ich ihn nicht richtig hochheben kann.« Er machte es vor. »Die Ärzte scheinen nichts zu finden. Sie sagen, mein Arm sei physisch in Ordnung. Es müsse an meiner geistigen Einstellung liegen.«

Dann setzten wir uns und plauderten. »Wie gehen die Geschäfte?« fragte ich.

»Oh, eigentlich gut«, sagte er. »Aber es geschehen dauernd Dinge, die einen verrückt machen. Vor kurzem habe ich einen jungen Mann in die Firma gebracht, und der hat mich aufs Kreuz gelegt!«

»Wie denn?«

Er erzählte es mir des langen und breiten und schloß: »Ich hab' ihn mir vom Hals geschafft. Er glaubt immer noch, daß ich ihm Geld schulde. Aber das wird er von mir nie bekommen!«

»Mir scheint, Sie mögen ihn nicht sehr«, meinte ich.

»Ich mochte ihn«, sagte er. »Aber jetzt nicht mehr. Ich hasse ihn. Ich gäbe meinen rechten Arm dafür, ihn zusammenschlagen zu dürfen.«

Seine Frau, die dabeisaß, sagte: »Das ist der Kummer: Mein Mann ist voll von Übelwollen und Haß.«

Ich bat sie, uns eine Weile allein zu lassen. Als sie gegangen war, fragte ich den Mann geradeheraus: »Sagen Sie, haben Sie gesündigt? Werden Sie es lieber los – es eitert. Vielleicht fühlen Sie sich deshalb so schlecht.«

Zuerst zögerte er. Dann gab er zu: »Ja, ich habe einiges getan, was ich bereue. Es ist eigenartig: ich wollte nie ein schlechter Mensch sein. Aber einige Dinge – ich gäbe meinen rechten Arm dafür, sie ungeschehen zu machen.« Er meinte es ernst. Daß er seinen rechten Arm geben würde – kurios, daß das gerade der Arm war, den er nicht heben konnte –, war in seinem Gespräch eine immer wiederkehrende Redensart.

»Hören Sie«, ermunterte ich ihn. »Ich bin kein Heiler. Aber ich lege Ihnen jetzt meine Hand auf die Schulter. Wahrscheinlich sollte ich sie eigentlich auf Ihren Kopf legen, denn dort liegt das Problem, glaube ich. Aber ich lege meine Hand auf Ihre rechte Schulter. Sie sind bis obenhin voll von Gift aller Arten, und Sie müssen es ausschütten.«

Lange saß ich dort und hörte ihm zu.

Als er es hinter sich hatte, blickte er zu mir auf und fragte geradezu rührend: »Haben Sie je etwas Schlimmeres gehört?«

»O ja«, antwortete ich, »aber Sie werden jetzt gereinigt sein, weil Sie Ihr Inneres ausgeleert haben. Bitten Sie jetzt Ihren Heiland um Gnade.« Er tat es, auf bewegende Weise. Und ich betete: »Ziehe Du in die verwirrte Seele dieses Mannes ein, und schenke ihm Frieden.«

Ein paar Monate später traf ich ihn wieder. Fast hätte ich ihn nicht erkannt. »Sehen Sie sich das an!« rief er und schwang den rechten Arm mühelos über den Kopf. »Die Schmerzen in der Schulter sind weg. Auch mein Kopf ist in Ordnung. Ich habe gelernt, Jesus Christus nachzufolgen, und er hat mir Frieden geschenkt, so, wie Sie es sagten.«

Beichten. Bereuen. So einfach ist das. Schütten Sie alle Gifttaschen Ihres Inneren aus, jede einzelne, und lassen Sie sich von der heilenden Kraft Christi ganz erfüllen. Darin liegt das Geheimnis des inneren Friedens. Das ist die Art, wie man den Strom des Plus-Faktors einschaltet.

10

Wie der Plus-Faktor Hoffnung zu Wirklichkeit macht

Haben Sie sich schon einmal gefragt, was Sie eigentlich von einem Tag zum andern immer weitermachen läßt? Was hinter Ihrer Fähigkeit liegt, sich durch Zeiten der Mutlosigkeit oder Depression durchzukämpfen? Was Sie glauben macht, daß früher oder später bessere Tage kommen werden?

Es ist ein einfaches Wort, das enorme Kräfte besitzt. Die Kraft, Mißerfolge wieder zu Erfolgen zu führen. Die Kraft, Kranke wieder zur Gesundheit zu bringen. Die Kraft, Schwache wieder zu stärken. Es ist das Wort *Hoffnung.*

Paulus wußte, wie mächtig die Hoffnung ist. Er stellte sie in eine Reihe mit Glaube und Liebe als die drei großen Begriffe, in denen Macht steckt.

Die meisten der denkwürdigen Menschen, die ich kennengelernt habe, waren starke Hoffer. Manchmal mußten sie erst *lernen*, zu hoffen; sie mußten gehen, bevor sie laufen konnten. Ich hatte einen Freund, R.P. Ettinger, den Begründer des Verlagshauses Prentice-Hall, Inc. Er war brillant, wortgewandt und stark, ein hervorragender Geschäftsmann. Ich machte seine Bekanntschaft, weil sein Verlag meine Bücher herausbrachte, und wir wurden gute Freunde.

Dann bekam R.P. Ettinger Kehlkopfkrebs. Man mußte ihn operieren, und dieser Mann, dessen Stimme so viele Konferenzen beherrscht hatte, wurde sprachlos. Eines Tages bekam ich in meinem Büro einen Anruf von seiner Frau. Sie sagte: »Sie wissen ja, Dick kann nicht sprechen. Aber er hat mir auf einen Zettel geschrieben: ›Versuch Norman zu erreichen, und bitte ihn, mir ein Wort der Hoffnung zu sagen.‹« Dann fuhr sie fort: »Sie werden keine Antwort hören, weil er nicht reden kann, aber er wird Sie hören, was immer Sie ihm sagen wollen.«

Auf der Stelle, unvorbereitet, mußte ich diesem schwer heimgesuchten Menschen ein Wort der Hoffnung spenden. Ich sagte: »R. P., wir haben zusammen das Buch *Die Kraft positiven Denkens* veröffentlicht, und wir sind Glaubende.« Dann sprach ich ihm den vertrauten Vers aus den Psalmen vor: »Was betrübst du dich, meine Seele, und bist so unruhig in mir? Harre auf Gott, denn ich werde ihm noch danken, daß er meines Angesichts Heil und mein Gott ist!« (Psalm 42,12) »Fahren Sie nur fort, zu glauben und zu hoffen und positiv zu denken«, schloß ich.

Seine Frau übernahm wieder das Telefon. »Sagen Sie ihm das bitte noch einmal«, bat sie. »Er will es sich aufschreiben. Wiederholen Sie es langsam, bitte.«

Also wandte ich mich noch einmal an ihn: »Dick, das ist das Wort der Hoffnung, das Sie haben wollten. Ich wiederhole es jetzt, und Sie schreiben es auf, lesen es und glauben es und halten daran fest.« Und langsam wiederholte ich den 12. Vers aus dem 42. Psalm.

Das kleine Samenkorn der Hoffnung schlug Wurzeln, keimte und wuchs. Er schöpfte Hoffnung, eines Tages wieder sprechen zu können, und dank der medizinischen Wissenschaft und einer gewaltigen Anstrengung seinerseits kam der Tag, an dem er wirklich wieder redete, und wie früher hielt er bei Geschäftskonferenzen selbstsicher und kraftvoll den Vorsitz. Wenn ihn jemand fragte, wie er das geschafft habe, lächelte er jeweils und sagte: »Die Hoffnung hat mich herumgekriegt.« Manchmal stellte er auch schlicht fest: »Die Hoffnung hat mich gerettet.«

Wenn Sie in der Geschichte zurückblicken, finden Sie manch ein leuchtendes Beispiel, wie ein einzelner Mann oder eine einzelne Frau einer ganzen Nation Hoffnung und Mut und Durchhaltekraft verliehen: Winston Churchill im Krieg um England; George Washington in Valley Forge; Jeanne d'Arc, das ungewöhnliche Bauernmädchen, das Frankreichs Seele aufrüttelte. Der Plus-Faktor durchdrang das Leben solcher Menschen, verlieh ihnen Energie, stützte sie, erfüllte sie mit unbesiegbarer Hoffnung.

Jedesmal, wenn ich nach Athen komme, denke ich an Paulus, wie er vor fast zweitausend Jahren dort auf dem Areopag, dem Areshügel, stand und den Griechen, die ein ganzes Pantheon heidnischer Götter anbeteten, von dem einen und höchsten Gott erzählte, »in dem wir leben, weben und sind«. Die Griechen waren keine großen Verehrer der Hoffnung. Sie glaubten, daß das Schicksal jedes Menschen vorbestimmt und nicht zu ändern, die Hoffnung daher bloß eine Täuschung sei. Und da kam dieser feurige kleine Mann aus irgendeiner obskuren römischen Provinz im Nahen Osten mit seiner bemerkenswerten Botschaft, ein einziger Gott habe alles erschaffen. Nicht nur das, diesem allmächtigen Schöpfer lag so viel an den Menschen, daß er seinen Sohn geschickt hatte, der sie durch seinen Tod am Kreuz erlöste. Was noch ungewöhnlicher war: alle, die den Sohn akzeptierten und an seine Worte glaubten, würden niemals sterben, sondern das ewige Leben erhalten.

Welch eine unerhörte Botschaft der Hoffnung war das! Die Griechen wußten nicht recht, was sie damit anfangen sollten.

Die Bibel (Apostelgeschichte) berichtet, daß manche der Zuhörer lachten und Paulus verspotteten. Andere aber sagten nachdenklich: »Wir wollen dich darüber nochmals hören.« Vielleicht waren das diejenigen Griechen, die sich an die uralte Sage der Pandora erinnerten: Als Pandora die verbotene Büchse öffnete und alle Nöte und Plagen freiließ, die die Menschheit heimsuchen, war der letzte entflatternde Geist die Hoffnung – mit schillernden Flügeln.

Die Hoffnung hat etwas an sich, das zu klarem Denken befähigt. Wenn Sie einem Problem gegenüberstehen, betrachten Sie es dann mit Hoffnung oder mit Verzagtheit? Wenn Sie hoffen, daß es eine Lösung gibt, wenn Sie daran glauben, daß irgendwo eine Lösung vorhanden ist, dann werden Sie sie wahrscheinlich auch finden. Wenn Sie dagegen trübsinnig darüber nachgrübeln, fallen Ihnen ziemlich sicher nur trübsinnige Ergebnisse ein.

Ich kenne eine Frau, die die ungeheure Kraft hoffnungsvollen Denkens demonstriert. Sie ist der lebende Beweis, daß solches Denken den Kopf klar hält, um mit maximaler Leistungskraft zu funktionieren. Bei einer Versammlung der Direktoren einer Geschäftsorganisation, in der sie eine leitende Stellung innehat, wurde ein wirklich schweres Problem diskutiert. Lange rang man um eine Lösung. Dann kamen die fünf anwesenden Herren zum düsteren Schluß, daß es einfach keine gab.

Nicht aber diese Frau. »Hören Sie zu«, sagte sie, »was ist ein Problem? Nichts weiter als eine Ansammlung von Schwierigkeiten, für die es scheinbar keine Lösung gibt. In Wirklichkeit aber ist immer eine Lösung da. Wir brauchen sie bloß zu finden. Und dann gibt es kein Problem mehr.« Die Männer um den Tisch herum lächelten trübe über diese ihrer Meinung nach völlig naive Bemerkung.

»Also«, fuhr sie fort, »der erste Schritt ist, daß wir anfangen, hoffnungsvoll zu denken. Stellen wir doch all diese trübseligen Gedanken ab, die lähmen uns nur. Halten wir fest, daß es eine Lösung gibt und daß wir gescheit genug sind, sie zu finden.« Das klärte die Luft, und die Köpfe in der Tischrunde begannen richtig zu arbeiten. Sie nahmen sich die Angelegenheit Punkt um Punkt noch einmal vor, fanden den Fehler und konnten ihn ohne allzu große Schwierigkeiten korrigieren. Und das alles, weil eine einzige Person einer scheinbar hoffnungslosen Situation eine Spritze Hoffnung verpaßt hatte.

Wir sollten niemals etwas als unmöglich oder mißlungen abschreiben. Gott schenkte uns die Fähigkeit, uns durch jedes Problem hindurchzudenken. Der hoffende Denker projiziert Hoffnung und Vertrauen auch noch in die dunkelste Situation und erhellt sie. Solange der Gedanke an eine Niederlage aus dem Kopf verbannt ist, muß der Sieg sich früher oder später einstellen.

Besteht ein Unterschied zwischen Hoffen und Wünschen? Ja: Die Hoffnung trägt das Erwarten in sich. Wenn Sie stark hoffen, *erwartet* etwas in Ihnen, daß diese Hoffnung sich erfüllt. Und dieses Unbegreifbare namens Erwartung, das mit dem Plus-Faktor eng verbündet ist, kann Ereignisse auf erstaunliche Weise beeinflussen.

Alle Eltern wissen es: Wenn man von Kindern erwartet, daß sie bestimmten Anforderungen genügen, und sie das auch wissen läßt, dann erreichen sie diese Ziele wahrscheinlich. Fußballtrainer wissen, daß ein Spieler, wenn sie von ihm eine gute Leistung erwarten, meistens gut spielt. Wenn man dagegen von vornherein schlechte Ergebnisse erwartet, bekommt man sie gewöhnlich auch.

Die Psychologen haben diesem Phänomen den Namen

»selbsterfüllende Prophezeiung« gegeben. Einige interessante Experimente, welche die Richtigkeit dieser Theorie belegen, wurden von dem Harvard-Psychologen Dr. Robert Rosenthal durchgeführt. Dieser Professor ging in einen Ghettobezirk von San Francisco, wo die Schüler durchwegs undiszipliniert und leistungsschwach waren. Er pickte sich aufs Geratewohl vierundzwanzig heraus und teilte sie in zwei Gruppen. Die eine Hälfte übergab er bestimmten Lehrern, denen er von den ungeheuren Möglichkeiten dieser Kinder vorschwärmte. Die anderen zwölf kamen zu anderen Lehrern, denen er sagte, die Kinder seien völlig unbegabt, es werde zweifellos unmöglich sein, mit ihnen überhaupt etwas zu erreichen. Dann verschrieb er für alle vierundzwanzig eine Reihe von Übungslektionen, die durchzunehmen waren.

Ein halbes Jahr danach kehrte er zurück, um die Resultate zu überprüfen. Die Schüler in der Obhut jener Lehrer, die man geheißen hatte, Gutes zu erwarten, leisteten fabelhafte Arbeit, während die anderen höchstens noch lustloser und flüchtiger arbeiteten als vorher.

Das, wovon jemand denkt, man erwarte es von ihm, wird er in der Regel erbringen. Und das, wovon unsere eigene Seele, unser eigenes Unterbewußtsein glaubt, daß wir es von ihm erwarten, wird er ebenfalls erbringen. Wenn wir stark genug hoffen, arbeitet die Erwartung für uns. Und wenn die Erwartung das einschaltet, was wir den Plus-Faktor nennen, geschehen phantastische Dinge.

Starke Hoffer erkennt man an der Art, wie sie – psychologisch gesprochen – in die Welt blicken. Hoffer schauen nach vorn. Bedauerer schauen rückwärts. Der bekannte Psychiater Dr. Smiley Blanton, mit dem ich befreundet war, bewahrte in seinem Büro eine Tonbandaufzeichnung von typischen Problemen auf, mit denen sich Leute an ihn wandten, die mit

Frustrationen oder Enttäuschungen zu kämpfen hatten. Ihre Identität blieb natürlich geheim, aber manchmal spielte der Doktor das Band für neue Patienten ab und bat sie, auf eine bezeichnende Wendung zu achten, die immer wieder vorkam, nämlich »wenn doch nur ...« oder »hätte ich doch ...«. Die Unglücklichen wiederholten das stets, während sie von ihren Mißerfolgen, ihren zerbrochenen Beziehungen, ihrem Kummer erzählten. »Wenn ich doch nur klüger gewesen wäre«, »hätte ich doch die Sache anders angepackt ...«, »wenn nur ...«, wieder und wieder.

»Sehen Sie«, sagte Dr. Blanton dazu, »diese Menschen bleiben im Sumpf des Bedauerns stecken. Sie können nie glücklich werden, wenn sie nicht ihre Blickrichtung ändern. Was sie sich immer wieder vorsagen sollten, ist nicht »wenn nur«, sondern »das nächste Mal«. »Das nächste Mal vermeide ich alle diese dummen Fehler, und dann wird es mir nicht mehr mißlingen, sondern gelingen.«

Was sagte Dr. Blanton damit? Er riet zur *Hoffnung*. Das war sein Rezept für bedrückte oder verzweifelnde Seelen. »Das nächste Mal ...« – dieser Ausdruck ist vollgepackt mit Hoffnung. Er sorgt dafür, daß der Plus-Faktor sich rührt in Menschen, in denen Pessimismus, Furcht, Niedergeschlagenheit, Verzweiflung ihn verbannt hatten.

Vor einigen Jahren verbrachte ich ein paar Tage auf Jamaika. Es ist eine wunderschöne tropische Insel, üppig und gebirgig, wie ein Juwel in den jadegrünen und türkisblauen Gewässern der Karibik gelegen. Im Hotel hing in einem Gang eine alte Landkarte. Als ich sie betrachtete, bemerkte ich eine stark verblichene Schrift, die sich über einen nahezu unbewohnten Teil der Insel hinzog. Ich mußte ganz scharf hinsehen, um die Worte entziffern zu können. Sie lauteten: »The Land of Look-Behind« – das Land des Zurückblickens.

Verwundert fragte ich den Hotelbesitzer, was das bedeute. Er erzählte, daß in den Zeiten der Sklaverei sich manchmal Entlaufene aus den Zuckerplantagen in jenes einsame, öde Gebiet geflüchtet hatten. Oft wurden sie von den Sklavenhaltern oder anderen Vorgesetzten mit Gewehren und Hunden verfolgt. Die Fliehenden mußten ständig rennen, ständig hinter sich blicken. Daher der Ausdruck: das Land des Zurückblickens.

Ich habe diesen melancholischen Namen nie mehr vergessen, denn meine langjährige Beratertätigkeit hat mich zur Erkenntnis geführt, daß viele Menschen in ihrem eigenen, privaten Land des Zurückblickens leben. Es sind all jene, die endlos über vergangene Fehler nachgrübeln, die sich von aus alten Mißerfolgen entstandenen Befürchtungen ständig den Erfolg rauben lassen, die das Versprechen Gottes, unsere Sünden zu vergeben, nicht wahrhaben wollen. Wenn jemand im Land des Zurückblickens lebt, dann schließt er die Hoffnung wirklich aus seinem Leben aus. Damit macht man es dem Plus-Faktor fast unmöglich, wirksam zu werden. Wie soll er in eine Seele eindringen, die die Tragkraft der Hoffnung verloren hat?

Da ich gerade von Tragkraft spreche, kommt mir eine alte Lithographie in den Sinn, die ein guter Bekannter von mir, ein Geschäftsmann, an gut sichtbarer Stelle in seinem Büro hängen hat. Es ist kein farbiges, kein hübsches Bild. Es zeigt ein altes, plump aussehendes Boot, eine Schute, etwa dreimal so groß wie ein gewöhnliches Ruderboot, mit hohen Seitenwänden. Aus den Riemendollen hängen zwei Ruder mutlos in den Sand. Es ist Ebbe, und die alte Schute ist hoch am Ufer gestrandet; seitwärts im Bild ist gerade noch das ferne Wasser zu sehen. Das Ganze wirkt ziemlich düster, es gibt ja auch kaum etwas Hoffnungsloseres, Schwungloseres als ein gestrandetes Schiff. Man kann es nicht wegziehen oder abschleppen, dazu ist es zu schwer. Es steckt einfach dort im Sand fest, und das Wasser ist weit draußen.

Ganz unten im Bild aber steht die Inschrift: »Die Flut kommt immer zurück.« Und wenn die Flut zurückkommt, wird dieses schlaffe Ding lebendig. Es schwingt sich auf die mächtigen Schultern der See. Es tanzt auf den Wellen. Die Flut kommt immer zurück! Ich habe den Besitzer gefragt: »Warum haben Sie dieses Bild an der Wand?«

Er erzählte mir, er habe es in einer Zeit, in der es ihm geschäftlich sehr schlecht ging, in einem alten Antiquitätenladen gesehen. Er habe es für ein paar Dollars gekauft, weil er sehr entmutigt war und die Bildunterschrift ihm irgendwie Auftrieb gab: Sooft er hinschaute, durchzuckte ihn ein Hoffnungsschimmer. Und darum behielt er es: damit es ihn daran erinnere, daß Sorgen vergehen, daß Stürme vorüberziehen, daß die Flut nicht für immer ausbleibt. Früher oder später kehrt sie zurück.

Ich habe einige schwierige Zeiten durchgemacht – wer nicht? – und weiß, wie leicht man zur Auffassung gelangt, Sorgen seien einem zum ständigen Begleiter geworden. Man läßt einen grauen Schleier der Hoffnungslosigkeit in sein Inneres dringen, wo er alles trübt. Es kann sogar soweit kommen, daß man auf fast perverse Art dieses Gefühl der Hoffnungslosigkeit zu genießen beginnt. Es liefert einem ja eine Ausrede dafür, daß man keinen Versuch unternimmt, die Lage zu verbessern!

Das Heilmittel für diesen Seelenzustand ist eine gute Dosis Hoffnung, sich selbst mindestens dreimal täglich zu verabreichen. Sagen Sie sich nie: »Mir reicht's. Ich bin am Ende. Ich werde mit alledem nicht fertig.« Denken Sie nie: »Das ist mehr, als ich ertragen kann; ich schaffe es ja doch nicht.«

Sagen Sie sich vielmehr die Worte aus dem 12. Vers des 42. Psalmes vor: »Harre auf Gott, denn ich werde ihm noch danken, daß er meines Angesichts Heil und mein Gott ist!« Machen Sie sich Mut, indem Sie immer wieder die Versicherung aussprechen: »Mag die Flut jetzt auch weit draußen sein, sie kehrt zurück, und bald ist sie wieder hier!«

Ich selbst erinnere mich, schon sehr früh im Leben eine Lektion im Hoffen erhalten zu haben. Als Kinder besuchten mein Bruder Bob und ich jeweils unsere Großeltern in Lynchburg (Ohio). Dicht neben dem Haus stand ein prächtiger Baum. Eines Nachts, kurz nachdem Großmutter uns zu Bett gebracht hatte, kam ein furchtbarer Sturm auf. Der Wind heulte wie tausend Gespenster ums Haus. Es blitzte und donnerte. Der Regen klatschte in breiten Fetzen an die Scheiben. Das ganze Haus bebte. Bob und ich fürchteten uns. Von dort aus, wo ich lag, konnte ich die Silhouette des Baumes sehen, die sich von der Helle der Blitze abhob. Er wurde vom Sturm dermaßen hin- und hergeschleudert, daß mich das Grauen packte. »Bob!« schrie ich, »der Baum stürzt! Der Baum stürzt!« Wir sprangen aus dem Bett und rannten hinunter in die Stube, wo Großmutter im Schein der Kerosinlampe ruhig den »Christian Advocate« las. Wir schrien: »Großmutter! Großmutter«

»Was ist denn?« fragte sie gelassen.

»Der Baum! Er fällt gleich auf uns herab!«

Meine Großmutter war eine sehr kluge Frau. Sie zog uns etwas Warmes über und nahm uns mit hinaus auf die Veranda, in Wind und Regen. Dann sagte sie: »Ist es nicht herrlich, den Regen im Gesicht zu fühlen? Ist es nicht wunderbar, hier draußen im Wind zu stehen? Gott ist in diesem Regen. Gott ist in diesem Wind. Ihr braucht euch wegen des Baumes nicht zu ängstigen. Er hat den Sturm gern. Seht nur, wie er sich hingibt, sich auf die eine und dann auf die andere Seite biegt. Er wehrt sich nicht, er macht mit. Er spielt mit dem Sturm. Er lacht mit dem Wind und dem Regen. Er fällt heute nacht nicht um. Er wird noch lange hier stehen. So, jetzt geht ihr beiden wieder zu Bett. Gott ist im Sturm, und alle Stürme gehen einmal vorüber.«

Mein Leben lang hat die Erinnerung an diesen schlichten Zwischenfall mich beruhigt und gestärkt. Ich mußte vor nicht langer Zeit daran denken, als ich in einem Kursflugzeug in Washington saß und auf den Abflug nach New York wartete. Wir waren schon auf die Startpiste hinausgerollt, als der Himmel sich verfinsterte. Ein heftiger Wind heulte den Potomac herauf, und Regen prasselte auf das Flugzeug. Der Wind war so stark, daß die Maschine hin und her schaukelte. Uns Passagieren wurde es mulmig, aber dann drang die Stimme des Piloten aus dem Lautsprecher. Er hatte einen weichen südlichen Akzent. »Meine Damen und Herren«, sagte er, »wir haben ein Sturmzentrum direkt über dem Flughafen. Bei diesem Wetter können wir nicht starten. Wir müssen abwarten. Nach unseren Berichten sollte der Sturm in etwa fünfundvierzig Minuten vorbei sein. Diejenigen unter Ihnen, die einen Geschäftstermin in New York haben: Lehnen Sie sich bequem zurück, und regen Sie sich ab, denn wir werden noch lange nicht in New York sein. Inzwischen«, fuhr er fort, »werde ich die Maschine in den Wind drehen, damit Sie es gemütlicher haben. Machen Sie sich keine Sorgen.« Und dann fügte er die Worte hinzu: »Alle Stürme gehen einmal vorüber.«

Natürlich tun sie das. Diese Tatsache zu glauben und anzunehmen ist der Beginn der Weisheit, der Beginn der Hoffnung.

Wenn Ihr Glaube an die Hoffnung die Überzeugung einschließt, daß Gott auf Ihrer Seite ist und Ihnen in jeder Notlage beisteht, ist eine gewaltige Kraft für Sie bereit. Vielleicht wissen Sie gar nichts von ihr, bis Sie sie brauchen und in einer schwierigen, möglicherweise sogar lebensbedrohenden Lage aufbieten – dann finden Sie es heraus. Ich erinnere mich an eine Geschichte, die wir vor vielen Jahren im Magazin »Guideposts« veröffentlicht haben, eine wahre Geschichte, in der die Kraft, über die ich hier schreibe – die Kraft der von Glauben getragenen Hoffnung –, so lebhaft zur Geltung kommt, daß sie mir unvergeßlich ist.

Lucinda und Charles Sears lebten am Ufer des Okeechobee-Sees in Florida. Sie werden den Tag nie vergessen – niemand, der damals im südlichen Florida war, wird ihn je vergessen können –, jenen Tag im September, als fast ohne Vorwarnung einer der schlimmsten Wirbelstürme der Geschichte aus der Karibik hereinbrach. Er fegte über Miami hinweg und raste die Halbinsel hinauf, Tod und Zerstörung hinter sich zurücklassend.

Lucinda Sears stand mit sorgenvoller Miene in der Tür ihres kleinen Hauses. Der Himmel hatte ein eigenartig gelbliches Aussehen. Ein aufziehender Wind peitschte die Wedel der Palmen und trieb Regenschauer fast waagrecht vor sich her. Lucinda und ihr Mann wußten nichts vom vollen Ausmaß des Sturms; Hurrikanwarnungen gab es in jener Zeit noch nicht. Das einzige, was sie wußten, war, daß mit einemmal der fast drei Meter hohe Deich um den See brach und Wasser rund um ihr Häuschen strömte. Nur Augenblicke später flog das Dach ihres Heimes weg, als wäre es ein Stück Pappe. Jetzt wußten sie, daß sie dem Tod ins blanke Auge blickten.

Sie nahmen ihre drei Kinder unter die Arme und rannten schutzsuchend aus dem Haus. Alles, was sie sehen konnten, war ein gebeugter alter Baum, der schon manchen Sturm überstanden hatte. Ob er auch diesen überstehen würde, war fraglich, aber er war ihre einzige Hoffnung. Das Wasser stieg und durchnäßte sie, während sie hinliefen. Es machte alles so glitschig, daß einer der kleinen Jungen aus dem Arm seines Vaters rutschte und für einen Moment in der Flut verschwand. Charles balancierte den anderen Buben mit einem Arm und schaffte es nach einiger Zeit, das Kind dem wirbelnden Schlammwasser zu entreißen. Vorbeitreibende Äste und Trümmer trafen die Familie, aber schließlich erreichten sie den Baum und kletterten in die rettende Krone.

Der Sturm tobte immer heftiger. Der Wasserspiegel stieg, die entsetzte Familie kletterte immer höher in den Baum, bis sie sich verzweifelt an die höchsten Äste klammerte. Weiter und weiter stieg die Flut, reichte den Eltern schließlich bis zu den Schultern. Höher hinauf konnten sie nicht. Sie mußten die Kinder über ihre Köpfe halten, um sie vor dem Ertrinken zu schützen.

Während die Winde sie peitschten und der Regen in ihre Gesichter schlug, wurde es Nacht. Das Wasser stieg noch immer, erbarmungslos. »Cindy, wir werden alle sterben!« schrie Charles.

»Sei ruhig!« befahl Lucinda. »Wir werden nicht sterben. Der Herr ist hier bei uns. Halt du nur die Kinder in die Höhe.« Und der Sturm wütete weiter. Einmal rutschte Charles aus und wurde mit den beiden Buben fast weggeschwemmt. Lucinda hieß ihr Töchterchen Effie Ann die Arme fest um Mutters Hals zu legen. Dann, die Beine um einen Ast geschlungen, faßte sie hinunter und zog die Jungen mit sich herauf. Sie hielt alle drei Kinder, bis Charles den Baum wieder im Griff hatte und ihr helfen konnte.

Noch immer aber faßte die Flut in der Finsternis mit

schlammigen Todeshänden nach ihnen. »Es hat keinen Sinn«, schluchzte Charles. »Wir können nicht durchhalten. Wir schaffen es nie.«

Durch den Sturm drang Lucindas starke Stimme: »Wir schaffen es!« Und dann, es war unglaublich, begann sie zu singen, mit Hoffnung im Herzen und lauter als das Heulen des Windes:

»Vater, ich strecke meine Hand nach Dir,
Ich weiß keine andere Hilfe.
Wenn Du Dich von mir wendest,
Wohin soll ich dann gehen ...
Quell des Glaubens, ich hebe zu Dir
Meine müden, sehnsüchtigen Augen;
O laß mich jetzt diese Gabe empfangen;
Denn ohne sie stirbt meine Seele.«

Während das alte Kirchenlied vom Wind fortgetragen wurde, sah Lucinda drei Lichtstrahlen über den östlichen Himmel huschen. Vielleicht waren es nur Blitze, aber Lucinda nahm sie für ein Zeichen. »Danke, mein Gott. Lieber Jesus, danke«, murmelte sie. Und der Wind ließ nach, und die Nacht wurde still.

Langsam ging das Wasser zurück. Am nächsten Mittag konnten sie vom Baum herunterklettern, zerschlagen, verletzt, hungrig, erschöpft, aber noch am Leben. Mühsam kämpften sie sich zu einer Erste-Hilfe-Station durch, wo sie Verpflegung und Unterkunft fanden. Dank der Hoffnung und dem Glauben im Herzen einer Frau hatten sie das Grauen der Nacht überlebt.

Wir haben einen wundervollen Glauben, durch den wir über Gefahr, über Mutlosigkeit, über Verzweiflung, über alles triumphieren – einen Glauben, der keine Niederlage kennt.

Bauen Sie also die Hoffnung in Ihre Lebensanschauung ein. Gründen Sie Ihr Leben darauf. *Hoffen Sie*, daß Schwierigkeiten vorübergehen. *Hoffen Sie*, daß Stürme nachlassen. *Hoffen Sie*, daß Schmerzen nicht von Dauer sein werden. *Hoffen Sie*, daß Sie Schwäche überwinden können. *Hoffen Sie* auf Gott ... und letztlich werden Sie sagen: »Gott sei gelobt, von dem aller Segen kommt.«

11

Der Plus-Faktor und der dreizehnte Stein

In der alten japanischen Stadt Kioto gibt es einen berühmten Garten, der aus nichts weiter als dreizehn großen Steinen besteht, die in einem scheinbar planlosen Muster in sorgsam geharktem weißem Sand stecken.

Seit Jahrhunderten geben diese Steine den Besuchern Rätsel auf. Was versinnbildlichen sie in ihrer starren Einfachheit? Der eine Beobachter sieht darin vielleicht dreizehn Grundprobleme der Menschheit dargestellt, jedes für sich eine Einheit und doch Teil eines größeren Ganzen. Jemand anders mag zum Schluß kommen, die Steine seien Ausdruck von dreizehn verschiedenen Formen des Glücks, und sich fragen, was das wohl für Glücke sind. Wieder anderen Betrachtern fällt möglicherweise auf, daß die Steine mit Bedacht angeordnet sind, und zwar so, daß man unmöglich alle auf einmal überblicken kann.

Ein Besucher findet vielleicht, daß der Garten ein tiefes Gefühl von Ruhe und Frieden vermittelt. Ein anderer spürt vielmehr, wie sein Geist angeregt wird und sich irgendwie ausdehnt. In gewisser Weise ist der Garten wie der berühmte Rorschachtest mit den Tintenklecksen, mit dessen Hilfe Psychologen und Psychiater Einblick in die Gedankenwelt eines Patienten gewinnen. Die Kleckse haben keine Bedeutung an sich, aber was der Betrachter in ihnen zu sehen vermeint, gibt einen Fingerzeig auf seinen geistigen oder seelischen Zustand.

Als ich das letztemal in Kioto in dem Garten war, beherrschte der Plus-Faktor weitgehend meine Gedanken, und ich begann mich zu fragen, ob auf irgendeine Weise der Steingarten diesen Begriff wiedergeben könnte. Angenommen, sagte ich mir, der weiße Sand symbolisiert das allgemeine Wesen des Plus-Faktors, die Tatsache, daß er uns allen mitgegeben wurde.

Und nehmen wir ferner an, fuhr ich in Gedanken fort, daß diese dreizehn Steine Einstellungen oder Geisteshaltungen darstellen, die den Plus-Faktor freilegen, ihn vom Allgemeinen in die tatsächlichen, konkreten, besonderen Bedürfnisse einzelner Menschen übertragen.

So suchte ich mir also einen Stein aus, heftete meine Augen auf ihn und sagte zu mir selber: »Der steht für Glauben.« Und beim nächsten: »Der ist ein Symbol für Liebe.« Dann: »Der vertritt die Macht des Gebets.« Ich ging im ganzen Garten herum und wies jedem Stein positive Eigenschaften dieser Art zu.

Bei den ersten zwölf war die Entscheidung leicht, aber irgendwie blieb ich beim dreizehnten stecken. Sosehr ich es auch versuchte, ich kam auf keine passende Bezeichnung für diesen dreizehnten Stein. Ich rang noch eine Weile mit dem Problem und wandte mich dann ungeduldig ab. »Was macht es schon aus, wenn ich mir keinen passenden Namen für einen Stein ausdenken kann?« dachte ich. »Wen kümmert's?« Und wie ein Echo sprang mir der Ausdruck entgegen: »Kümmern. Vielleicht ist es das, was er darstellt. Die Macht des Sichkümmerns.«

Nun, ungeachtet dessen, was jener Stein darstellen mag

oder nicht, zweifle ich nicht im geringsten daran, daß bei Menschen, die sich um andere Menschen kümmern und dies auf liebevolle, selbstlose Weise zeigen, fast ausnahmslos eine starke, tiefe Strömung des Plus-Faktors am Werk ist. Wenn wir von jemandem sagen: »Er ist ein gütiger Mensch«, dann beschreiben wir in Wirklichkeit jemanden, der einen Schlüssel zum wahren Glück entdeckt hat. Und der Name dieses Schlüssels ist Sichkümmern, Anteilnahme, Güte.

Diese Fürsorge muß allerdings aus dem Herzen kommen. Jemandem gleichsam nebenbei zu helfen oder weil man anderweitige Beweggründe dafür hat, aktiviert den Plus-Faktor nicht. Erinnern Sie sich, wie der Barmherzige Samariter in der Bibel sich um den von Räubern Überfallenen kümmerte? Er hatte nichts zu gewinnen, aber er half ihm trotzdem. Es war das Prinzip der Nächstenliebe, das hier wirkte. Und ich bin überzeugt, daß dadurch der Plus-Faktor im Leben des Samariters gestärkt wurde.

Fürsorge und Anteilnahme ist ein außerordentlicher Wesenszug, wenn Sie sich einmal die Zeit nehmen, darüber nachzudenken. Es heißt, der Selbsterhaltungstrieb sei das oberste Gesetz des Daseins. Das stimmt aber nicht; es gibt Zeiten, da ist die Macht der Nächstenliebe so stark, daß der Instinkt, um jeden Preis das eigene Leben zu retten, davon einfach beiseite gefegt wird.

Kürzlich sah ich im Fernsehen einen Film, der auf dem furchtbaren Flugzeugunglück in Washington vor ein paar Jahren fußte, bei dem achtundsiebzig Menschen ihr Leben verloren. Sie erinnern sich vielleicht: die Maschine versuchte in einem Schneesturm zu starten, nachdem sie eine Zeitlang auf der Startbahn gewartet und sich dabei Eis an den Flügeln gebildet hatte. Sie stieß mit dem hinteren Ende gegen einen Brückenbogen und stürzte durch die Eisdecke ins Wasser des

Potomac. Nur ein paar wenigen Überlebenden gelang es, sich an die Oberfläche zu kämpfen. Alle anderen gingen mit dem Flugzeug unter.

Die Rettungsaktionen wurden durch das scheußliche Wetter und den Abendverkehr, der die Brücke verstopfte, behindert. Ein Rettungshubschrauber mit zwei erfahrenen und todesmutigen Spezialisten an Bord, dem Sanitäter Gene Windsor und dem in vielen Vietnam-Einsätzen bewährten Piloten Don Usher, flog durch den wirbelnden Schnee und kreiste über sechs Opfern, die sich an Eisschollen oder am aus dem Wasser aufragenden Wrackteil des Flugzeuges festklammerten. Sie warfen ein Seil hinunter, direkt in die Arme eines Mannes in mittlerem Alter mit Glatze und Schnurrbart. Anstatt es sich um die Brust zu wickeln, reichte er es an eine Frau neben sich weiter. Der Heli zog sie hoch und brachte sie in Sicherheit.

Dann flog er zurück und warf das Seil erneut. Wieder gab der Mann mit der Glatze es an seine Leidensgenossen weiter. Der Hubschrauber schleppte vier von ihnen ans Ufer, aber eine Frau rutschte zurück ins eisige Wasser, zu schwach, um sich festhalten zu können. Während sie sich verzweifelt gegen das Ertrinken wehrte, riß sich ein Zuschauer am Ufer den Mantel vom Leib und sprang in den Fluß. Es war Lenny Skutnik, ein Bürolist im Budgetdepartement der Regierung. Später gestand er, daß er keinerlei Ausbildung als Rettungsschwimmer oder Katastrophenhelfer gehabt hatte. Aber etwas in ihm kümmerte sich so sehr, daß er bereit war, sein Leben aufs Spiel zu setzen, um diese Frau zu retten. Und er hat sie wirklich gerettet.

Inzwischen kehrte der Helikopter zurück, um noch den Mann mit der Glatze zu holen, doch er war verschwunden. Gene Windsor sagte nachher: »Ich werde sein bleiches, nach oben gerichtetes Gesicht nie vergessen, wie er uns nachschaute, als wir mit den anderen wegflogen: er wußte, daß er wahrscheinlich nicht mehr dasein würde, wenn wir wiederkamen.« Zweimal hatte dieser Mann – man nimmt an, es sei Arland D. Williams gewesen, ein Bankdirektor aus Atlanta – das Geschenk des Lebens einem fremden Menschen gereicht, auf Kosten seines eigenen. Jesus hatte ein Wort für jemanden wie ihn: »Größere Liebe hat niemand als die, daß er sein Leben läßt für seine Freunde.« (Johannes 15,13)

Als Gene Windsor dann seine Frau anrief, um ihr zu sagen, daß er die Gefahren der Rettungsaktion überstanden habe, und ihr von dem Mann im Fluß erzählen wollte, brach er weinend zusammen.

Was ist das für eine wundervolle Intensität der Nächstenliebe, die uns so bewegt, wenn wir davon hören oder sie miterleben? Zuweilen erscheint sie als ein Aufflammen von fast unglaublichem Heldentum, wie an jenem tragischen Nachmittag in Washington. Zuweilen erfüllt sie ein ganzes Leben, wie bei Florence Nightingale oder bei Albert Schweitzer, der eine glänzende Musikerkarriere aufgab, um seine Tage im afrikanischen Dschungel zu verleben und den armen Eingeborenen die heilenden Gaben der Medizin zu bringen.

Es ist etwas Christus-Ähnliches an solchen Menschen. Ich glaube, es war Tolstoi, der von Lincoln gesagt hat, er sei ein »Christus en miniature«. Und das war er wirklich.

Die Fähigkeit, sich um andere zu kümmern, nimmt nicht immer so dramatische Formen an; sie kann in zahllosen kleinen Beispielen von Güte oder Fürsorge durchschimmern. Kürzlich hatte ich eines jener Erlebnisse, die Luftreisenden so unangenehm vertraut sind: Ich traf an meinem Bestimmungsort in einer Stadt des Mittelwestens ein, aber meine Reisetasche nicht. Ich wartete und wartete beim Kreisel, während eine Prozession von Koffern vorüberwackelte, aber meine Tasche war nicht dabei. Ich wartete noch immer, als der Kapitän meines Flugzeugs durch den Gepäckraum kam. Ich hatte während des Fluges ein paar Worte mit ihm gewechselt. Jetzt blieb er stehen und fragte, ob etwas nicht in Ordnung sei.

Ich erklärte ihm das Problem, und er nickte verständnisvoll. »Sie hatten in Chicago einen sehr kurzen Anschluß«, sagte er. »Ihre Tasche kommt wahrscheinlich mit dem nächsten Flugzeug. Aber machen Sie sich deswegen keine Sorgen. Fahren Sie nur schon ins Hotel; ich sorge dafür, daß Ihr Gepäck so schnell wie möglich dort ist.«

Er solle sich meinetwegen keine Umstände machen, protestierte ich, aber er bestand darauf, und so gab ich schließlich nach und fuhr mit einem Taxi ins Hotel. Ich dachte, die Fluggesellschaft werde mir die Tasche mit einem Boten ins Hotel nachschicken. Ungefähr zwei Stunden später klopfte es an der Tür. Als ich aufmachte, stand der Flugkapitän persönlich vor mir, seine Goldlitzen schimmerten, und er trug meine Reisetasche in der Hand. Es war schon verblüffend, daß jemand in seiner Position sich für einen Fremden soviel Mühe machte; das sagte ich ihm auch und bedankte mich sehr herzlich. Er lächelte nur: »Na, ich dachte, Sie würden Ihre Zahnbürste brauchen!«

Anteilnehmend, das war er; ein anteilnehmender Mensch mit soviel Phantasie und Selbstdisziplin, daß er seine eigene Bequemlichkeit hintansetzte, um jemandem behilflich zu sein. Kein Wunder, daß er schon zum Kapitän so großer Maschinen aufgestiegen war. Ich wäre nicht erstaunt, wenn er eines Tages leitender Direktor der ganzen Fluggesellschaft werden würde, denn der Plus-Faktor trägt ihn nach oben.

Manchmal gibt der Plus-Faktor jemandem die Einfühlungsgabe und Vorstellungskraft, auf ganz subtile und überraschende Art hilfreich zu sein. Ich kannte einst einen Mann, dessen Körper infolge von Kinderlähmung ganz verbogen und entstellt war. Sein Geist jedoch war unbesiegbar. »Mein Leib mag behindert sein«, sagte er gelegentlich, »aber meine Seele nicht.«

Eines Tages fragte ich ihn, ob er diese fabelhafte Einstellung schon immer gehabt habe. »Nein«, antwortete er, »nicht immer. Als Teenager war ich schrecklich gehemmt und unglücklich. Ich wollte mich nie in einer Umkleidegarderobe oder sonst an einem Ort ausziehen, wo andere Jungen bemerken konnten, wie ich aussah. Schon die Aussicht auf eine ärztliche Routineuntersuchung erfüllte mich jeweils mit Selbsthaß und Grauen.

Einmal mußte ich wieder so eine Untersuchung durch einen Arzt, den ich vorher nie gesehen hatte, über mich ergehen lassen. Er war vollkommen unpersönlich und sachlich, aber mir war trotzdem elend zumute. Anschließend wies er mich an, mich wieder anzuziehen. Dann saß er an seinem Schreibtisch, stellte mir Fragen und machte Notizen auf einem medizinischen Formular, das vor ihm lag. Schließlich stand er auf und bat mich, ihn kurz zu entschuldigen. Er werde in etwa zehn Minuten wieder zurück sein. Damit ging er hinaus.

Ich saß da, starrte auf das Blatt auf seinem Schreibtisch und fragte mich, was er da wohl Arges über mich hingeschrieben habe. Als ich es vor Neugier nicht mehr aushielt, ging ich hinüber und schaute nach. Es waren medizinische Angaben, die mir kaum etwas sagten; dann aber fiel mein Blick auf den Platz, der für ›Bemerkungen‹ reserviert war. Und dort standen in klarer, kräftiger Handschrift fünf Worte: *Hat einen fabelhaft geformten Kopf.*

Das unerhörte Gefühl von Dankbarkeit und Erleichterung, das mich durchströmte, als ich diese Worte las, werde ich nie vergessen. Sie ließen mich spüren, daß ich nicht bloß ein Krüppel, nicht nur eine Mißgestalt war, sondern ein Mensch mit Eigenschaften und Attributen, die das aufwogen. Gleich in jenem Augenblick und an jenem Ort raffte ich mich dazu auf, die helle Seite der Dinge zu beachten, meine Behinderung an ihren Platz zu rücken, vorwärts zu gehen und das Beste aus mir zu machen, trotz der Umstände, trotz allem.

Und das Wunderbarste an diesem phantastischen Gefühl von Wärme und Optimismus war die Gewißheit, daß dieser Arzt, dieser feinfühlige, teilnehmende Mensch das Ganze inszeniert hatte. Er war sicher gewesen, als er das Zimmer verließ, daß ich der Versuchung nicht würde widerstehen können, einen Blick auf das Blatt Papier auf dem Schreibtisch zu werfen. Er hatte ein Rezept aufgeschrieben, das mein beschädigtes Ego, meine zerschlagene Selbstachtung wiederherstellen sollte. Was für ein wunderbares Ereignis! Es hat mich vollkommen umgekrempelt. Es hat mein ganzes Leben erleuchtet!«

Ja, wenn der Plus-Faktor über Menschen wie jenen Arzt wirksam wird, ist er tatsächlich etwas Wunderbares.

Es ist nicht einfach, ein mitfühlender Mensch zu werden; manchmal muß jemand durch Schmerzen und Leid hindurch, bevor er so weit gelangt. Jedenfalls war das der schwierige Weg, den Detektiv Richard Pastorella von der New Yorker Polizei zu gehen hatte.

Detektiv Pastorella hatte einen Assistenten bei seiner Arbeit, der Hard Hat hieß, »Schutzhelm«. Das Wichtigste an Hard Hat war seine Nase. Hard Hat war ein Deutscher Schäferhund, wachsam, intelligent, bestens geschult und darauf trainiert, mit dem Bombenkommando zusammenzuarbeiten, dem Detektiv Pastorella angehörte. Hard Hat hatte gelernt, bei den Streifgängen abzusitzen, sobald seine Nase Sprengstoff aufspürte.

In der Silvesternacht 1982 erhielten Detektiv Pastorella und sein Partner Tony Senft den Anruf, dringendst zur Plaza eines Bundesgebäudes in der Innenstadt von Manhattan zu kommen, wo eine von einem Terroristen oder Wahnsinnigen gelegte Bombe hochgegangen war. Bei der Explosion war niemand verletzt worden, aber bald darauf wurde die Meldung durchgegeben, daß ein paar Häuserblocks weiter eine zweite Bombe im Polizeihauptquartier explodiert war. Dort konnte ein schwerverwundeter Streifenpolizist Detektiv Pastorella noch stöhnend zuflüstern, er glaube, die Bombe sei in einer Papiertasche versteckt gewesen.

Wo zwei Bomben losgegangen waren, konnten ohne weiteres noch mehr vorhanden sein. Pastorella und Senft suchten also mit dem aufmerksam nebenhergehenden Hard Hat die nähere Umgebung des Polizeihauptquartiers ab. Plötzlich ruckte der Hund an der Leine und zog die beiden Polizeibeamten zu einer dunklen Stelle neben zwei Pfeilern. Dort sah Detektiv Pastorella nicht nur eine, sondern zwei Papiertüten. Jede stand hinter einem der Pfeiler im Finstern.

Und in diesem Augenblick setzte sich Hard Hat hin.

Da wußte Pastorella, daß er und sein Partner sich in einer höchst gefährlichen Situation befanden. Neugierige sammelten sich bereits bei dem Schauplatz an. Er wies einen Streifenpolizisten an, die Leute und den Hund hinter eine Mauer in einiger Entfernung in Sicherheit zu bringen. Dann, mit dem Kollegen hinter sich, näherte er sich zentimeterweise der Papiertüte, über die er eine Schutzvorrichtung, Bombendecke genannt, gelegt hatte. Langsam streckte er die rechte Hand aus ... und das Universum schien in seinem Gesicht zu zerspringen.

Bis zum nächsten Tag war er bewußtlos. Dann erwachte er mit furchtbaren Schmerzen. Sein Gesicht und der rechte Arm waren schwer verbrannt. An seiner rechten Hand fehlten alle Finger. Ein Auge hatte herausoperiert werden müssen, das andere war blind. Sein Gehör war größtenteils weg. Die Verletzungen seines Partners waren fast ebenso schlimm.

Seine Laufbahn als Polizist war zu Ende. Ein Jahr lang mußte er immer wieder ins Krankenhaus, und er kämpfte gegen totale Verzweiflung. Was sollte aus seiner Frau Mary werden? Was aus ihren beiden halbwüchsigen Kindern? Was hatte er für eine Zukunft vor sich? Auf solche Fragen gab es keine klaren Antworten.

Eine Zeitlang besuchten ihn Kollegen von der Polizei, aber nach und nach blieben sie aus, und Detektiv Pastorella wußte, weshalb. Sein elender Zustand mahnte sie nur allzu lebhaft an die Gefahren, denen sie selber jeden Tag ins Auge blickten.

Manchmal, glaube ich, benutzt der Plus-Faktor andere Menschen, um uns seine geheimnisvollen Vorhaben zu übermitteln. Eines Nachts, nachdem Richard Pastorellas Gefühl der Einsamkeit und Hilflosigkeit sich in einem Strom bitterer Worte Luft gemacht hatte, sagte seine Frau Mary sanft: »Du bist nicht der einzige, weißt du. Es gibt andere Polizisten, die ebenfalls verletzt worden sind. Du bist nichts Einmaliges.«

Die ganze Nacht lang tanzten diese Worte in Pastorellas Kopf herum. Am nächsten Tag schrieb er an das Polizeihauptquartier und bat um eine Liste der Beamten, die in Ausübung ihrer Pflicht schwere Verletzungen erlitten hatten. Man schickte ihm nicht nur die gewünschte Liste, sondern stellte auch ein Lokal zur Verfügung, wo Pastorella und die andern von der Liste zusammenkommen konnten.

Aus diesen Anfängen wurde die »Polizei-Selbsthilfegruppe«, die sich dafür einsetzt, verletzten Polizisten und ihren Familien beizustehen. Heute arbeitet Richard Pastorella sechs bis sieben Tage in der Woche, hilft Frauen mit invaliden Ehemännern, schlichtet familiäre Spannungen und Streitigkeiten, sucht das psychologische Klima zu verbessern, in dem die Kinder solcher Opfer leben müssen, greift bei besonderen finanziellen oder medizinischen Problemen ein, sorgt für Transportmittel, ist eine zuverlässige Quelle des Trostes und der Unterstützung.

Nicht unterzukriegen ... das ist der Ausdruck, der mir einfällt, wenn ich an Richard Pastorella denke. Das bedeutet unverzagt ... unbesiegt ... unverbittert. Es bedeutet ein Leben, das verklärt ist ... durch den Plus-Faktor.

Jemandem zu helfen, der in Not ist, sich um Leute zu kümmern, die man kaum kennt, das ist fast eine Form des Betens, wenn man es richtig bedenkt. Es ist ein Opfer, das man Gott darbringt, und der Segen strömt unverzüglich zu einem zurück.

Vor Jahren hatte ich zwei gute Bekannte in Chicago, Gus und Frank Bering, die das Sherman House besaßen, ein feines Hotel. Gus erzählte mir einmal von einem Friseurbedarfskongreß, der in ihrem Hotel abgehalten wurde. Lieferanten aus ganz Amerika fanden sich ein, und einige von ihnen kamen auf die Idee, eine dramatische Demonstration der Herrencoiffeurkunst zu veranstalten.

Sie gingen zur Halsted-Straße hinunter, wo die Penner sich zu sammeln pflegten, und suchten sich den dreckigsten, abgerissensten, am übelsten aussehenden heraus. Den nahmen sie mit ins Sherman House, zogen ihm die Lumpen aus, gaben ihm ein Bad, rasierten ihn, schnitten und frisierten seine Haare und bespritzten ihn mit Duftwasser. Sie kauften ihm einen neuen Anzug, neue Schuhe, das beste Hemd, das sie finden konnten, eine elegante Krawatte, ja sogar einen

Spazierstock, eine schmucke farbige Weste und einen teuren Hut. Er sah fabelhaft aus. Sie stellten ihn vor als ein leuchtendes Beispiel für das, was Figaros aus einem Mann machen konnten, und er bewahrte während des ganzen Kongresses eine würdevolle Haltung.

Gus Bering interessierte sich für den Mann und bot ihm eine Stelle in dem Hotel an; er solle sich am nächsten Morgen einfinden. Doch er erschien nicht, auch nicht am übernächsten Morgen. Nach ein paar Tagen ging Bering in die Halsted-Straße, um ihn zu suchen. Schließlich fand er ihn in einem Gäßchen, mit Zeitungen zugedeckt, die feinen Kleider zerrissen und schmutzig, das Gesicht voller Stoppeln, die Augen trüb vom Schnaps.

Bering las ihn auf, brachte ihn mit einem Taxi ins Hotel und machte ihn noch einmal sauber. Er sagte zu ihm: »Die Friseure haben nicht genug für Sie getan; sie wollten nur ein Ausstellungsstück, und das waren Sie.«

Dann, erzählte mir Gus, nahm er den Mann mit in die Methodistenkirche gleich um die Ecke.

»Was haben Sie dort mit ihm gemacht, Gus?« fragte ich.

Er lächelte, denn er wußte, daß ich die Antwort bereits kannte: »Ich habe ein wenig echte Religion in ihn hineingesteckt, und er wurde ein anderer. Er nahm die angebotene Arbeit an, hatte dabei Erfolg und bekam weitere Stellen. Später heiratete er und hatte eine nette Familie. Er hat sich wirklich gemacht.«

Ja, er hatte sich gemacht, weil ein guter und kluger Mensch mehr als nur das Notwendigste getan hatte, um ihm zu helfen, wirklich zu helfen. Die Coiffeure hatten sich selbst geholfen; an dem Penner waren sie nicht eigentlich interessiert. Gus dagegen sah hinter all dem Schmutz und den Lumpen und der Hoffnungslosigkeit das leidende Gotteskind, das dringend Hilfe brauchte; er leistete diese Hilfe aus dem Prinzip des Sichkümmerns heraus, und ein Leben nahm die entscheidende Wende. Das ist es, was »Helfer sein« wirklich bedeutet.

Was machte einen geschäftstüchtigen, erfolgreichen Hotelier zu einem so gütigen Menschen? Es war seine völlige Hingabe an das größte Vorbild der Nächstenliebe, das die Welt je erlebt hat. Ich selbst kenne zahllose Beispiele dafür, wie solche aus dem Herzen kommende Anteilnahme in ein Leben eindringen und es vollständig verändern kann.

Es gibt einen Mann, den ich seit mehr als dreißig Jahren kenne, und während vieler dieser Jahre war er ein hoffnungsloser Versager. Man könnte fast sagen, er war ein Experte im Versagen. Jede Aufgabe, die er übernahm, ging schief. Praktisch alles, was er sagte, war immer gerade das Verkehrte, und das meiste von dem, was er tat, kam ungeschickt heraus. Manchmal sah ich ihn ins Leere starren, mit einem so hilflosen Gesichtsausdruck, daß es mir weh tat. Ich bemühte mich, ihm zu helfen, aber erfolglos. Dabei wußte ich, daß er nicht dumm war, denn von Zeit zu Zeit blitzten bei ihm Intelligenz und sogar Charme auf.

Eines Abends mußte ich etwa 150 Kilometer weit fahren, um einen Vortrag zu halten, und da bat ich den Bekannten, mich zu begleiten; ich dachte, wir könnten dabei mit seinen Problemen etwas vorankommen. Wir redeten die ganze Zeit und kamen keinen Schritt weiter. Er hörte sich meinen Vortrag an, aber das half auch nichts. Auf dem Nachhauseweg sagte er immer wieder: »Was stimmt bei mir nicht? Was stimmt bloß bei mir nicht?« Mir fiel keine schnelle Antwort ein.

Wir hielten unterwegs bei einem Restaurant an, um eine Kleinigkeit zu essen. Ich werde die Schönheit jener mondhellen Nacht nie vergessen. Die ganze Landschaft war in silbernes Licht getaucht, als wir aus dem Lokal kamen.

Mein Bekannter stand neben dem Wagen, als er unvermittelt meinen Arm packte und rief: »Norman! Ich hab's!«

Ich schrak zusammen: »Was haben Sie?«

»Ich weiß, was bei mir nicht stimmt«, sagte er. »Ich weiß, warum alles schiefläuft: weil ich selber nicht stimme, weil ich selber verkehrt bin.«

Ich wußte, daß er es ernst meinte. Ich wußte auch, daß er den entscheidenden ersten Schritt zur Selbstfindung getan hatte, deshalb fragte ich ruhig: »Wissen Sie, was Sie ›richtig‹ machen kann, bis in die Tiefe Ihres Wesens?«

»Nein«, antwortete er. »Ich weiß nur, daß ich ›falsch‹ bin. Können Sie mir sagen, wie ich ›richtig‹ werde?«

Ich sagte es ihm, während wir dort im Mondenschein standen. Und er hörte zu. Zum erstenmal hörte er wirklich zu. Das Erlebnis fiel mir wieder ein, als ich ihn vor kurzem wiedersah. Er ist heute eine führende Persönlichkeit in seiner Gemeinde und ein Kirchenältester; er hat eine Frau, eine reizende Familie, ein schönes Heim. Was aber wichtiger ist und über all das hinausgeht: er ist voller Lebensfreude.

»Wissen Sie, was in jener Nacht mit mir geschehen ist, als wir nach Hause fuhren?« fragte er. »Ich war wie auseinandergebrochen, aber als ich endlich zuhörte, wie Sie mir von Jesus erzählten, da schien mir plötzlich, als fügten sich die Teile wieder zusammen.« Natürlich fügten sie sich zusammen, weil er von der unendlichen sorgenden Liebe Christi angerührt wurde, der die ganze Zeit darauf gewartet hatte, in sein Leben eingelassen zu werden. Er entdeckte, daß Jesus die Macht hat, alle geistigen und seelischen Fähigkeiten eines Menschen in Harmonie zu bringen und zu vereinigen und alles auf wunderbare Weise zu bessern.

Vielleicht sagen Sie jetzt, Sie hätten schon Menschen gesehen, die ein falsches Leben führten und denen es trotzdem glänzend ging. Auch ich habe sie gesehen. Aber denken Sie daran, daß Gott seine Rechnungen nicht am Dreizehnten jedes Monats begleicht, oder überhaupt in diesem Jahr, oder im nächsten oder übernächsten. Und das kann ich Ihnen sagen: Viele, die ich gekannt habe und die sich nicht davon abhalten ließen, ein übles Leben zu führen, nahmen auch ein übles Ende. Es kommt nicht immer plötzlich oder dramatisch, aber früher oder später kommt es.

Vor einigen Jahren sprach ich bei einer von der Heilsarmee betreuten Versammlung in New York. Das Publikum setzte sich aus mehreren hundert Leuten zusammen, die so unglücklich aussahen, wie ich es kaum je erlebt hatte. Manche hatten ihr Dasein mit großen Vorteilen begonnen, jetzt aber waren sie Gescheiterte. Mit diesen zerstörten Leben zusammenzusein war etwas, bei dem einen schauderte, ja fast graute.

Hinterher trat ein Mann zu mir und nannte mir seinen Namen. »Ja Harry!« rief ich. »Was machst denn du hier?« Ich kannte ihn noch aus der Zeit, als wir in Ohio aufgewachsen waren. Damals waren Automobile lange nicht so zahlreich wie heute, aber dieser Junge fuhr das sportlichste der ganzen Stadt. Er gehörte zur Kirche meines Vaters, die er allerdings nicht oft besuchte. Er war ein gutaussehender Bursche von sympathischem Wesen, nur trank er schon damals zuviel und schien an niemandem außer sich selbst interessiert zu sein.

»Was ich hier mache?« wiederholte er. »Um dir die Wahrheit zu sagen, ich bin hier um des natürlichen Laufes der Dinge willen. Ursache und Wirkung. Es ist wahrscheinlich zu spät, aber jetzt weiß ich, daß die Menschen reich gesegnet werden, wenn sie sich nur richtig benehmen, anständig und ehrenhaft handeln, wenn sie nur gut statt schlecht sind. Wenn nicht, dann ...« Er schüttelte den Kopf. Dann sagte er leise: »Es gibt einige unter uns, die von sich selbst errettet werden müssen. Ich habe schon als Bub in Ohio alles falsch gemacht.«

»Es ist nicht zu spät, Harry.« Wieder schüttelte er traurig den Kopf. »Es steckt nichts Gutes in mir, Norman.« Und doch steckte etwas Gutes in ihm: der Plus-Faktor. Ich bin froh, berichten zu können, daß dieser durch Güte und Fürsorge schließlich freigesetzt wurde, so daß das letzte Lebensstück dieses Mannes gut war, sehr gut sogar.

Versuchen Sie, sich um andere zu kümmern, sich ihrer auf die mitfühlende Art anzunehmen, die Jesus uns lehrt. Das hilft nicht nur den anderen, es wirkt auch Wunder für den, der es ausübt.

12

Wie der Plus-Faktor hilft, mit Sorgen umzugehen

Was ist für uns alle das Wichtigste auf der Welt? Leben zu lernen, nicht wahr? Das Leben ist ein unschätzbares Geschenk, aber es dauert nicht ewig. Solange wir es haben, hängt unser Glück nur von dem einen ab: wie gut wir lernen, mit den Herausforderungen fertig zu werden, mit denen das Leben uns konfrontiert.

Wenn die Wogen des Lebens stürmisch werden, wenn Sorgen kommen, wenn Probleme auftauchen, dann ist der Plus-Faktor, diese leuchtende Gabe, die von Geburt an in uns schlummert, allzeit bereit, uns zu helfen, zuweilen auf überraschende Art. Haben Sie beispielsweise schon einmal etwas vom »Gesetz von Herausforderung und Lagebeantwortung« gehört? Arnold Toynbee, der große britische Geschichtsphilosoph, war der Meinung, daß der Schlüssel zum Verständnis der Geschichte mit ihrem Aufstieg und Fall von Zivilisationen im Wirken dieses unsichtbaren Naturgesetzes liege. Er war überzeugt, daß, wenn eine Zivilisation auf eine lebensbedrohende Herausforderung traf, dieser entschlossen begegnete und sie überstand, die durch eine solche gewaltige Anstrengung freigelegten Energien die betreffende Zivilisation zu neuen Höhepunkten der Kunst, der Literatur, jedes Kulturbereiches überhaupt führten.

Als vor vielen Jahrhunderten die Griechen von der erdrükkenden Macht des Perserreiches bedroht waren, reagierten sie mutig und entschlossen. Sie warfen die Perser zurück. Danach schwangen sie sich zu erstaunlichen Leistungen in Kunst, Architektur, Philosophie und Drama auf. Zweitausend Jahre später taten die Engländer etwas ganz Ähnliches. Sie erhoben sich und besiegten die große Armada, mit der die Spanier sie schlagen wollten. Der Nationalstolz, die Entschlußkraft und Energie, die dadurch freigesetzt wurden, brachten literarische Genies wie Shakespeare, die Kolonisation der Neuen Welt und letztlich das britische Weltreich hervor, über dem, wie es hieß, die Sonne nicht unterging.

Was hat das alles mit Ihnen oder mir zu tun? Ganz einfach dies: Dasselbe Gesetz, das die Griechen und die Engländer zu solchen Höhen aufsteigen ließ, das Gesetz, das Toynbee »Challenge and Response« nannte, existiert in uns allen und kann in uns allen als eine weitere Offenbarung der großen schlummernden Kraft wirksam werden, der wir den Namen Plus-Faktor gegeben haben.

Was Toynbee im Grunde ausdrückte, ist, daß Schwierigkeiten für uns gut sein können. Wenn wir ihnen ins Auge blicken, wenn wir nicht klein beigeben, wenn wir entschlossen kämpfen, dann entdecken wir verborgene Kräfte und Energien, von denen wir gar nicht wußten, daß wir sie besitzen.

Ich will damit natürlich nicht behaupten, daß uns alle Sorgen willkommen sein müssen und daß alle Schwierigkeiten ein Segen sind. Es gibt Leid, das zerstörerisch sein kann; es gibt Sorgen, die unerträgliche Qual bereiten können.

Doch es ist unmöglich, sich so viele Jahre mit Menschen und ihren Problemen zu befassen, wie ich es getan habe, ohne zu erkennen, daß ein gewisses Maß an Schwierigkeiten wichtig ist für Charakterbildung und seelisches Wachstum. Und auch das habe ich im Lauf der Jahre beobachtet: Schwierigkeiten machen einen Menschen entweder größer oder kleiner; sie lassen ihn nie so zurück, wie er vorher war. Die einen brechen unter der Belastung zusammen; andere brechen Rekorde.

Manchmal erscheint der durch diese Herausforderung geweckte Plus-Faktor in der Form eines stillen Mutes, der bitteren Prüfungen standhält und nachher unvermindert über die Jahre hinweg bestehen bleibt.

Als ich vor einiger Zeit einen Rednerauftrag in einem unserer Südstaaten erfüllte, ging ich frühmorgens ins Eßzimmer des Motels. Es war ein grauer, nasser Morgen mit tiefhängenden Wolken. Draußen konnte ich das Louisiana-Moos in melancholischen Fetzen von den Bäumen tropfen sehen. Nicht gerade ein Tag, dachte ich, der einen in Hochstimmung bringt.

Anderer Meinung war offenbar die Serviererin hinter dem Tresen, eine vergnügte schwarze Frau mit strahlendem Lächeln. »Guten Morgen!« sagte sie. »Bin ich froh, diesen Regen zu sehen! Wirklich wahr. Wette, auch die Farmer da draußen freuen sich. Ich kann das Getreide geradezu wachsen hören an einem Morgen wie diesem, Sie nicht auch?«

Ich hatte eigentlich nicht unbedingt auf das Wachsen von Getreide gelauscht, aber sie redete gleich weiter: »Und was kann ich Ihnen zum Frühstück richten an diesem feinen Tag, den der Herr uns geschenkt hat?«

»Wie wär's mit einem weichen Ei und einem trockenen Toast?« fragte ich und fügte entschuldigend hinzu: »Ich bin auf Diät, wissen Sie.«

»Diät?« wiederholte sie. »Diät? Niemand dürfte den Tag mit einem trübseligen kleinen Ei beginnen. Bleiben Sie jetzt nur sitzen, ich bringe Ihnen ein richtiges mannsgroßes Südstaatenfrühstück, Eier und Wurst und Brötchen und Hafergrütze mit Bratensauce. Hält Sie den ganzen Tag fit!«

Und das machte sie dann auch, trotz meiner schwachen Proteste.

Es war noch so früh, daß wir beide uns ganz allein im Eßzimmer befanden.

»Sagen Sie«, wollte ich wissen, »was macht Sie so froh? Nein, sagen Sie es nicht; ich will es Ihnen sagen: Sie müssen eine Christin sein, eine echte Christin.«

»Aber sicher«, bestätigte sie, und es lag ein solcher Ton von Glück in ihrer Stimme, daß der ganze Tag mit einemmal golden erschien, als wäre ein Sonnenstrahl hereingedrungen. »Ich habe dieses Leben arg armselig angefangen, aber der Herr gab mir ein Versprechen, und er hat es auch gehalten.«

Sie erzählte mir, daß sie und ihr Mann in größter Armut gelebt hatten. Nach zehnjähriger Ehe war er in der Sägemühle tödlich verunglückt und hatte sie mit drei kleinen Mädchen allein zurückgelassen. »Es war schwer«, sagte sie. »Mein Gott, es war zeitweise so schwer! Aber ich hatte das Versprechen des Herrn und glaubte daran. So fing ich ein kleines Geschäft für chemische Reinigung an, und das habe ich immer noch – hier im Motel bin ich nur am Morgen, weil ich gern neue Leute kennenlerne und ihnen vom Herrn erzähle, wenn sie zuhören mögen – und eines meiner Mädchen ist jetzt mit dem College fertig, das zweite hat auch schon die Hälfte hinter sich. O ja, ich bin eine Christin. Es ist das Beste, was jemand sein kann!«

»Wissen Sie«, gestand ich ihr, »ich habe mein ganzes Leben damit zugebracht, Menschen diese Botschaft nahezubringen. Aber welches Versprechen des Herrn hat Ihnen denn so viel bedeutet?«

»Es steht im Lukas-Evangelium«, antwortete sie. »Im neunten Kapitel heißt es im ersten Vers: ›Er rief aber die Zwölf zusammen und gab ihnen Kraft und Vollmacht über alle Dämonen und um Krankheiten zu heilen.‹« Sie hatte mit einem Lappen den Tresen blankgewischt, jetzt hielt sie inne und blickte mir gerade in die Augen. »Sehen Sie, es gibt eine Menge verschiedener Dämonen. Ich nehme an, jeder von uns hat seinen eigenen, besonderen Dämon. Meiner war die Armut, und der ist ein furchtbarer Dämon, denn er erfüllt einen mit Bitterkeit und Haß, wenn man es zuläßt. Er zerstört einem die Gesundheit, weil man ständig voller Angst ist. Er macht einem das Herz und die Seele zu Krüppeln.

Als ich mich aber daran erinnerte, daß Jesus gesagt hat, ich könne in Seinem Namen Dämonen austreiben, und als ich Ihn in mein Leben holte, da trieb Er die Angst aus. Und als die Angst fort war, wissen Sie, was dann geschah? Ich will es Ihnen sagen: Dann konnte ich zum erstenmal denken. Jawohl: Mein Kopf, von all dem Haß befreit, fing an, klar zu denken. Damals kam ich auf die Idee, mein kleines Geschäft aufzumachen. Und ich fand heraus, daß ich planen und hoffen und weitermachen konnte, ohne von diesem Dämon Armut in Ketten gelegt und hilflos gemacht zu werden. Ich habe den Dämon im Namen des Herrn verjagt. Wenn Sie mich also fragen, ob ich eine Christin sei, wissen Sie auch gleich, warum ich sage, daß ich es bin.«

»Allerdings«, gab ich zu. »Sie sind eine großartige Frau. Es hat mir mächtig Auftrieb gegeben, Sie kennenzulernen. Jetzt weiß ich, daß heute ein phantastischer Tag sein wird!«

Und ich war so begeistert, daß ich die ganzen Eier und Brötchen und die Wurst und sogar den größten Teil der Grütze mit Sauce aufaß.

Das war ein Fall, in dem der Plus-Faktor Energien freilegte, die eine ganze Lebenszeit stützten und stärkten, und ich zweifle nicht daran, daß sie auch noch in die nächste Generation überflossen. Und was war der Auslöser? Sorgen. Sorgen, die manche Menschen erdrückt und verbittert hätten, die hier aber eine richtige Reaktion hervorriefen und die Seelenstärke, die der Herausforderung gewachsen war.

Diese Auffassung von Sorgen als einer dynamischen Kraft in menschlichen Angelegenheiten hat etwas Erregendes. Aber man muß damit umzugehen verstehen. Man muß wissen, wie man zu reagieren hat. Bei einer feinen Brise kann jeder segeln. Erst wenn die See rauh wird, kommt die Seemannskunst – daß man das Meer wirklich kennt – richtig zur Geltung. Wenn die Sorgen ins Leben treten, ist Lebenskunst – daß man die Rolle kennt, die Sorgen im Leben spielen können – das, worauf es ankommt.

Zweifelsohne brennen Sorgen oft störende Charakterzüge oder Eigenschaften weg. Hochmut beispielsweise oder Anmaßung oder Halsstarrigkeit – Dinge, die uns den Weg zu den Menschen und zu unseren begehrtesten Zielen versperren. Wie einengende Zäune müssen sie erst niedergerissen werden, bevor wir imstande sind, zu lieben und geliebt zu werden, bevor wir uns den Mitmenschen wirklich anschließen können. Eine Sorge, ein Unglück können das bewirken.

Ich glaube, wenn Sorgen einem Menschen allzu lange ausweichen (oder er ihnen), dann besteht die Gefahr, daß er selbstzufrieden und leichtsinnig und sogar ein wenig überheblich wird. Ein Stück weit kann ich dabei aus eigener Erfahrung sprechen. Jahrelang ging in meinem Leben alles gut, fast zu gut. Die Menschen kamen mit ihren Sorgen zu mir, aber eigene hatte ich kaum. Doch mit einemmal stand ich mitten in einem Sturm der Kritik. Ich regte mich auf, wurde mutlos und sehr unglücklich. Nun, ich habe den Sturm überlebt. Wenn jedoch heute Menschen bei mir Hilfe suchen, bin ich sicher besser qualifiziert, ihnen zu helfen. Ich weiß, wie es ist, ich weiß, wie es weh tut, ich weiß, wie verletzlich und fehlbar Verzweifelte sein können. Aus diesem Grunde glaube ich daran, daß Sorgen jemanden menschlicher zu machen vermögen. Aus diesem Grunde meine ich, daß die Ansicht, Gott benutze das Unglück vielleicht für seine eigenen Ziele, möglicherweise gar nicht so altmodisch oder überholt ist.

Wenn ich über die Unvermeidbarkeit und die Bedeutung von Schwierigkeiten spreche, werde ich oft gefragt, ob ich ein Rezept habe, wie damit umzugehen ist. Meistens antworte ich dann, da nie zwei Schwierigkeiten gleich seien, gebe es kein Zaubermittel, das für alle passe. Dann füge ich allerdings hinzu, daß es fünf vernünftige Verhaltensweisen gibt, von denen ich herausgefunden habe, daß sie im Umgang mit Schwierigkeiten hilfreich sind, weil durch sie das Gesetz von Herausforderung und Antwort wirksam und die Kraft des Plus-Faktors gefördert wird. Hier sind die fünf Anregungen:

1. *Stellen Sie sich dem Problem.* Die Versuchung ist immer da, auszuweichen, den Kopf in den Sand zu stecken und zu hoffen, daß das Problem sich von selbst löst. Wahrscheinlich tut es das aber nicht. Im Gegenteil, je länger man sich davor versteckt, desto bedrohlicher wird es.

Also stellen Sie sich. Sehen Sie dem Problem ins Auge. Nehmen Sie ihm Maß. Analysieren Sie es. Zerlegen Sie es. Vielleicht ist es gar nicht so furchtbar, wie es aussieht. Und wenn doch, dann sagen Sie sich: »Gut. Die Herausforderung ist da. Ich nehme sie an. Mit Gottes Hilfe und mit dem verborgenen Plus-Faktor in mir werde ich damit fertig.«

2. *Nach einem langen, genauen Blick auf das Problem werfen Sie*

einen langen, genauen Blick auf sich selbst. Sehr oft nämlich stekken Menschen in Schwierigkeiten, weil die Schwierigkeiten in ihnen stecken. Es sind schon häufig Leute, von geschäftlichen oder finanziellen Nöten geplagt, zu mir gekommen, nur um beim eingehenden Gespräch herauszufinden, daß sie eine solche Bürde von moralischen Schuldgefühlen mit sich herumschleppten, daß ihr Denken beeinträchtigt, ihre Energie ungenutzt und ihr Urteilsvermögen getrübt war. Sie steckten wohl in Schwierigkeiten, aber bevor sie diese anpacken konnten, mußten sie die Unstimmigkeiten in ihrem Inneren erkennen und ausräumen, die moralischen Unstimmigkeiten, die den Plus-Faktor daran hinderten, zum Zug zu kommen.

3. *Nachdem Sie sich dem Problem gestellt und sich selbst geprüft haben, unternehmen Sie etwas.* Haben Sie noch nie bemerkt, wie viele der heilenden Aussprüche von Jesus mit einem Tätigkeitswort beginnen? »Gehe hin und wasche dich ...«, »Strecke deine Hand aus ...«, »Nimm dein Bett ...« Das ist ganz sicher kein Zufall. Aktives Handeln ist ein großartiges Mittel zur Wiederherstellung und zum Aufbau von Zuversicht. Untätigkeit ist nicht nur die Folge, sondern die Ursache von Angst. Vielleicht ist das, was Sie unternehmen, erfolgversprechend; vielleicht müssen ihm andere Unternehmungen oder Verbesserungen folgen. Aber jedes Handeln ist besser als gar keins. Warten Sie also nicht, bis der Kummer Sie einschüchtert oder lähmt. Bewegen Sie sich. Der verlorene Sohn gelangte nicht nach Hause, indem er in der Gosse lag. Er bewegte sich!

4. *Seien Sie nicht abgeneigt, um Hilfe zu bitten.* Manche Leute tun so, als wären Sorgen eine Schande, etwas, das man um jeden Preis verbergen müsse. Andere sagen grimmig: »Es ist *mein*

Problem. Ich werde selbst damit fertig.« Das ist falsch. Niemand ist vollkommen unabhängig; wir alle benötigen von Zeit zu Zeit Hilfe. Auf fast jedem Sorgengebiet gibt es Fachleute, die dafür ausgebildet sind, Ihnen zu helfen: Ihr Arzt, Ihr Anwalt, Ihr Pfarrer. Ist Ihr Problem ein recht verbreitetes? Dann sind in Ihrer Nähe höchstwahrscheinlich organisierte Gruppen von Menschen, die das gleiche durchgemacht haben und gerne bereit sind, Ihnen zu helfen: Menschen, die Alkoholiker waren oder krankhafte Glücksspieler, Menschen, die geistig behinderte Kinder haben, Menschen, die ihr Augenlicht oder ihr Gehör verloren haben. Das sind alles Leute, die Schwierigkeiten angepackt und überwunden haben und anderen helfen wollen, sie ebenfalls zu überwinden.

Auch mitfühlende Freunde oder Freundinnen können helfen, allein schon durch Zuhören oder durch ein Wort der Ermunterung. Das Teilen von Sorgen mildert die Belastung und verhilft oft zu einer neuen Perspektive. Ich kannte einen Künstler, der in verschiedene Schwierigkeiten geraten war. Voller Selbstmitleid klagte er einem Freund, er werde nie mehr malen, und fügte hinzu: »Komm mir jetzt nicht mit Gemeinplätzen und guten Ratschlägen. Das nützt mir nichts. Ich bin erledigt als Maler. Ich habe zuviel Schweres gegen mich. Ich kann einfach nicht mehr daran vorbeisehen.« »Nein«, sagte der Freund, »ich gebe dir keine Ratschläge, aber ich gebe dir eine Definition von Poesie, die ich einmal gelesen habe: *Poesie ist, was Milton sah, als er blind wurde.*« Das war alles, was der Freund sagte, aber der Künstler ging zurück zu seiner Palette. Er ist heute ein bekannter Aquarellist.

5. *Verlieben Sie sich nicht in Ihren Kummer.* Dieser Rat wirkt auf manche Leute verblüffend, aber das sind meist gerade diejenigen, die ihn besonders nötig haben. So schmerzlich ein Kum-

mer ist, er gibt einem manchmal ein melancholisches Gefühl von Wichtigkeit, das für ein angeschlagenes Ego sehr tröstlich sein kann. Das kann auch zu einem recht bequemen Alibi für alle möglichen Fehlschläge und Verschleppungen werden. Ist Ihnen noch nie aufgefallen, wie viele Menschen ihre Krankheiten »genießen«, darüber reden, sich darüber verbreiten, sie zum ungesunden Mittelpunkt machen, um den sich ihr Leben dreht? Haben Sie noch nie Menschen kennengelernt, die, nachdem sie einmal einen Fehler gemacht haben, sich weigern, weiterzugehen, sich weigern, ihn zu vergessen?

Das ist doch keine Art zu leben! Sorgen kommen, aber sie gehen auch wieder. Aber man muß sie gehen lassen! William James, der große Psychologe, hat einmal gesagt, das Wesen des Genies liege darin, zu wissen, was man übersehen muß. Wollen Sie das nicht auf Ihre Sorgen anwenden? Übersehen Sie die kleinen, und wenn die großen bereit sind, wegzugehen, öffnen Sie die Türe weit und lassen Sie sie ziehen.

Ich glaube, was der Plus-Faktor uns lehren will, ist dies: Sorgen können unangenehm, schmerzhaft und schädlich sein, aber sie können auch der Feuerstein sein, der aus dem Stahl in unserer Seele Funken schlägt. Der berühmte Schauspieler Walter Hampden wurde einmal gefragt, welchen Satz in der englischen Sprache er für den denkwürdigsten halte. Er dachte eine Weile nach. Dann gab er zur Antwort, der seiner Meinung nach großartigste Satz komme in einem alten Negro Spiritual vor: »Nobody knows the trouble I've seen; glory, hallelujah!«

Hampden hatte recht: Es steckt Herrlichkeit und Weisheit in diesen Worten. Sie anerkennen, daß das Menschenleben voller Schmerz, Kummer und Leid ist, aber sie bleiben nicht dabei stehen. Sie gehen weiter und drücken Jubel aus. Dieses

»glory, hallelujah« widerhallt von der großartigen Gewißheit, daß im Geist des Menschen etwas verborgen liegt, das ihm, wenn es aufgeboten wird, Sorgen und Leid überwinden hilft. Etwas, das Niederlage in Sieg verwandelt.

Dieses Etwas ist eines der größten Geschenke Gottes an die Menschheit. Es ist der Plus-Faktor.

13

Der Plus-Faktor und die Macht des Gebets

Was ist die größte Macht auf Erden? Ist es die ungeheure Gewalt des Orkans oder des Wirbelsturms, der Flutwelle oder des Erdbebens? Das alles sind gewaltige Kundgebungen der Kraft der Natur, doch die größte Macht sind sie nicht.

Ist es die Entdeckung der riesigen Kräfte im Innern eines Atoms durch den Menschen? Sie ist ein großes Wunder, aber wenn man bedenkt, daß unser Planet in der Weite des Weltalls nur ein Stäubchen ist, dann verlieren sich die Errungenschaften des Menschen in bezug auf Atomkraft gleich einer winzigen Rauchwolke in der Unendlichkeit des Kosmos.

Was aber ist wirklich die größte Macht auf Erden? Ich glaube, es ist der Mechanismus, durch den der Mensch auf dieser Welt eine Verbindung herstellt, über die der Machtstrom zwischen dem Allmächtigen und ihm selbst fließen kann, zwischen Gott, der all die Sterne über den Nachthimmel verstreut hat, und dem Menschen, den er nach seinem Bild erschuf. Dieser Strom der Kraft zwischen dem Schöpfer und dem Menschen ist die größte Macht der Welt. Sie liegt im Innern des uns angeborenen Plus-Faktors bereit und wird freigesetzt und übertragen durch einen Mechanismus, den wir Gebet nennen.

Wenn ich das sage, fühlen Sie sich vielleicht allein gelassen, weil Gebete für Sie nichts weiter als fromme Worte sind, ein paar wohlgesetzte Zeilen in einem Buch, ein paar hohl klingende Sprüche eines Predigers oder ein hektischer Hilferuf in letzter Not. Das sind oberflächliche Formen der Kommunikation. Wenn hingegen diese Kommunikation den Plus-Faktor wahrhaft aktiviert und befreit, dann hat sie die Macht, Menschen zu verändern.

Im Matthäus-Evangelium lesen wir: »Und alles, was ihr gläubig erbittet im Gebet, werdet ihr empfangen.« (Matth. 21,22) Das Schlüsselwort, das Wort, das Kämpfen und Ringen voraussetzt, ist *gläubig.* Glauben ist schwer, zweifeln ist leicht. Die eigenen Zweifel aber auszuräumen und zu glauben – das erfordert Ausdauer und Entschlossenheit! Und wenn man dann glaubt, *wirklich* glaubt, dann wird Unmögliches überwunden.

Der Grund, warum ich an die Macht des Gebetes glaube, ist, daß ich immer und immer wieder gesehen habe, was es für Menschen tun kann. Ich weiß, was es für mich getan hat. Einen Menschen zu verändern ist der größte Kraftakt, den man sich vorstellen kann, denn etwas Komplizierteres als ihn gibt es gar nicht. Er ist voller Widersprüche, er wird von eingefleischten Gewohnheiten gefesselt, er hat Vorurteile, Widerstände, Vielschichtigkeiten. Er ist die Summe unzähliger Einflüsse, die ihn von Kindheit an bedrängen. Ihn von Grund auf zu ändern erfordert also schon einen enormen Kraftaufwand.

Das Gebet aber hat diese Macht. Ich hatte zum Beispiel eines Abends im Südwesten unseres Landes in einem großen Saal zu sprechen. Ich traf gerade noch rechtzeitig zu der Veranstaltung ein und betrat durch den Bühneneingang eine große Bühne. Ein paar Bühnenarbeiter waren dort, ein Elektriker und sonst noch einige Leute. Ein Mann fiel mir besonders auf, weil er geradezu ein Musterbeispiel von Gedrücktheit, Mutlosigkeit und Verzagtheit war. Er erregte mein Mitgefühl, und so ging ich hin und sprach ihn an.

»Doktor Peale«, sagte er, »ich bin heute abend hierhergekommen, weil ich einige Ihrer Bücher gelesen habe. Ich habe Hilfe verzweifelt nötig. Ich bin so durcheinander und voller Konflikte, daß ich nicht mehr weiß, was ich mit mir oder meinen Problemen machen soll. Darf ich bitte gleich jetzt mit Ihnen reden?«

»Lieber Freund«, antwortete ich, »ich muß in ungefähr zwei Minuten hier auftreten. Aber wenn Sie warten, bis ich fertig bin, dann werde ich Zeit finden, mit Ihnen über das alles zu reden, das verspreche ich Ihnen.«

Ich ging an meinen Platz und begann meine Ansprache. Den Mann konnte ich in der Seitenkulisse stehen sehen. Bald aber war ich so in meine Rede vertieft, daß ich mich und alles andere mit Ausnahme des Publikums vor mir vergaß.

Nachher erinnerte ich mich an den Mann hinter der Bühne, aber er war nicht mehr dort. Ich fragte den Elektriker: »Wo ist der Mann hingegangen?« »Er sagte, er müsse nach Hause, um den Babysitter abzulösen«, war die Antwort. »Ja, und wer ist er?« erkundigte ich mich. »Ich habe ihn noch gar nicht nach seinem Namen gefragt.« Der Elektriker wußte den Namen und fügte hinzu: »Er ist ein prominenter Anwalt in dieser Stadt.«

Ich ging ins Hotel zurück. Die Nummer des Mannes stand im Telefonbuch, und ich rief ihn an. »Oh«, sagte er, »danke, daß Sie anrufen.« »Ich weiß, es ist spät«, meinte ich, »aber können wir uns nicht am Telefon unterhalten?« In den nächsten fünfzehn, zwanzig Minuten schüttete er eine solche Anhäufung von Frust und Niederlagen und Konflikten aus sich heraus, daß es selbst ein Herz aus Stein berührt hätte. Ich merkte an seiner Art zu reden und an der Ordnung in seinen Gedankengängen, daß er ein intelligenter, gebildeter Mann war. Zuletzt gestand er: »Das Problem ist, ich schäme mich, es zuzugeben, aber ich werde mit all den Schwierigkeiten nicht fertig. Und was noch schlimmer ist: Ich werde mit mir selber nicht fertig. Ich bin am Ende. Ich weiß einfach nicht, was ich tun soll.«

»Und«, fragte ich, »beten Sie auch?«

»O ja«, beteuerte er. »Ich bete die ganze Zeit. Ich bitte Gott immer, mir zu helfen. Ich flehe ihn an!« Die Art, wie er das sagte, verriet mir, daß er voll Angst und Anspannung war, voll hektischer Hilferufe; hysterisch verlangte er etwas von Gott.

»Nehmen Sie's mir nicht übel«, sagte ich, »aber ich glaube, Sie beten falsch. Wenn Sie bei Ihren Gebeten dermaßen in Panik geraten, unterbrechen Sie die Wechselbeziehung zwischen Gott und Ihnen. Sie beten so verkrampft, daß Sie das Problem nicht loslassen. Was Gott will, ist ein demütiger, reuiger Geist. Also«, schloß ich, »wir wollen jetzt gleich beten. Sagen Sie dem Herrn, daß Sie mit diesen Problemen nicht fertig werden und sie deshalb Ihm übergeben.«

»Ach«, sagte er, »ich hasse es, so rückgratlos zu sein.«

»Seien Sie bescheiden. Sagen Sie dem Herrn einfach, daß Sie damit nicht fertig werden. Und sagen Sie Ihm, daß Sie mit sich selber nicht fertig werden. Daß Sie deswegen die Probleme und sich selber in Seine Hände legen.« Und nun betete er: »Herr, ich werde mit diesen Problemen nicht fertig. Ich übergebe sie Dir. Ich werde mit mir selber nicht fertig. Ich übergebe mich Dir. Danke vielmals. Amen.«

Ich habe den Mann bis heute nicht wiedergesehen. Aber gelegentlich höre ich von ihm. In jenem Augenblick fand er Erleichterung, fand er Frieden – nicht eine vollständige Antwort auf jede Frage, aber in den darauffolgenden Tagen strömte sein zerrissenes Ich wieder zusammen. Er wurde Herr seiner selbst und damit Herr seiner Probleme. Der Plus-Faktor in ihm wurde wieder wirksam. Heute hat er eine Vertrauensstellung als einer der hohen Richter seiner Gemeinde, und er erzählte mir, sooft er jemanden vor sich habe, von dem er spüre, daß er die gleiche Behandlung brauche wie seinerzeit er, biete er diese an. »Ich gebe ihnen«, sagt er, »das größte Geheimnis der Welt: daß es wahrhaftig eine Macht gibt, die sie zu heilen und zusammenzuflicken vermag: ›Und alles, was ihr gläubig erbittet im Gebet, werdet ihr empfangen.‹ (Matth. 21,22)«

Was muß man nun tun, um auf der Empfängerseite dieses Kraftstroms zu sein? Der erste Schritt besteht darin, demütig zu werden und das Problem loszulassen, es in Gottes Hände zu legen. Diese Art Gebet nennt man zuweilen das Gebet der Selbstaufgabe; es entstopft die Kanäle, durch die Gottes Kraft zum Betenden gelangen kann. Solange Sie nicht bescheiden werden und sich und Ihr Problem Gott überlassen, werden Sie nie die gesuchte Antwort finden. Doch wenn Sie es tun, dann kommt auch Antwort.

Der zweite wichtige Schritt ist, sich klarzumachen, daß Beten nicht bloß eine sorgfältige Wortübung ist. Es muß schon etwas Tieferes sein. Die meisten Leute beten nicht aus der Tiefe; dann geschieht auch nichts.

Ich reiste einmal im selben Zug mit Roland Hayes, dem schwarzen Sänger, einem wahren christlichen Gentleman. Er erzählte mir, daß er sein ganzes Leben und seine ganze Karriere auf dem Gebet aufgebaut habe. Auf diesen Weg geführt hatte ihn sein Großvater, der nicht so gebildet gewesen war wie Mr. Hayes, aber einen ungeheuer starken Glauben gehabt hatte. Der alte Mann hatte Roland beigebracht, wenn manche Gebete zu nichts zu führen schienen, dann darum, weil »keine Hubkraft drin ist«. So drückte es sein Großvater aus, und das ist ein recht treffendes Wort: *Hubkraft*. Er meinte damit, daß Gebete sich oft nicht auf die Ebene hinunterbegeben, von wo aus sie den Betenden hochheben, näher zu Gott bringen.

Ich zweifle nicht daran: je tiefer das Gebet, desto beachtlicher der Erfolg. Ein Freund erzählte mir einmal von einer jungen Amerikanerin, die mit ihrem Mann und ihrem Baby in einer kleinen Industriestadt in Frankreich lebte. Ihr Mann arbeitete dort als Vertreter einer amerikanischen Firma, und sie war ihm vor kurzem nachgereist. Sie verstand die Sprache nicht, kannte überhaupt niemanden und fühlte sich darum sehr einsam und allein.

Kaum war sie damals in der Stadt eingetroffen, mußte ihr Mann für mehrere Tage zu einer wichtigen Konferenz in die Vereinigten Staaten zurück. Bald darauf erkrankte das Baby an einer akuten Infektion der Atemwege. Sein Fieber stieg rasch an. Als es Nacht wurde, atmete es immer mühsamer. Keines der Hausmittel, die die Mutter anwendete, half. Sie geriet immer mehr in Angst und Verzweiflung. Das Haus lag ziemlich abgeschieden. Sie wußte nicht, wie man hier das Telefon benutzte. Und selbst wenn sie den Namen eines Arztes gekannt hätte, wäre sie nicht in der Lage gewesen, sich ihm verständlich zu machen.

Die Stunden vergingen, sie wanderte mit dem Baby in den Armen ruhelos durchs Zimmer, vor innerer Qual strömten ihr die Tränen über das Gesicht. Gegen Mitternacht stieg das Fieber so hoch, daß das Kind sich in Krämpfen wand – ein schlimmes Zeichen, wie alle wissen, die das schon einmal miterlebt haben. Sein Atem war nur noch ein schwaches Röcheln. Überzeugt, daß ihr Kleines am Sterben sei, fiel sie neben dem Bett auf die Knie, schloß die Augen und rief: »O Gott, mein Baby stirbt. Bitte, bitte, höre mich. Ich brauche Deine Hilfe. Ich brauche sie sofort. Rette mein Kind, Herr; ich weiß, daß Du es kannst. Ich glaube daran, daß Du es kannst. Ich bitte Dich, es zu tun. Jetzt gleich. In dieser Minute. In dieser Sekunde. Bitte, lieber Gott, in Jesu Namen. Jetzt gleich, Herr. Jetzt gleich!«

Es war ihr, als hätte sich das Gebet dem Grund ihrer Seele entwunden. Das Zimmer schien von einer nachhallenden Stille erfüllt. Und in der Stille vernahm sie einen leisen, seufzenden Laut. Es war das normale Atmen ihres Kindes. Sie öffnete die Augen und sah sein Gesicht an. Die Fieberglut war weg, nur ein leichter Schweiß blieb zurück. Das Baby schlief so friedlich, als wäre nichts geschehen. Es *war* aber etwas geschehen. Die Inbrunst des Gebetes der Mutter hatte alle Barrieren hinweggefegt und das große, mitfühlende Herz des Unendlichen berührt. Es hatte einen Kanal zu grenzenloser Kraft geöffnet, und als die Kraft durch diesen Kanal strömte, überwältigte sie die Krankheit, die das Kind in ihrem Würgegriff gehalten hatte.

»Ich glaube daran, daß Du es kannst«, sagte die Mutter. *Glauben*: Das war das entscheidende Element, das wirkende Wort, das das ganze außerordentliche Geschehen möglich machte. Eine Mutter, die um das Leben ihres Kindes kämpft, für es betet, verzweifelt die Hand nach dem größten aller Plus-Faktoren ausstreckt – was für eine stärkere Hubkraft könnte es geben?

Aber auch andere, mögen Sie nun sagen, sind schwer krank gewesen, auch andere haben aufrichtig und innig gebetet, und doch wurden sie nicht mit einer sofortigen Genesung belohnt. Wie erklären Sie sich das?

Ich erkläre es mir nicht. Ich sage lediglich, daß manche

Gebete anscheinend wirksamer sind als andere und daß Inbrunst – oder eben Tiefe – oft im Spiel ist, wenn solche Wunder geschehen.

Ich diskutierte einmal mit meinem alten Freund und Kollegen Dr. Smiley Blanton, einem Psychiater, über die Wunderheilungen, zu denen es angeblich in dem Wallfahrtsort Lourdes in Südfrankreich immer wieder kommt. Er war einer der klarsten, praktischsten Köpfe, denen ich je das Glück hatte zu begegnen. Er war ein tiefreligiöser Mensch, in seinem heimatlichen Tennessee von Menschen mit starkem Glauben auferzogen. Deshalb war er stets an den spirituellen Dingen des Lebens interessiert. Er hatte von den Wundern gehört, die aus Lourdes berichtet wurden, und beschloß, selber hinzureisen und nachzusehen. Er wollte den ganzen Vorgang von einem streng wissenschaftlichen, objektiven medizinischen Standpunkt aus mitverfolgen, und das tat er denn auch. Er verbrachte mehrere Wochen dort, sprach mit einheimischen Ärzten, mit Menschen, die in Lourdes Heilung gesucht hatten, mit einigen, die geheilt, mit einigen, die nicht geheilt worden waren.

Er fand heraus, daß erstens einmal authentische Heilungen – Fälle, die von der Medizin wie von der katholischen Kirche anerkannt werden – sehr rar sind, daß sie aber doch vorkommen. Beweise, die sich auf Diagnosen und auf Röntgenaufnahmen vor und nach der Lourdes-Reise eines Patienten oder einer Patientin stützten, zeigten auf, daß in gewissen Fällen – von fortgeschrittener Tuberkulose und anderen organischen Erkrankungen – tatsächlich sofortige Heilungen aufgetreten waren. Manchmal in dem Augenblick, in dem der Kranke Lourdes-Wasser trank oder in dieses eingetaucht wurde, manchmal, wenn Gebete vom Patienten selbst oder von anderen dargebracht wurden.

Es war, sagte Dr. Blanton, als hätte sich der Zeitfaktor im Heilungsprozeß enorm beschleunigt, so daß ein medizinischer Fortschritt, der normalerweise im Laufe einiger Monate oder gar Jahre zu erwarten gewesen wäre, irgendwie in eine Sekunde oder eine Millisekunde zusammengedrängt wurde – eine ungeheure Intensivierung des Plus-Faktors im tiefen Innern des kranken oder sterbenden Menschen.

Was Dr. Blanton eigentlich suchte, war ein gemeinsamer Nenner, der diese Wunderheilungen miteinander in Verbindung gebracht hätte. Was, wenn überhaupt, hatten diese Menschen miteinander gemein? Das fragte er sich immer wieder.

»Und haben Sie eine Antwort gefunden?« wollte ich wissen.

Er dachte kurz nach, dann sagte er: »Wenn es einen gemeinsamen Nenner gab, dann diesen: Alle diese Leute waren ›am Ende‹ in dem Sinne, daß sie geistig und seelisch nicht weiter konnten. Sie hatten jedes menschliche Heilmittel, jede medizinische Lösung ausprobiert, und nichts hatte geholfen. Sie waren an dem Punkt angelangt, an dem sie sich sagten: ›Ich gebe auf. Ich mag nicht mehr kämpfen. Ich kann nicht mehr.‹ Dieser Moment des völligen, absoluten Aufgebens schien den Weg für die dann folgende Heilung freizumachen. Es war fast, als hätten die Kämpfe und Bemühungen des Patienten irgendwie den Fluß einer heilenden Kraft gehemmt oder blockiert.«

Ich bin überzeugt, daß diese Bereitschaft, loszulassen, zu den Bedingungen gezählt werden muß, die das Eingreifen des Plus-Faktors begünstigen. Vielleicht sollten wir nicht warten, bis wir am Sterben oder schon halb tot sind, ehe wir demütig und ehrerbietig sagen: »Ich kann all die Lasten des Lebens nicht allein tragen. Ich bin hilflos ohne dich, lieber

Gott. Bitte nimm meine Hilflosigkeit an, und gib mir dafür Deine Stärke.« Vielleicht sollten wir nicht einmal warten, bis es uns schlechtgeht und uns die Schwierigkeiten unüberwindlich vorkommen. Vielleicht sollten wir sogar an den hellsten Tagen, zu den strahlendsten Zeiten, wenn der Plus-Faktor stark zu sein scheint und der Erfolg triumphierend auf unseren Schultern reitet, trotzdem dieses Gebet der Demut und Selbstaufgabe sprechen: »Ich bin voller Dankbarkeit für alles Gute, das Du mir geschenkt hast, und dennoch weiß ich, daß ich nichts vermag ohne Dich.«

Die wichtigsten Männer unseres Landes haben stets bereitwillig ihre Abhängigkeit von einer Macht, die größer war als sie selbst, zugegeben und ebenso bereitwillig bei dieser Macht Hilfe gesucht. Denken Sie an Abraham Lincoln zum Beispiel, meiner Ansicht nach der größte von allen, derjenige, durch dessen Leben der Plus-Faktor mit unübertroffener Strahlkraft leuchtete.

Wo nahm dieser schlichte, schlaksige, hinterwäldlerische Rechtsanwalt die moralische Größe und unglaubliche Widerstandskraft her, die ihn befähigte, sein Land vor dem Auseinanderbrechen zu bewahren und einem großartigen Volk die Freiheit zu bringen? Ein Freund von mir, der Kongreßabgeordnete Pettingill aus Indiana, reiste einmal in Lincolns Heimat und schätzte die Höhe der uralten Bäume, unter denen Lincoln als Knabe gewandert war, gewaltige Bäume, deren Gipfel die Wolken zu kratzen schienen, und rundum das tiefe Schweigen der Wälder. Pettingill meinte, diese großartige Umgebung und dieses Schweigen seien Lincolns Schule gewesen, in ihrer Mitte habe er Gott gefunden und beten gelernt. Es müssen tiefe, seelenforschende Gebete mit starker Hubkraft gewesen sein.

Auf dem Höhepunkt des Bürgerkrieges weilte ein bekannter Schauspieler namens Murdoch als Gast im Weißen Haus und blieb über Nacht. Mitten in der Nacht weckte ihn der Klang einer Stimme, einer Stimme voll Verzweiflung und Seelenqual. Er schlich hinaus, ging der Stimme nach und blickte durch eine halboffene Tür. Dort sah er, wie er später erzählte, die hohe, hagere Gestalt Abe Lincolns mit dem Gesicht nach unten auf dem Boden liegen; seine Finger gruben sich in den Teppich, während er sein Gefühl des Ungenügens und Unvermögens aus sich herausschüttete und Gott, den Allmächtigen, anflehte, ihm zu helfen, die Republik zu retten. Und Murdoch sagte, in jenem Augenblick seien all seine Zweifel über den Ausgang des Krieges und über die Zukunft der Nation von ihm gewichen.

Ich glaube, wenn das Gebet eine solche Inbrunst annimmt, können selbst die Gewalten der Natur dafür empfänglich sein, so wie Christus die tobenden Wellen des Sees Genezareth in dem Sturm, der das Boot mit ihm und seinen Jüngern zu verschlingen drohte, besänftigte. Ich erinnere mich sehr gut an eine Geschichte, die vor einigen Jahren Don Bell erzählt hat, ein Cowboy, der in Wyoming lebt. Er wurde von seiner Tante Mae aufgezogen, einer Witwe mit einem kleinen Gehöft im östlichen Colorado. Tante Mae hatte gegen Sandstürme und Tornados zu kämpfen, und zuweilen waren sie und ihre vier Kinder fast am Verhungern. Heuschrecken kamen und fraßen ihre kleinen Ernten auf. Sie beschaffte sich ein paar Truthühner, die ihrerseits die Heuschrecken fressen sollten, und das taten sie auch. So steckte sie ihre ganzen bescheidenen Mittel in eine Truthühnerzucht. Mit der Zeit besaß sie etwa zweitausend Truthühner, und die mußte sie Tag und Nacht hüten, damit die Kojoten sie nicht erwischten. Wenn sie auf die Felder ging, um die Vögel zu bewachen, nahm sie jeweils die Bibel mit.

Eines Tages zog plötzlich ein Sturm auf, schwarze Wolken, ein bösartiger Wind, Hagel prasselte über die Ebene. Tante Mae sah ihn kommen. Es blieb keine Zeit, die Truthühner in den Schuppen zu treiben. Sie wußte, der Hagel würde die ganze Herde innerhalb von Minuten erschlagen. Ihr kleiner Neffe Don war bei ihr, und er wollte weglaufen, doch Tante Mae sagte: »Wir gehen nirgendwo hin, Don. Wir bleiben bei den Tieren.«

Was dann geschah, schilderte Don so: »Tante Mae stand einfach da, die Bibel an die Brust gelegt, und sah dem Sturm entgegen. Ich ließ sie nicht aus den Augen, wartete auf ein Zeichen, daß wir losrennen und die Vögel zurücklassen sollten, auch wenn sie unsere letzte Hoffnung waren.

Tante Mae aber gab kein solches Zeichen, sogar dann nicht, als der Wind uns mit Grasbüscheln und Dreck bewarf. Sie schlug die Bibel auf und fing an, dem Sturm Bibelworte zuzurufen: ›Da schrien sie zum Herrn in ihrer Not, und er führte sie heraus aus ihren Ängsten; er stillte den Sturm, daß er schwieg und die Wellen sich beruhigten; und jene wurden froh, daß sie sich legten; und er führte sie an das erwünschte Gestade.‹ Der Wind peitschte sie jetzt, und die Seiten der Bibel flatterten, aber sie fuhr fort: ›Und er segnete sie, daß sie sich stark mehrten, und auch ihres Viehs machte er nicht wenig.‹ Tante Mae trotzte unbeirrt dem Sturm, der sie umtobte, mit heiligen Worten: ›Wer weise ist, der beobachte solches und merke sich die Gnadenerweisungen des Herrn!‹ (Psalm 107,28–30, 38, 43)

Das Zeichen zum Weglaufen kam nicht. Tante Mae blieb standhaft, und am Ende zog der Sturm vorbei nach Norden, in einen unbewohnten Landstrich. Erst dann wandte Tante Mae die Augen vom Horizont ab. Sie neigte den Kopf und betete. Und erst dann wurde ich die Angst los.«

Welch herrliche Szene: diese wettergegerbte Pionierin, die sich hochaufgerichtet dem Sturm in den Weg stellt, die Bibel fest in der Hand, und den Hagel von ihren kostbaren Truthühnern weg*betet*!

Der Plus-Faktor, der durch das Beten freigesetzt wird, ist aber nicht nur für große Krisen da. Er kann auch bei geringeren genauso dramatisch wirksam sein. Ein Freund, der eine bekannte Knabenschule leitet, erzählte mir, daß er als Junge in einer Gießerei arbeitete, weil er nicht länger zur Schule gehen wollte. Später änderte er seine Meinung, aber inzwischen war er um einiges älter als seine neuen Klassengenossen. Er mußte sich abmühen, um die verlorene Zeit aufzuholen. Er schaffte es, wie er sagt, »mit Lernen und Beten«.

Seine tiefgläubige Mutter hatte ihm das Versprechen abgenommen, nie am Sonntag zu studieren, und er hielt sich daran. Doch dann kam die Zeit seiner Aufnahmeprüfung in Griechisch. Sie war auf Montag elf Uhr angesetzt, »und mir waren es lauter böhmische Dörfer«, wie er sagte.

Am Montagmorgen stand er um drei Uhr auf und öffnete sein Griechischbuch. Er betete: »Herr, ich habe heute um elf Uhr eine Prüfung. Wenn Du willst, daß ich aufs College gehe, dann hilf mir bitte bei dieser Prüfung. Ich habe nur noch ein paar Stunden Zeit; sag Du mir, was ich lernen soll.«

Eine Seitenzahl kam ihm in den Sinn. Er schlug diese Seite auf und begann sie zu studieren. Er studierte den Text, bis er ihn auswendig konnte. Und als er dann an der Reihe war, stellte sich heraus, daß die Prüfung fast vollständig auf jener Seite gründete, die er seinem Gedächtnis eingeprägt hatte.

Das fand er so überwältigend, daß er seinem Professor später davon erzählte.

»Das ist ein sehr merkwürdiger Zufall«, sagte der Professor. »Ich habe nämlich den Prüfungsstoff erst an jenem Montagmorgen um acht Uhr festgelegt. Offenbar sahen Sie den Gedanken, noch bevor ich ihn im Kopf hatte. Gedankenübertragung, ohne Zweifel.«

»Entschuldigen Sie«, widersprach der Junge, der einmal Schulleiter werden sollte. »Ich glaube, es war mehr als das. Gott wollte mich benutzen. Er wollte, daß ich weiter zur Schule gehe. Und deshalb legte er mir in den Sinn, was er dann Ihnen in den Sinn legte.«

Kann der Plus-Faktor so etwas zustande bringen? Ich glaube, daß er es kann, wenn er durch Beten auf etwas gelenkt und konzentriert und freigesetzt wird.

Der Kraftstrom und die Freisetzung des Plus-Faktors, die aus dem Gebet kommen, sind uns allen verfügbar, nur können sie von allen möglichen Dingen blockiert sein. Stolz kann eine Sperre sein. Verkrampfung kann eine Sperre sein. Angst kann eine Sperre sein. Sünde kann eine Sperre sein. Negatives Denken kann eine Sperre sein.

Vor einiger Zeit hielt ich eine Ansprache in Texas City, und anschließend wandte sich ein Mann an mich: »Glauben Sie, daß das Beten bei praktischen Geschäftsangelegenheiten auch nützt?«

Ich versicherte ihm, daß ich davon überzeugt sei.

»Wissen Sie«, erklärte er mir, »ich bin aus einem anderen Bundesstaat hierhergezogen. Ich mußte hier in der Stadt ein Haus kaufen, und ich habe versucht, mein früheres am alten Ort zu verkaufen, aber es ist mir nicht gelungen. Ich habe alles Erdenkliche getan, und ich habe Gott gebeten, mir zu helfen, aber ich werde das Haus nicht los.«

Ich fragte ihn nach dem Preis, den er für das Haus verlangte, und er nannte ihn mir. Dann fragte ich, wie hoch ein vernünftiger Verkaufsgewinn wäre. Er sagte mir auch das, und der Preis, den er für das Haus angesetzt hatte, war ziemlich viel höher.

»Ich glaube«, sagte ich, »das Problem mit dem Verkauf könnte darin liegen, daß Sie nur an sich denken. Wie groß ist das Haus?«

»Es ist recht groß«, antwortete er. »Groß genug für eine Familie mit Kindern.«

»Nun«, erklärte ich, »dann will ich Ihnen vorschlagen, was Sie tun sollen. Sagen Sie dem Herrn, er müsse doch irgendwo eine Familie haben, die dieses Haus braucht, und bitten Sie ihn, diese Familie und Ihr Haus zusammenzubringen. Dann denken Sie an diese Familie, wie sie sich über das Haus freut, und hören Sie auf, an sich selber zu denken.«

Er starrte mich an, und ich sah, wie verwundert er war.

Ich fuhr fort: »Beten Sie, daß die Leute das Haus finden mögen, und wenn sie es gefunden haben, dann forschen Sie nach, wie es um die finanzielle Lage der Familie steht, und richten Sie die Bedingungen so ein, daß sie das Haus erwerben kann. Wenn Sie die Sache auf diese Weise angehen, beseitigen Sie den Egoismus, der vielleicht Ihre Gebete blockiert, und dann wird, glaube ich, Gottes Wille geschehen.«

Der Mann nickte bloß und ging weg. Ungefähr vierzehn Tage später bekam ich einen Brief von ihm, in dem stand: »Ob Sie's glauben oder nicht, ich bin genauso vorgegangen, wie Sie es mir sagten. Die reizendste junge Familie mit drei kleinen Kindern, die Sie sich vorstellen können, hat sich in mein Haus verliebt. Die Leute sagten, sie hätten gebetet und dem Herrn das Haus beschrieben, das sie brauchten, und auf einmal seien sie zu diesem Haus geführt worden, und sie wußten auf den ersten Blick, daß es genau das war, was sie brauchten, denn es war genauso, wie sie es in ihren Gebeten geschildert hatten.«

Weiter schrieb er: »Sie hatten nicht viel Geld, aber es reichte für eine Anzahlung. Ich überprüfte ihre Kreditwürdigkeit, und das sah gut aus. Auf jeden Fall sind sie glücklich, und ich bin glücklich; mag sein, daß ich keinen großen Profit gemacht habe, aber ich entdeckte etwas viel Wichtigeres. Ich entdeckte, daß das Beten funktioniert, wenn man sich nach der Macht Gottes ausrichtet, und das werde ich von nun an tun. Danke!«

Der Schlüssel zum erfolgreichen Leben, zum Glück, zu allem liegt darin, daß man sein Denken und Planen, seine Hoffnungen und Träume mit Gebeten begleitet. Das ist es, was wir in der Stiftung für Christliches Leben in Pawling (New York) tun, die vor Jahren ihren Anfang nahm, als meine Frau Ruth Abschriften meiner Predigten an ein paar interessierte Leute zu verschicken begann. Heute erreicht der Versand nahezu eine Million Menschen in der ganzen Welt mit dreißig Millionen Texten im Jahr. Die Zeitschrift *Guideposts*, die wir vor vierzig Jahren sozusagen im Flug und mit einem Gebet starteten, ist ein verlegerisches Phänomen mit mehr als vier Millionen Abonnenten und wird jeden Monat von fast sechzehn Millionen Menschen gelesen. Wir begleiten diese Bestrebungen mit Gebeten, und der gütige Gott hat sie voran- und zu großem Erfolg getragen.

Manchmal setzt das Beten den Plus-Faktor auf ebenso entzückende wie unverhoffte Weise frei. In Pittsburgh traf ich einmal eine Frau, die eine interessante Geschichte zu erzählen wußte. »Ich bin vierunddreißig Jahre alt«, berichtete sie. »Mein Mann ist vor ungefähr einem Jahr an Krebs gestorben. Vor kurzem hat sich eines meiner Kinder an heißem Fett vom Kochherd schlimme Verbrennungen zugezogen. Ich habe es natürlich zu den Ärzten gebracht, aber jetzt geht mir das Geld aus.« Sie erzählte weiter, daß sie für ein Kaufhaus gearbeitet hatte, das aber inzwischen eingegangen war. Und die Lebensversicherung hatte nach dem Tod ihres Mannes nichts bezahlt, weil er in den letzten Wochen seiner Krankheit die Prämien hatte verfallen lassen. »Sie reden doch immer von positivem Denken«, schloß sie. »Was würden Sie in meinem Fall sagen?«

»Das erste, was ich vorschlage«, antwortete ich, »ist, daß Sie alle diese Probleme nehmen und in Gottes Hände legen und Ihn um Führung bitten. Er wird Ihre Gedanken klar machen und Ihnen schöpferische Ideen geben und Ihre Hoffnung, Energie und Zuversicht wiederherstellen.« Und dann fügte ich hinzu: »Wir können gleich jetzt damit anfangen. Lassen Sie uns gemeinsam für dieses Problem beten.«

Sie war eine gute Frau. Ich erinnere mich noch, wie ernsthaft sie ihr Leben Christus übergab. Zuletzt sagte sie: »Wissen Sie, es ist merkwürdig, aber während wir gebetet haben, ist mir die Idee gekommen, ich sollte den Direktor der Versicherung meines Mannes aufsuchen.«

Sie versuchte immer wieder, diesen Direktor zu sprechen, aber die Empfangsdame, die den Fall kannte und der Meinung war, der Direktor würde nichts daran ändern wollen, ließ sie nie vor. Doch sie gab nicht nach, und als eines Tages die Empfangsdame gerade nicht an ihrem Pult war, marschierte sie einfach ins Büro des Direktors. Sie setzte sich und bat wegen ihres Hereinplatzens um Entschuldigung. »Aber«, sagte sie, »ich habe für diese Sache sehr ernst gebetet, und der Herr hat mich geheißen, zu Ihnen zu kommen.« Und sie schilderte den Fall in kurzen Zügen.

Der Direktor holte die Akte heraus. »Ich werde sie studieren«, sagte er. »Kommen Sie morgen wieder.« Als sie am nächsten Tag kam, sagte er: »Es besteht keine rechtliche Zahlungspflicht in dieser Angelegenheit. Aber Ihr Mann hat seine Prämien viele Jahre lang pünktlich bezahlt, und ich denke, da haben wir wohl eine moralische Verpflichtung. Ich werde also beantragen, daß diese Police ausbezahlt wird. Und was kann ich sonst für Sie tun?«

Sie erzählte ihm von ihrem kleinen Jungen, und er sorgte in der Folge dafür, daß dieser im richtigen Krankenhaus die richtige Pflege bekam. Dann sagte er: »Und was kann ich sonst noch tun?« Sie erzählte von ihrer Arbeitslosigkeit, und er half ihr, eine neue Stelle zu bekommen. Das alles nahm mehrere Monate in Anspruch. Dann fragte er wieder: »Und was kann ich sonst noch tun?« »Gar nichts«, antwortete sie. »Sie waren sehr hilfsbereit und freundlich. Ich bin Ihnen wirklich dankbar.«

»Nun«, rückte er heraus, »es gibt etwas, das Sie für *mich* tun können. Sie sind Witwe, ich bin Witwer. Ich würde Sie sehr gern heiraten. Wollen Sie meine Frau werden?«

Und sie heirateten und leben glücklich bis zum heutigen Tag – gewiß eines der erstaunlichsten Resultate, die ich je erzielt habe, wenn ich mit jemandem zusammen betete!

Wollen Sie, daß diese Art Plus-Faktor sich in Ihrem Leben kundtut? Dann lernen Sie, ganz aus der Tiefe zu beten, mit »Hubkraft«, mit aller Kraft Ihres Glaubens. Und dann bereiten Sie sich auf große Dinge vor. Denn Wunder können tatsächlich geschehen.

14

Begeisterung aktiviert den Plus-Faktor

Schwung und Begeisterung sind superwichtige, grundlegende Elemente für ein erfolgreiches Leben. Der »lebendige« Typ bringt es weit, wenn diese Lebendigkeit mit positivem Denken und festem Glauben einhergeht. Lesen Sie zum Beispiel den folgenden Brief eines angesehenen Professors an einer führenden Universität:

»Sehr geehrter Dr. Peale,

durch Ihr Werk haben Sie mein Leben berührt. Erlauben Sie mir, daß ich ausführlicher darauf eingehe.

Als Kind europäischer Einwanderer bin ich in Paraguay, Südamerika, aufgewachsen. Während meine Schulkameraden Schuhe und Socken trugen, ging ich in Sandalen. Aber die Armut war nur beim materiellen Besitz spürbar – meine Eltern legten großes Gewicht darauf, mir beständige Werte zu vermitteln. In meinen Teenagerjahren brachte mein Vater mich mit Ihrem Buch *Die Macht positiven Denkens* zusammen, dessen Lehren er anwandte, indem er mich ermunterte, hohe Ziele anzustreben. Er kratzte für mich das Geld für eine (Einweg-)Fahrkarte zusammen, damit ich in den Vereinigten Staaten studieren konnte. In den nächsten sechs Jahren sollte ich nicht nach Hause zurückkehren.

Während des ersten Semesters im College bewahrte ich meine ganze Barschaft in einer Schublade auf: 5 Cents! Während ich also mit 19 Jahren meine dritte Sprache erlernte, nämlich Englisch, belegte ich Kurse und arbeitete daneben als Pförtner und als Kellner. Aber ich hatte ein Ziel, und Ihre Arbeiten halfen mir, es zu erreichen.

Heute bin ich mit einer wunderbaren Frau verheiratet und habe drei reizende Kinder. Ich bin Professor an einer großen Universität im Mittleren Westen, mit einem Doktortitel in Chemie. Die 23000köpfige Studentenschaft hat mich zum ›Top Educator‹ gewählt, ich wurde mit dem landesweit verliehenen Lieber-Preis für hervorragende Lehrtätigkeit der Universität Indiana ausgezeichnet. Als Berater der Ford-Stiftung und der Asian Development Bank habe ich die ganze Welt bereist. Ich betreibe einen Verlag und besitze beträchtliche Immobilien. Meiner Kirche diente ich, indem ich unsere Gemeinde bei einem Millionen-Dollar-Bauprojekt leitete.

Das alles erzähle ich nicht, um anzugeben, sondern um die ungeheure Kraft, die in uns Menschen eingeschlossen ist und die, wenn sie richtig katalysiert wird, Unglaubliches bewirkt, dankbar anzuerkennen. Sie und Ihr Werk haben bei mir als wunderschöne Katalysatoren gedient. Danke!

Herzlich Ihr
Erwin Boschmann, Dr. phil.«

Betrachten wir doch einmal die Faktoren in der Persönlichkeit dieses Mannes, die zu seinem Erfolg beitrugen: Er wurde in der Armut nicht verbittert; er war kein Nörgler; bleibende Werte wurden ihm vermittelt, und er hielt sich an diese Werte; er lernte, »große Gedanken« zu denken, und hatte ein Ziel, das zu erreichen er sich aufmachte, obwohl vieles dagegenstand: kein Geld und die Notwendigkeit, eine neue Sprache zu beherrschen; er besaß den Schwung der Begeisterung und war ein engagierter Christ, in dem die Kraft des Glaubens wirkte; dazu kam das positive Denken, und das Endergebnis ist ein großartiges, erfolgreiches Leben. Ganz offensichtlich besitzt er den Plus-Faktor in vollem Maße.

Ich möchte hervorheben, daß Begeisterung den uns allen mitgegebenen Plus-Faktor freisetzt und nährt. Es ist möglich, daß er bei Ihnen augenblicklich nicht besonders stark oder wirkungsvoll ist. Aber er kann es werden, und eine Möglichkeit, ihn zu voller Kraft anzukurbeln, ist Begeisterung, echte, ansteckende Begeisterung.

»Wie aber«, wenden Sie vielleicht ein, »wenn man diese Begeisterung nicht hat? Man kann nicht begeistert sein, wenn einem die Begeisterungsfähigkeit fehlt. Und man kann sie auch nicht in Form einer Pille oder Medizin in der Drogerie kaufen. Also hat man Pech, denn wenn man einfach keine Begeisterungsfähigkeit besitzt, kann man kein begeisterter Mensch sein.«

Die Antwort auf diese wehmütige Klage und Entschuldigung lautet: »O doch, man kann!« Man braucht dazu lediglich das »Als ob«-Prinzip anzuwenden. Dies ist eine der wirksamsten Methoden, die ein Mensch benützen kann, wenn er wirklich etwas mit sich anfangen will.

Und was genau ist das »Als ob«-Prinzip? Ich glaube, der erste, der es feststellte, war Professor William James, den man gelegentlich den Vater der amerikanischen Psychologie nennt: Wenn man eine erwünschte innere Einstellung entwickeln will, kann man sich so verhalten, als hätte man sie bereits. Sind sie beispielsweise ein Angsthase, wären aber gerne ein mutiger Mensch, dann verhalten Sie sich mutig, und Sie werden mit der Zeit wirklich mutig. Lehnen Sie jetzt bitte diese Erkenntnis nicht ab mit der Behauptung, sie stimme doch nicht. Denken Sie daran, daß sie von einem der herausragendsten Gelehrten Amerikas stammt. Und sie hat sich bei vielen Leuten als richtig erwiesen. Der Autor dieses Buches gehört zu ihnen: Ich selbst glaube an das »Als ob«-Prinzip, weil ich es angewendet und erlebt habe, daß es funktioniert.

In meinen Jugendjahren war ich mit einem enormen Minderwertigkeitskomplex beladen. Und wie es bei Menschen, die unter diesem Mißstand leiden, so üblich ist, praktizierte ich das »Als ob«-Prinzip, aber verkehrtherum: Ich verhielt mich so, als wäre ich ein Niemand, der überhaupt nichts kann. Und dadurch entwickelte ich mich zu einer wirklich traurigen Figur. Dann aber nahm ich über verschiedene glückliche Umstände die Merkmale eines positiven Denkers an und praktizierte das richtige »Als ob«-Prinzip.

Wenn jemand Begeisterungsfähigkeit entwickelt, beginnen aufregende Dinge zu geschehen. Die Wahrscheinlichkeit ist groß, daß man anders wird, vielleicht sogar ausgeprägt anders. Wenn jemand zuvor teilnahmslos war, ohne Schwung und Tatkraft, dann kann die Metamorphose zur Begeisterung richtiggehend dramatisch sein. Ein bis anhin phantasieloser, schläfriger Mensch wird mit einemmal lebendig, bekommt Antrieb und schwingt sich auf zu einem Erfolg, den sich niemand hätte träumen lassen, auch nicht er selbst.

Begeisterung ist in der Tat eines der wirksamsten Aktivierungsmittel. Sie bringt Menschen und Ergebnisse in Gang – wirklich in Gang –, und zwar auf oft aufsehenerregende Weise. Wie im Falle eines jungen Taxifahrers in Toronto.

Ich hatte einen Freund in Toronto. Er war Chemiker, an Sonntagen aber betreute er jeweils die größte Bibelklasse von ganz Kanada. Dr. Albert E. Cliffe setzte sich dabei voll ein, und die Leute strömten in Massen herbei, um ihn reden zu hören, denn er verstand es wie kaum ein anderer, die Begeisterung für das, was aus Menschen werden kann, zu übermitteln.

An einem Märzmorgen, als ein stürmischer Wind die Stadt peitschte, hielt Al Cliffe ein Taxi an. Dem mürrisch dreinblikkenden Fahrer wünschte er fröhlich einen guten Morgen. »Herrlicher Tag, nicht?« Denn für Al war jeder Tag ein herrlicher Tag. »Sie sollten Ihren Kopf untersuchen lassen«, knurrte der Fahrer. »Was soll denn das, ein herrlicher Tag – bei diesem lausigen Wetter!« Dann fügte er hinzu: »Dieses Land geht bachab. Keine Chancen mehr hier, nichts taugt etwas.«

Cliffe ließ den jungen Mann klagen und schimpfen, dann fragte er freundlich: »Was ist los mit Ihnen, mein Junge?«

Das brachte den Burschen erst recht auf. Es war kurz nach dem Krieg. »Ich bin Kriegsveteran, habe drei Jahre meinem Land gegeben, aber was tut das Land für mich? Ich finde keine Stelle in meinem Beruf. Ich bin Ingenieur mit abgeschlossenem Studium. Vergeblich bin ich durch die Straßen meiner eigenen Stadt gelaufen und habe schließlich diesen Job angenommen – als Taxifahrer! Es widert mich an, ich habe die Nase voll, bin total fertig.«

Da sagte Cliffe: »Wollen Sie wissen, was Sie aus diesem negativen Loch heraus und auf gute Fahrt bringt?«

»Das möchte ich allerdings wissen«, maulte der Fahrer.

»Sie sollten ernst nehmen, was ich Ihnen jetzt sage: Begeisterung wird die Dinge für Sie wenden – richtige Begeisterung – die echte Sorte.«

Der Fahrer wandte sich so heftig um und starrte seinen Fahrgast an, daß er beinahe den Randstein rammte. »Begeisterung!« protestierte er. »Ach, hören Sie doch auf. Worüber sollte man wohl begeistert sein?«

»Über das Leben«, antwortete Cliffe. »Es ist herrlich, zu leben und jung zu sein wie Sie. Zählen Sie Ihre Pluspunkte zusammen. Ihre Zukunft liegt vor Ihnen, und schreiben Sie auch Kanada nicht ab. Es ist ein großartiges Land, und wir beide leben in einer der schönsten Städte der Welt.«

Der junge Mann hörte zu. »Wo haben Sie diese ganze Begeisterung her, Sir?«

Cliffes Antwort war kurz, sie bestand aus zwei Worten: »Jesus Christus.«

»Ich war auch einmal ein gläubiger Mensch«, gestand der Fahrer.

»Werden Sie es wieder, mein Junge. Denken Sie mit Begeisterung, handeln Sie mit Begeisterung, reden Sie mit Begeisterung, und Sie werden ein begeisterter Mensch. Dann kommen Sie voran, und Ihr Leben wird aufregend.«

Ungefähr zwei Jahre danach suchte der junge Taxifahrer Dr. Cliffe auf. »Sie haben mich an jenem Morgen wirklich gepackt«, sagte er. »Es war nicht nur das, was Sie sagten, obwohl es einleuchtete. Es war auch das, was Sie sind. Und das hat mir Eindruck gemacht. Jedenfalls«, fuhr er fort, »habe ich viel darüber nachgedacht und dann befolgt, was Sie sagten. Ich gab mir bewußt Mühe, begeistert zu werden. Und dabei merkte ich auf einmal, daß mir das Taxifahren mehr Spaß machte.«

Dann erzählte er: »Eines Tages nahm ich beim Royal York Hotel einen Fahrgast auf, der zum Flughafen wollte. Ob Sie es glauben oder nicht, es war wieder ein Regentag, aber ich sagte zu diesem Mann, jeder Tag sei ein guter Tag, und ich sprach voll Begeisterung mit ihm über das Land und über Technik, in der ich ausgebildet sei und zu der ich eines Tages zurückkehren wolle.

Und wissen Sie, was er darauf sagte? Etwa folgendes: ›Mit Ihrem fröhlichen Aussehen und Ihrer herzlichen Art sollten Sie nicht Taxi fahren. Sie sagen, Sie seien ausgebildeter Techniker? Wo haben Sie studiert?‹ Da erzählte ich es ihm, und er lud mich ein, ihn wegen einer möglichen Anstellung in seinem Betrieb im Büro aufzusuchen. ›Ich mag es, wenn begeisterte Leute für mich arbeiten‹, sagte er, ›sofern sie diszipliniert sind und über das nötige Wissen verfügen. Also kommen Sie zu mir, dann überprüfen wir Ihre Bildung, und wenn alles in Ordnung ist, können Sie anfangen.‹

Nun«, schloß der ehemalige Taxifahrer, »offenbar halte ich mich gut. Ich bin schon zweimal befördert worden. Und die Arbeit gefällt mir sehr.«

Als er mir diese Geschichte erzählte, bemerkte Al Cliffe, der, wie gesagt, früher selber Wissenschaftler war: »Es steckt sehr viel mehr in den meisten Menschen, als man ihnen ansieht. Manchmal bringt die Begeisterung es aus ihnen heraus, wie in diesem Fall.«

Fügen Sie zum wichtigen Plus-Faktor Begeisterung, Köpfchen sowie ein gesundes seelisch geistiges Denken, dann haben Sie eine unschlagbare Mischung. Dann haben Sie das Zeug dazu, etwas Besonderes zu werden.

Amerika wurde von der größten Sammlung von Enthusiasten gemacht, die die Welt je gesehen hat. All jene vielen Tausenden, die gen Westen zogen, um hinter dem Horizont neues Land zu besiedeln, waren begeistert, sonst hätten sie den Ansporn nicht gehabt, alle Härten und Gefahren auf sich zu nehmen, um ihre Träume zu verwirklichen.

Trotz ihrer Probleme bieten die Vereinigten Staaten jemandem, der es zu etwas bringen und etwas leisten will, mehr Gelegenheit dazu als irgendein anderes Land der Welt. Das ist keine leere Behauptung; ich war auf Vortragsreisen überall, von Südamerika bis Australien, von Singapur bis Tokio, und glauben Sie mir, die USA sind noch immer das Land der Möglichkeiten.

Ich selber bin unter motivierten, schwungvollen, begeisterten Menschen aufgewachsen. Niemand hatte uns gelehrt, Begeisterung als Kitsch zu betrachten. Ich glaube, diese zynische Haltung nannte man dann »Weltklugheit«, aber es ist sicher nicht weltklug, wenn man sich und seine Möglichkeiten so herunterspielt, daß man diese schließlich verpaßt. Auch heute noch sind echte Vollbringer freudige, begeisterte Teilnehmer und Anführer bei schöpferischem Tun. Um sich voll entfalten zu können, muß man sogar mehr denn je mit Begeisterung an unglaubliche Möglichkeiten glauben.

Ich denke, daß unsere Altvorderen stolz auf uns wären. Sie sähen den alten Geist der »unbegrenzten Möglichkeiten« in dem Staat, den sie gegründet haben, noch immer am Werk. Solange junge Männer und Frauen nach wie vor ihren Träumen folgen, nach wie vor an die Zukunft glauben, ist unser Land in Ordnung.

Eine Geschichte, die sich vor mehr als fünfzig Jahren zugetragen hat, ist in diesem Sinne so modern wie eh und je:

Harry Moore bewohnte mit seiner verwitweten Mutter drei Zimmer in einem heruntergekommenen Viertel in Jersey City. Sie waren sehr arme, aber saubere, anständige und fromme Leute. Einmal kam Harry nach der Schule niedergeschlagen in die Küche, die auch als Wohnzimmer diente, warf seine Mütze auf den Garderobenständer in der Ecke (damals trugen alle Jungen Mützen) und sank auf einen Stuhl. Seine Mutter stand am Herd und rührte in einem Topf.

»Mama«, sagte er, »ich habe manchmal so seltsame Gefühle. Sie sind sonderbar. Ich bekomme sie ab und zu.«

»Was für Gefühle denn?«

»Ach, ich weiß nicht, aber es ist, als sagte etwas in meinem Inneren, ich sei jemand oder könne jemand werden. Ich weiß einfach nicht, was das alles bedeuten soll.«

»Ich schon, Harry. Ich weiß genau, was es bedeutet. Gott bereitet dich darauf vor, einmal ein großer Mann zu werden.« Diese einfache Frau hatte nie etwas vom Plus-Faktor gehört, aber sie spürte, wenn dieser sich im Geist eines Jungen regte.

»Aber, Mama, ich kann es doch nie zu etwas bringen. Wir sind arm, wir haben keine Beziehungen und nichts. Nur die Reichen und Berühmten kommen ganz nach oben.«

Mama hielt mit Rühren inne und streckte ihm den tropfenden Kochlöffel entgegen. »Hör mir zu, mein Junge. Laß mich nie wieder so etwas hören. Alles, was du brauchst, sind zwei Dinge: Gott und *Grips.*«

Grips – ein altmodisches Wort, das gesunden Menschenverstand bedeutet und den Mumm, hinzugehen und mit Begeisterung und Charakter etwas aus sich zu machen. Grips war der Stoff, aus dem standhafte, beharrliche, begeisterte Menschen gemacht waren. Es ist auch heute noch ein treffender Ausdruck.

Jahre später, während einer seiner drei Amtszeiten als Gouverneur, hielt Harry eine Rede über Amerika und seine Möglichkeiten. Er war ein phantastischer Redner, gescheit und mißreißend. Nachher kam ein junger Bursche zu ihm und sagte: »Mensch, ich kaufe Ihnen das Zeug nicht ab, was Sie da gebracht haben. Sie wissen so gut wie ich, daß man ohne Geld und Beziehungen in dieser kapitalistischen Gesellschaft zu nichts kommt. Darum gehe ich zu den Kommunisten. Die haben ein Programm für uns Arme.«

»Ich nehme an, du weißt nicht, mit wem du redest«, erwiderte der Gouverneur. »Als Junge habe ich das alles auch zu meiner Mutter gesagt, außer der Sache mit den Kommunisten. So einfältig war ich nicht, bei aller Armut.« Er erzählte von Mutters Rat mit »Gott und Grips«. »Also, mein Junge, was hast du für ein Ziel?«

Der Junge hatte wirklich eines: »Ich will der beste Chirurg dieses Bundesstaates werden.«

»Großartig«, sagte Moore. »Was man sich ausdenken kann, kann man auch erreichen. Geh mit Gott und mit Grips.«

Ein paar Jahre danach hielt Gouverneur A. Harry Moore die Festansprache bei der Verleihung der akademischen Grade an einer großen Universität, und zwar über sein gewohntes Thema: »Du kannst werden, was du werden willst.« Nach der Feier trat ein junger Mann im grünen Überwurf eines neugebackenen Doktors der Medizin zu ihm und begrüßte ihn: »Hallo, Gouverneur. Erinnern Sie sich an mich? Dank Ihnen hab' ich's geschafft. Die Sache mit Gott und Grips hat gewirkt!«

Als der Gouverneur mir lange Zeit später diese Geschichte erzählte, meinte er dazu: »Man muß jemanden dazu bringen, begeistert zu sein, dann werden alle übrigen Eigenschaften, die für einen Erfolg notwendig sind, aktiviert: Dinge wie ein bestimmtes Ziel, Ausdauer, die Fähigkeit zu harter Arbeit, die Entschlossenheit zu studieren.

Im übrigen – wissen Sie was? Gott, der Schöpfer, hat uns ein gewisses Etwas eingepflanzt. Manche lassen dieses Etwas verkümmern. Aber wenn die Begeisterung sich ans Werk macht, entwickelt sich dieses besondere Etwas und wird groß.« Wie recht er hatte! Er nannte das Etwas nicht beim Namen, aber er sprach ganz unzweideutig von dem, was wir den Plus-Faktor nennen.

Menschen, bei denen man es nie vermuten würde, können einen mächtigen Plus-Faktor in sich haben. Sie wissen nicht, wie groß der Plus-Faktor ist, der in Ihnen selbst steckt. Wenn Sie daran glauben, daß er da ist (und das ist das erste, was Sie tun müssen), dann sind Sie bereit für das zweite: ihn zu pflegen und zu voller Größe zu entwickeln – durch Begeisterung über Ihre eigenen Möglichkeiten.

Ich kannte einen Mann, von dem es hieß, er verstehe mehr von Radio als irgend jemand auf der Welt. Und dieser Mann hatte mit der Entwicklung der Fernsehindustrie sehr viel zu tun. Damals war mein Radioapparat zu Hause nicht in Ordnung, deshalb ließ ich einen Reparaturmechaniker aus der Nachbarschaft kommen, der lange daran herumbastelte und ihn schließlich wieder zum Funktionieren brachte. »Sie wissen sicher alles über Radio«, sagte ich bewundernd zu ihm. »Klar«, bestätigte er großspurig. »Ist ganz einfach. Nichts weiter dabei.«

Kurze Zeit später war ich mit jenem Bekannten zusammen, der als größte Autorität in Sachen Rundfunk galt. »Es ist immer noch etwas Geheimnisvolles für mich«, gestand er bescheiden, »daß wir die menschliche Stimme über die sogenannten Luftwellen übertragen können. Es ist ein Wunder.« Sein Gesicht leuchtete in ehrfürchtigem Staunen. »Ich war schon als kleiner Junge begeistert, und diese Begeisterung ist zu ungeheurer Größe angewachsen, seit ich mit Radio und Fernsehen arbeite.«

Dieser Mann war David Sarnoff, der verstorbene langjährige Leiter der Radio Corporation of America (RCA) und Gründer der NBC. Sein angeborener Plus-Faktor wurde von Begeisterung angetrieben, und es war ein aufsehenerregender Plus-Faktor. Sie würden nicht glauben, daß ein in Rußland geborener jüdischer Junge, Sohn mausarmer Einwanderer, der in der alten »Höllenküche« in New York City aufwuchs, tatsächlich die Radio Corporation of America und die National Broadcasting Company als Plus-Faktor in sich verborgen trägt, oder? Aber das sind die romantischen Möglichkeiten von uns Menschen. Wenn ich an David Sarnoff denke, kommt mir manchmal ein Ausspruch des deutschen Philosophen Nietzsche in den Sinn, daß nichts gelingt, was nicht überschwengliche Geister hervorzubringen halfen. David Sarnoff besaß Begeisterung in Hülle und Fülle, und es geschehen aufregende Dinge, wenn jemand von brennender, unauslöschlicher Begeisterung erfüllt ist.

Der Plus-Faktor verlangt Enthusiasmus, denn dieser ist es, der den Menschen bei der Verfolgung eines Zieles voranträgt. Er sichert die hartnäckige Haltung des Nie-Aufgebens, des unbeirrbaren Durchhaltens. Solange die Begeisterung genährt wird, kann man sich darauf verlassen, daß der Plus-Faktor funktioniert, wenn nötig gegen alle Wahrscheinlichkeit.

Harvey J. Berman erklärt bei seiner phantastischen Schilderung der mutigen Leistung von Florence Chadwick, die den Ärmelkanal von England nach Frankreich durchschwamm, dies sei der bemerkenswerteste Versuch in diesem schwierigen Gewässer gewesen. Die Schwimmerin kam dem Tod nahe. Quälende Krämpfe überfielen erst ihre Beine, dann ihren Magen. Als die Nacht hereinbrach, fand sie sich nicht mehr zurecht. Aber nichts vermochte sie abzuschrecken: »Es blieb mir nichts anderes als weiterzuschwimmen, also tat ich es.«

Sechzehn Stunden nachdem sie auf der englischen Seite ins Wasser gestiegen war, wankte sie in Frankreich an Land und wurde als »der größte weibliche Schwimmstar aller Zeiten« gefeiert. Wie brachte sie das Erstaunliche zustande? Ihre Erklärung: »Mit Gottes geduldiger Hilfe.« Und sie hatte ein Motto, das ebenfalls half: »Sieger geben nie auf; Aufgeber siegen nie.«

Florence Chadwick hatte einen Plus-Faktor in sich, den sie zu einer außerordentlichen Kraftquelle entwickelte. Und eine glühende Begeisterung für das Schwimmen hielt diese Kraftquelle am Sprudeln. Das half ihr, durchzuhalten, weiterzumachen bis zum siegreichen Ende. Genau das ist es, was jeder von uns tun muß: weitermachen, immer weitermachen, bis wir die Ziellinie überqueren. Es ist eine Tatsache, daß Enthusiasmus die Kraft ist, die uns weiterschwimmen, weiterrennen oder im Alltag weiterkämpfen läßt bis zum Schluß. Wenn Sie Ihren Enthusiasmus hochhalten, werden Sie ans Aufgeben nicht einmal denken.

Nachdem Sie nun die Beispiele der von der Begeisterung angetriebenen Kraft des Plus-Faktors gelesen haben, möchten Sie vielleicht die Frage stellen: »Wie kann ich denn meine Begeisterungsfähigkeit steigern?« Diese Frage habe ich vorausgesehen und eine Liste von Möglichkeiten erstellt, wie sich Begeisterungsfähigkeit entwickeln und steigern läßt:

1. Wenden Sie das früher beschriebene »Als ob«-Prinzip an; verhalten Sie sich, als wären Sie begeistert, und die Begeisterung wird sich in Ihrem Innern nach und nach entwickeln. Ich wiederhole dies hier aus dem einfachen Grund, weil es so wirkungsvoll ist.

2. Gewöhnen Sie sich an, über einfache Dinge begeistert zu sein. Zum Beispiel: »Sieh doch die Flöckchenwolken dort am blauen Himmel! Ist das nicht wunderschön?« Oder: »Schatz, so was Köstliches habe ich noch nie gegessen. Du bist eine

phantastische Köchin!« Sie könnten auch den sauber gemähten grünen Rasen bewundern oder das leise Summen Ihres Motors beim Einbiegen in die Fahrbahn. Begeisterung für einfache Dinge summiert sich zu einer insgesamt begeisterten Haltung.

3. Sagen Sie sich jeden Morgen, wenn Sie zur Arbeit gehen, daß Sie Ihren Beruf lieben. Betrachten Sie ihn als interessant, faszinierend sogar. Mit der Zeit werden Sie von Ihrer Arbeit begeistert sein – und sie zweifellos auch besser ausführen.

4. Sagen Sie sich Tag für Tag, wenn Sie in die Straßenbahn, den Bus oder die Bahn steigen, daß Sie Menschen wirklich mögen. Sagen Sie es sich auch dann, wenn sie stoßen und drängen. Halten Sie Ausschau nach ihren interessanten und liebenswerten Eigenschaften. Verhalten Sie sich ihnen gegenüber begeistert. Es wird nicht lange dauern, bis man von Ihnen begeistert ist.

5. Sagen Sie sich jeden Morgen laut einen Bibelvers vor, zum Beispiel: »Dies ist der Tag, den der Herr gemacht; wir wollen froh sein und uns freuen an ihm!« (Psalm 118,24) Ebenfalls ein guter ist: »Nur Güte und Gnade werden mir folgen mein Leben lang.« (Psalm 23,6) Sie werden dazu gelangen, Gott zu lieben, und wenn Sie Gott lieben, lieben Sie das Leben – Sie werden begeistert werden. So funktioniert das.

6. Passen Sie auf, wieviel »Wunderbares« Sie tagtäglich zu sehen bekommen: einen phantastischen Sonnenuntergang; das wie ein Granitfelsen zerklüftete Gesicht eines alten Mannes; einen Kirschbaum in voller Blüte; eine malerische Schneewehe an einer alten Mauer. Je mehr Sie das Wunder

des Lebens betonen, desto mehr entwickeln Sie das Wunder der inneren Einstellung, das man Begeisterung nennt. Und auch Sie selbst werden wunderbarer.

Wenn Sie diese Übungen durchführen und dazu weitere in diesem Sinne, die Sie sich selber ausdenken können, dann wird das besondere Etwas namens Plus-Faktor in Ihrem Inneren wachsen, und Sie wachsen mit.

Heutzutage sind die Leute gesundheitsbewußt. Sie wollen einen stärkeren, gesünderen Körper. Deshalb halten sie Diät, sie turnen, wandern, joggen, laufen – und das alles tut ihnen gut. In etwas geringerem Maße tun sie etwas für ihren Verstand, damit er stärker, leistungsfähiger wird. Sie lesen Anleitungen zur geistigen Fortentwicklung. Bildung umfaßt Alte wie Junge, und die Erwachsenenbildung erlebt eine Blüte.

In der Entwicklung der Seele aber sind wir wahrscheinlich am wenigsten weit. Wenn das ganze Wesen des Menschen wachsen und sich entwickeln soll, braucht indessen die Seele nicht weniger Ertüchtigung und richtige Ernährung als Körper und Geist. Begeisterung ist im wesentlichen eine seelische Eigenschaft, obwohl es leichter ist, begeistert zu sein, wenn der Körper gesund und der Geist aufnahmebereit ist. Das Ganzheitsprinzip von Körper, Geist und Seele wird denn auch als zunehmend wichtig betrachtet. Es trägt sehr viel zu einer allgemeinen Aufwertung des Lebens bei, verleiht ihm einen tieferen Sinn, mehr Freude und Anregung und ist ein starker Anstoß zur Freisetzung des Plus-Faktors.

Es gibt aber eine Methode zur Entwicklung von Begeisterung und dadurch zur Freisetzung des Plus-Faktors, die nach meinem Urteil jeder anderen überlegen ist. Sie wird von manchen Leuten aus einem eigentlich irrationalen Grund gemieden. Sie sind geistig und gefühlsmäßig dagegen, weil Leute, die sie nicht mögen, sie angewandt haben oder weil sie mit jemandem, der sie gelehrt hat, eine unglückliche Erfahrung machten oder weil sie sie in unattraktiver Form kennenlernten oder weil sie sie einfach nicht verstehen. Ich nenne sie die Methode der christlichen Erfahrung. Es geht, kurz gesagt, um eine bestimmte persönliche Beziehung zu Jesus Christus als Ihrem Herrn und Heiland, Ihrem Freund. Eine Beziehung, die so eng und real ist, daß er Tag für Tag bei Ihnen weilt und Ihnen bei allem hilft.

Das schafft einen neuen Lebensstil – als wären Sie völlig neu geboren, als ein neuer Mensch. Eine biblische Schilderung dieses Geschehens lautet: »Darum, ist jemand in Christus, so ist er eine neue Kreatur; das Alte ist vergangen, siehe, es ist alles neu geworden!« (2. Korinther 5,17) Menschen, die das erlebt haben, sind die größten Enthusiasten dieser Welt. Für sie wird der Alltag immer wunderbarer. Dinge, die sie einst umwarfen, besiegten, sie verbittert und mürrisch machten, können ihnen nichts mehr anhaben. Sie erheben sich über die Probleme, oder sie werfen sie aus ihrem Weg, oder sie verstehen es, erfolgreich mit ihnen zu leben. Die christliche Erfahrung ist die Methode Nummer eins, um ein echt begeisterter Mensch zu werden und die Kraft des Plus-Faktors freizusetzen.

»Aber«, mögen Sie fragen, »wie findet man denn zu diesem wunderbaren neuen Leben?« Es gibt viele Wege, aber einer, den ich empfehle, besteht darin, die vier Evangelien zu lesen: Matthäus, Markus, Lukas und Johannes. Lesen Sie alle hintereinander, wenn es geht, oder lesen Sie zumindest große Teile auf einmal. So begegnet Ihnen die faszinierendste Persönlichkeit aller Zeiten, eine Persönlichkeit, die nicht einfach eine Figur aus dunkler Vergangenheit ist, sondern heute noch lebt und den Menschen hilft. Sie werden erkennen, was er wirklich lehrt und wie sinnvoll es ist. Sie werden merken, daß er eine Lebensweise vorzeichnet, die tatsächlich funktioniert und zu Freude und Sieg führt.

Sie sind vielleicht beim Lesen ziemlich erstaunt: erstaunt, daß jemand so kurz und bündig und mit so verblüffender Klarheit die grundlegende Wahrheit über das Leben ausdrükken konnte. Manche werden sogar verwundert ausrufen: »Ist dies das Christentum? Ich dachte, es bestehe aus theologischen Argumenten, Streitigkeiten zwischen Gruppen, von denen jede behauptet, sie allein kenne die Wahrheit. Ich dachte, es sei alles andere als diese schlichte, klare, wenn auch bewegende Darlegung, wie das Leben am besten ist.«

Wenn Sie das Zentrum des Ganzen kennenlernen, nämlich Jesus, dann werden Sie eine merkwürdige, wundersame Wandlung durchmachen. Er wird Ihre inneren Konflikte lösen, Ihre Wunden heilen, Ihre Bitterkeiten beseitigen, Sie gegenüber Ihren Schwächen stärken und Sie mit einem Frieden erfüllen, wie Sie ihn noch nie erlebt haben. Ein neues, ungeahntes Kraftgefühl wird Sie durchströmen, und Sie werden Dinge vollbringen wie nie zuvor. Wenn der Plus-Faktor in Ihnen freigesetzt ist, wird eine noch nie erlebte Begeisterung Ihnen die staunenswerte Wandlung signalisieren, die in Ihnen vorgegangen ist.

Wieso ich weiß, daß Ihnen das widerfahren kann? Weil es mir widerfahren ist und ich es mit großartigen Ergebnissen im Lauf der Jahre bei vielen Menschen miterlebt habe. Weil ich finde, diese herrliche Erfahrung sollte anderen nicht vorenthalten werden, die noch dahinstolpern und sich immer wegen der gleichen alten Hindernisse geschlagen geben, obwohl sie das doch gar nicht müßten; darum schreibe ich dieses Buch.

Eines Abends sprach ich in einer Stadt im westlichen

Kanada bei einer Motivationsversammlung. Mehrere tausend Zuhörer waren da, die meisten als Verkäufer oder Vertreter tätig. Ich schätzte das Durchschnittsalter auf höchstens dreißig Jahre. Alle schienen von dem Wunsch, in ihrem Beruf voranzukommen, geradezu durchtränkt zu sein. Das verriet ihre ernsthafte, aber begeisterte Aufmerksamkeit. Ich sprach über das Thema »Begeisterung macht den Unterschied aus« und wies darauf hin, daß eine begeisterte Haltung ein wichtiger Bestandteil des Erfolges ist.

Nach meinem Auftritt kehrte ich ins Hotel zurück und ging auf den Fahrstuhl zu, als sich ein netter junger Mann zu mir gesellte. Er sagte, er sei mir gefolgt, weil er gern etwas Persönliches mit mir besprochen hätte. Sein Problem, bekannte er, sei seine Oberflächlichkeit. Es sei ihm einfach alles egal, auch seine Arbeit. Er wisse, daß das völlig falsch sei und er auf diese Weise nie erfolgreich sein könne, aber er habe es bisher nicht geschafft, etwas dagegen zu unternehmen. Es sei ihm sogar nicht einmal etwas daran gelegen gewesen, sich zum Besserwerden aufzuraffen.

Aber, sagte er, die Botschaft in bezug auf die innere Begeisterung habe ihn gepackt und verwirrt. Zum erstenmal sei ihm bewußt geworden, daß er keine Zukunft habe, wenn er nicht von seiner Gleichgültigkeit wegkomme und ein lebhaft anteilnehmender, begeisterter Mensch werde. Dazu wäre allerdings ein Wunder nötig, meinte er, und er bezweifle sehr, daß eines geschehen werde. »Und doch: Zum erstenmal in meinem Leben habe ich den Wunsch, mich zu ändern.«

Ich sagte ihm, der Wunsch nach Veränderung sei der erste Schritt. »Die Intensität des Wunsches ist der Beginn des Anderswerdens«, erklärte ich ihm und äußerte die Meinung, er sei offenbar bereit für etwas Großes, das in ihm vorgehen könne.

»Ich weiß, ich sollte umgänglich, lebhaft, begeistert werden, wenn ich es zu einem richtigen Erfolg bringen will, aber wie soll das einem teilnahmslosen, uninteressierten Burschen wie mir gelingen? Das ist die große Frage«, schloß er mutlos.

»Wie heißen Sie, junger Freund?« wollte ich wissen.

»Ach, nennen Sie mich einfach Freddie.«

Unser Gespräch dauerte etwa zehn Minuten, und wir standen dabei in der ziemlich geschäftigen Hotelhalle. »Nun, Freddie, ich will offen zu Ihnen sein. Es ist nicht leicht, in einer Persönlichkeit, in der Gleichgültigkeit lange vorgeherrscht hat, eine Veränderung herbeizuführen. Für einen endgültigen Wandel ist etwas Einschneidendes erforderlich. Vielleicht brauchen Sie sehr lange, um eingefleischte defätistische Gewohnheiten abzulegen. Aber«, sagte ich, »es gibt einen Weg, auf dem eine Heiltherapie fast augenblicklich einsetzen kann. Es braucht dazu die Intensität des Wunsches, die ich erwähnt habe, außerdem das Eingeständnis, daß Sie nichts für sich tun können, und schließlich eine völlige Hingabe an Jesus Christus. Wenn es Sein Wille ist, Sie auf der Stelle frei zu machen, dann kann Er es. Aber vielleicht unterzieht Er Sie auch dem langwierigen Prozeß des Entwöhnens und des Erlernens neuer innerer Gewohnheiten. Das einzige, was Sie tun können, ist, Ihn einfach zu fragen, das ist alles.«

»Ich verstehe«, sagte er und bedankte sich. Wir wünschten einander eine gute Nacht. Ich habe den jungen Mann nachher nicht mehr gesehen, aber etwa ein Jahr später, bei einem Kongreß, wandte sich jemand an mich mit den Worten: »Ich soll Ihnen etwas ausrichten. Ich soll Ihnen von Freddie sagen, es habe funktioniert. Und er werde Ihnen ewig dankbar sein, daß Sie ihm den Weg gezeigt hätten. Ich darf vielleicht hinzufügen«, schloß er, »daß Freddie einer unserer Topproduzenten ist. Der reinste Feuerball an Begeisterung.«

Freddies Plus-Faktor war freigesetzt worden, und Begeisterung wurde zu einer erneuernden Kraft in seinem Leben und Beruf. Und dasselbe kann jedem zustoßen, der die unfehlbare Methode anwendet, die ich in jener Nacht Freddie mitteilte. Er war klug genug, sie anzunehmen und zu beherzigen.

15

Großes vollbringen dank dem Plus-Faktor

Was kommt uns in den Sinn, wenn von jemandem die Rede ist, der etwas vollbracht hat?

Die meisten denken dabei wohl an einen Menschen, der großen Reichtum angesammelt hat oder in eine Spitzenstellung in der Industrie aufgestiegen oder in Fernsehen, Film oder Politik ein Star geworden ist. Doch das Wort »vollbringen« bedeutet eigentlich in einem viel weiteren Sinne »etwas zustande bringen, ein Ziel erreichen«.

Das heißt also, daß auch einfache, unbekannte Leute, die nie im Scheinwerferlicht stehen, die schlichten Schaffer in der ganzen Welt, die ein lohnendes Ziel erreichen, zu den Vollbringern gehören. Sie sind in der Tat genauso wichtig für ein Land wie die Berühmtheiten, deren Namen und Bilder der Öffentlichkeit bekannt sind.

Der Plus-Faktor ist in diesen unbekannten Vollbringern ebenso vorhanden wie in den weit und breit besungenen. Ich bezweifle, daß mein Onkel Will je in einer Zeitung erwähnt wurde, außer vielleicht im Wochenblatt von Lynchburg (Ohio) als einer der Diplomanden der Lynchburg-High-School. Aber er hatte den Plus-Faktor, und der Plus-Faktor hatte ihn. William Fulton Peale war ein armer Junge gewesen, und alles, was er später erreichte, hatte er sich hart erarbeiten müssen. Er war der geborene Verkäufer. Er konnte allen Leuten alles verkaufen, und dies deshalb, weil er stets gute Produkte verkaufte, vollkommen ehrlich war und ein offenes, freundliches Wesen hatte.

Nach der Mittelschule nahm er eine Stelle als Verkäufer von Haus zu Haus in den ländlichen Bezirken von Tennessee an, und da er durch viele Dörfer zog, hatte er bald überall Freunde. Er studierte an der Universität von Tennessee und schloß sein Studium ehrenvoll ab. »Papa mußte nie einen Cent ausgeben, um mich durch das Studium zu bringen«, pflegte er stolz zu sagen.

Später war er Lehrer in Tennessee und dabei ebenso erfolgreich. »Unterrichten ist Verkaufen«, erklärte er, »man bringt Jugendliche dazu, konstruktives Wissen zu erwerben, damit sie in der Lage sind, mit ihrem Leben etwas Großes anzufangen.«

Die jungen Menschen liebten ihn. »Er hat mich angeregt und motiviert wie kein anderer Lehrer«, erzählte mir ein prominenter Geschäftsmann Jahre später. »Bevor ich ihn kennenlernte, glaubte ich nicht an mich selbst. Er brachte mich zu der Überzeugung, daß etwas Besonderes in mir steckt.« Es scheint, daß Onkel Will den Plus-Faktor in seinen Schülern aktivierte. Ich bin dessen sogar sicher, denn er übte auf mich die gleiche Wirkung aus, und ich habe nie in einer seiner Klassen gesessen.

Er war immer bestrebt, mehr aus seinem eigenen Leben zu machen. Seine Persönlichkeit quoll förmlich über von Begabungen. Und er besaß die wichtige Fähigkeit, seine Talente zu aktivieren und konstruktiv einzusetzen. So kam es, daß ein paar Leute, die in einem Anbaugebiet von Iowa Land besaßen, von ihm hörten. Sie trugen ihm ihre Idee vor, dieses Land für den Bau von Heimstätten an Familien zu verkaufen.

Onkel Will begab sich dann in eine Gemeinde und kündigte eine Parzellenversteigerungswoche an. Ein Bauplan wurde angelegt mit Straßen und abgesteckten Parzellen. Onkel Will bestand darauf, daß ausgewachsene Bäume stehenbleiben müßten, damit die Siedlung ein parkartiges Aussehen bekäme.

Er nahm mich in den Sommerferien mit, um die Parzellen auszumessen, die Absteckpfähle einzurammen und anzumalen. Er setzte Preise aus, um Käufer anzulocken. Er hatte immer einen großen Preis, nämlich einen Wagen, und vergab Goldstücke (die damals noch allgemein im Umlauf waren) als kleinere Preise. Außerdem verteilte er Hunderte von Pfundschachteln mit Süßigkeiten. Er zog enorme Menschenmassen an. Die Preise wurden verlost, und die Gewinner mußten anwesend sein, um sie in Empfang zu nehmen. Dann kamen die Namen nach hinten in die Kiste für die Ziehung des großen Preises am letzten Tag der Versteigerung. Die Menge wich während der ganzen Sommerhitze nicht von ihm.

Ich habe einige der größten Redner Amerikas von William Jennings Bryan bis andere in der Gegenwart gehört, aber Onkel Will stelle ich ohne Zögern unter die besten von ihnen. Über den Nebel der Jahre hinweg kann ich ihn heute noch sehen und hören, wie er vor diesen Massen stand und diesen prächtigen Farmern von Iowa erzählte, was ein Eigenheim bedeutet. Er zeichnete ein Bild von der amerikanischen Heimstätte, das einem Tränen in die Augen trieb. Er führte ihnen vor Augen, wie kleine Kinder vor der Haustür und auf dem Rasen spielen, wie dann in späteren Jahren ein Ehepaar Hand in Hand unter den ehrwürdigen Bäumen spazierengeht. Und er meinte jedes Wort ernst.

Seine mächtige Stimme, von keinem Lautsprecher verstärkt, hallte über die Menge. Die Leute wußten, daß er einer der Ihren war, mit einer gemeinsamen Herkunft aus engen Verhältnissen, ein motivierter Mann, der jeden einzelnen seiner Zuhörer gern hatte und der sie überredete, ein Stück amerikanische Erde zu erwerben, um darin Wurzeln zu schlagen. Und sie kauften diese Parzellen zu Hunderten. Es sind mehr als sechzig Jahre seit dieser aufregenden Zeit vergangen, aber sooft ich das Wort *vollbringen* höre, denke ich an einen der größten Vollbringer, die ich je gekannt habe, an meinen schöpferischen, erfindungsreichen, unbezähmbaren, liebenswerten Onkel Will.

Was waren die Grundsätze, die ihn zu dem machten, was er war? Hier sind sie:

1. Er glaubte daran, daß Amerika das Land der Möglichkeiten ist.

2. Er wollte etwas aus sich machen. Er wollte nicht arm bleiben.

3. Geld war nie sein Götze. Er hatte keinen Gott außer dem allmächtigen Herrn, dem er die Treue hielt.

4. Er wußte, daß man sich ausdenken und vornehmen muß, etwas zu vollbringen, und er dachte immer daran. Er wußte auch, daß man arbeiten muß, und er arbeitete. Er liebte die Arbeit.

5. Er hatte die Menschen gern, und die Menschen hatten ihn gern.

6. Er hatte eine grenzenlose Begeisterung.

7. Er besaß die Fähigkeit, zu träumen und viele seiner Träume zu verwirklichen.

8. Für ihn war das Leben romantisch und wundervoll.

9. Vor allen Dingen hörte er nie auf, sich zu bemühen. Er gab niemals auf.

Robert W. Service faßt in »The Quitter« (Der Drückeberger) den Geist des Durchhaltens zusammen:

»Es ist leicht, zu klagen, man sei sterbenswund,
Es ist leicht, zu kriechen und kneifen;
Aber weiter und weiter zu kämpfen,
Wenn Hoffnung unsichtbar fern –
Das ist der beste Sport, den es gibt.
Und bist du auch nach jeder mörderischen Runde
Zerschlagen, zerschunden, zernarbt –
Versuch's noch einmal. Sterben ist todeinfach,
Nur weiterleben ist schwer.«

Hinzufügen möchte ich, daß man sich bei diesem Durchhalten, das der Dichter so trefflich schildert, vom Plus-Faktor in allem Kummer, Mißerfolg und Unglück helfen lassen soll. Dann wird man es letztlich schaffen, aus jedem Fehlschlag und sogar aus jedem Unheil etwas Positives zu machen und zum Erfolg zu gelangen.

Ein Vollbringer ist auch jemand, der sich mit Qualität befaßt. Ja, er selber ist Qualität. Er bringt den Mitmenschen etwas Gutes. Mit leerem Schein ist nichts Dauerhaftes zu vollbringen.

Jedesmal, wenn ich daran denke, wie wichtig Qualität beim Erreichen unserer Ziele ist, kommt mir mein alter Freund Joe Edison in den Sinn. Als ich noch als junger, lediger Pfarrer in Syracuse (New York) lebte, entdeckte ich eines Abends ein kleines Restaurant in einer Seitenstraße. Es sah sauber und einladend aus, und da ich hungrig war, trat ich ein und kletterte auf einen Hocker am Tresen. Ein Mann von offensichtlich nahöstlicher Herkunft erschien aus der Küche, und als er mich sah, lächelte er strahlend. »Willkommen, Reverend Peale, willkommen!« sagte er.

»Sie kennen mich?« fragte ich überrascht.

»O ja«, erwiderte er. »Ich gehe in Ihre Kirche. Wissen Sie, ich bin Christ und besuche jeden Sonntag den Gottesdienst.«

»Wie heißen Sie?«

»Ich nenne Ihnen meinen amerikanischen Namen. Mein libanesischer wäre wohl zu schwierig zu behalten. Also Joe Edison. Sagen Sie einfach Joe. Und jetzt mache ich Ihnen ein schönes Steak.«

Damit verschwand er hinter den Klapptüren. Bald darauf kam er mit dem gleichen herzlichen Lächeln zurück und stellte ein Steak vor mich hin, als wär's ein seltener Schatz. Es war aber auch ein Schatz, das köstlichste Steak, das ich je bekommen hatte. Er stand da, schaute mir zu und erwartete gelassen die Bewunderung, die ich auch gleich ausdrückte. »Es ist das beste«, stellte er als schlichte Tatsache fest, »das beste in New York, vielleicht im ganzen Staat. Ich kaufe nur das beste Western-Rindfleisch. Mein Motto ist Qualität, nur Spitzenqualität, immer das Allerbeste.«

Ich lernte Joe sehr gut kennen, denn ich speiste von da an mindestens zweimal wöchentlich in seinem Restaurant. »Was ist Ihr Ziel, Joe?« fragte ich eines Abends.

Seine Augen funkelten. »Das beste Restaurant weit und

breit zu haben. Ich liebe das Kochen. Ich möchte keine Restaurantkette haben, denn ich will selber kochen.« Joe kam aus ärmlichen Verhältnissen im Libanon, er hatte fast nichts, als er hier einwanderte. Jetzt arbeitete er sich hoch, mit Qualität als Markenzeichen.

Es kam der Tag, da Joe an die Westküste zog, wo er bald einmal sein ideales Restaurant fand. Sein Traum wurde Wirklichkeit. Im Verlauf der Jahre ging ich oft, wenn ich in seiner Gegend zu tun hatte, zu ihm essen. Das war nicht mehr ein Tresen mit Hockern. Es war kein großes, aber ein sehr schönes Lokal. Joe umarmte mich jedesmal: »Ist das schön, Sie zu sehen! Jetzt setzen Sie sich hierher, und Joe macht Ihnen ein gutes Steak.« Und es war stets von der gleichen köstlichen Qualität. Seine Küche wurde nie besser, weil sie von Anfang an die beste war. Er gründete eine reizende Familie und wurde ein erfolgreicher Mann, der sich durch Qualität und herzliche Freundlichkeit zur Spitze seines Berufes aufschwang. Joe war einer der Vollbringer unter meinen Bekannten, bei deren Karriere der Plus-Faktor ausschlaggebend war. Er lebt nicht mehr, aber es gibt noch einen dankbaren alten Kunden, der sich in Liebe seiner erinnert und ihn als einen Mann ehrt, der etwas vollbracht und sein Ziel erreicht hat.

Der Plus-Faktor, diese Sonderkraftquelle, die jeder von uns in sich trägt, ist von größter Wichtigkeit, denn wer etwas vollbringen will, muß oftmals durch dunkle Tage und harte Erfahrungen hindurch. Was er dann braucht, sind der Mut und die Kraft, bei der Stange zu bleiben und weiter zu glauben, weiter zu träumen, kurz: mit dem Weitermachen weiterzumachen.

Ich habe schon oft die dahineilende Menschenmenge in den Straßen der Großstädte studiert und mich gefragt: »Wonach mögen sie alle streben? Haben sie bestimmte Ziele, auf die sie hinarbeiten, und werden diese Ziele ihnen Glück und Zufriedenheit bringen?« Es ist schön, ein Vollbringer zu sein, wenn das Erreichte einen glücklich macht und einem das Gefühl gibt, etwas Wertvolles geleistet zu haben. Wenn aber jemand am Ende all seines Bemühens nur unglücklich ist? Hatte beispielsweise die bekannte Schauspielerin, die ich einmal kennenlernte und die es zu Ruhm und viel Geld gebracht hatte, wirklich etwas vollbracht?

Bei einer Party in Hollywood traf ich diesen berühmten Star und hatte eine kurze, aber unvergeßliche Unterhaltung mit ihr. Sie war sehr schön und elegant und wurde natürlich als jemand anerkannt, der besonders Großes erreicht hat. Eine schillernde Gruppe von kleineren Stars umschwärmte sie. Sie war fröhlich, lebhaft und witzig.

Schließlich trat sie zu mir und sagte, sie freue sich, mich zu sehen. Ich sagte, auch ich sei erfreut, und fügte hinzu: »Sie stellen sich als glücklich dar.« Da antwortete sie. »Sie haben recht, es ist eine Darstellung. Ich bin nicht glücklich. Im Grunde hatte ich kein Dutzend glückliche Tage in meinem Leben. Dabei wäre ich gern glücklich, aber es ist mir wohl einfach nicht beschieden.«

»Da geht es Ihnen immerhin besser als Napoleon«, bemerkte ich.

»Was hat Napoleon damit zu tun?« fragte sie erstaunt.

»Sie sagen, Sie hätten kein Dutzend glückliche Tage verlebt. Als Napoleon auf Sankt Helena war, sagte er, er habe in seinem Leben nicht mehr als sechs glückliche Tage gehabt. Sie sind ihm also um einiges voraus. Ihr großartiger Aufstieg hat Sie also nicht glücklich gemacht?«

»Nein, aber ich weiß, wie man glücklich wird, auch ohne daß Sie mich daran erinnern. Ich wurde im gleichen Glauben erzogen wie Sie. Ich kenne den Weg zum Glücklichsein, nur habe ich ihn vor lauter Hochstrampeln aus den Augen verloren.« Und zu meiner Überraschung schloß sie. »Danke, daß Sie mich daran erinnert haben. Ich will jetzt versuchen, das zu tun, was ich doch so gut weiß.« Als wir auseinandergingen, mußte ich an eine Bibelstelle denken: »Solches habe ich zu euch geredet, auf daß meine Freude in euch bleibe und eure Freude völlig werde.« (Johannes 15,11)

Ein berühmter Psychiater hat gesagt, die erste Pflicht des Menschen sei es, das Leben zu ertragen. Ich meine, die erste Pflicht des Menschen ist es, das Leben zu überwinden, zu meistern und dadurch das Glück zu finden. Wie viele aber sind wirklich glücklich?

Ich las in der Zeitung einmal von einem Kiwanis-Klub, dessen Mitglieder versuchten, hundert Dollarnoten zu verschenken. In den Straßen der Stadt, wo die Menge am dichtesten war, gaben sie jedem, der echt glücklich aussah, einen Dollar. Was glauben Sie, wie viele Noten sie loswurden? Zweiundzwanzig! Ist es möglich, daß in dem ganzen Haufen nur gerade zweiundzwanzig Menschen glücklich waren?

Unverbildete Menschen scheinen das Glück eher zu finden. Mit unverbildet meine ich Menschen, die sich einen kindlichen Geist bewahrt haben, die groß genug sind, kindhaft zu denken. Ein Kind hat noch das Staunen und die Empfänglichkeit, die zum Glücklichsein führen.

Ich übernachtete einmal bei einem alten Bekannten, dessen Haus inmitten von Föhrenwäldern liegt. Ich erwachte früh am Morgen und saß still da, als mir plötzlich das Lied einer Spottdrossel entgegenschallte. Der Vogel saß ganz nah vor meinem Fenster in einem Baum und sang, so laut er konnte. Es war wunderschön. Schwebende, perlende Triller stiegen von diesem Vogel zu dem Gott auf, der ihn geschaffen hatte.

Ich saß und lauschte und dachte bei mir: »Sie braucht sich um nichts zu sorgen, hat keine Steuern zu bezahlen. Sie muß sich nicht den Kopf darüber zerbrechen, was in Washington oder im Stadthaus vor sich geht. Sie ist einfach glücklich.« Dann hörte ich eine zweite Stimme, die Stimme eines alten Mannes, die das bekannte Gospel-Lied »O Happy Day« sang. »O froher Tag«, dachte ich den Text mit, »der mein Leben bestimmte ... als Jesus meine Sünden abwusch.« Ich rief aus dem Fenster dem Alten zu: »Sie sind glücklich, nicht wahr?«

»Bin ich!« antwortete er. »Ich komme jeden Morgen her, um den Garten zu besorgen, und singe mit den Vögeln.«

»Ist dieser Vogel jeden Morgen hier?«

»Jeden Morgen«, sagte er, »und jeden Morgen singe ich mit.«

Ich fragte: »Singt die Spottdrossel auch ›O froher Tag‹?«

»Ja, Sir. In ihrer eigenen Sprache singt sie genau das. Sehen Sie, wir sind beide Gottes Geschöpfe. Der Vogel sitzt auf einem Zweig und hat Federn, und ich stehe auf der Erde und habe graue Haare auf dem Kopf, aber wir singen beide das gleiche Lied vom Glücklichsein!«

Ich weiß, was in der Bibel über das Glücklichsein steht: »Fülle von Freuden ist vor deinem Angesicht ...« (Psalm 16,11) »Freuet euch im Herrn allezeit; und abermals sage ich: Freuet euch!« (Philipper 4,4)

Wie wir schon festgestellt haben, gehören Leute, die in ihrem Beruf etwas besonders Kreatives schaffen, was immer das sei, zu den großen Könnern dieser Welt, und Vortrefflichkeit zeichnet ihre Werke aus.

An einem Vormittag fuhr ich mit meinem Bruder Leonard zum Flughafen Tampa. Als wir uns einem Dorf näherten, sagte Leonard: »Hier gibt es ein Restaurant, das immer gerammelt voll ist. Es ist nämlich berühmt für seine Pies (gedeckte Früchtekuchen). Die sind einfach super. Die Frau, die sie bäckt, ist in meinem Buch als Nummer eins im Pie-Geschäft aufgeführt.«

Ich schaute auf meine Uhr. »Es ist erst Viertel nach zehn, und wir haben reichlich gefrühstückt. Zum Mittagessen ist es noch zu früh.« Dann wurde ich schwach: »Also gut. Im Interesse der Recherchen für das Buch, das ich schreibe, wollen wir anhalten und uns ein Stück von diesem Wunderkuchen genehmigen.« Der Eifer, mit dem Leonard zustimmte, beeindruckte mich.

In dem ziemlich einfachen Restaurant, das schon um diese Zeit recht voll war, bestellten wir beide Kirschen-Pie. Er war köstlich, mit großen roten Kirschen voller Saft und einer knusprigen Teighülle, die auf der Zunge zerging.

»Weiß du was?« sagte ich. »Das muß der beste Pie der Welt sein, aber um ganz sicherzugehen, daß dieses eine Stück wirklich repräsentativ ist, sollten wir noch eins bestellen, findest du nicht auch?«

Leonard, kooperativ wie immer, war einverstanden, und diesmal bestellten wir Apfel-Pie; der war, soweit das überhaupt möglich war, noch besser. Nachdem ich ihn verzehrt hatte, sagte ich begeistert: »Ich muß die Frau, die diese Pies herstellt, unbedingt kennenlernen und ihr die Hand drükken.« Ich trug der Serviererin mein Anliegen vor. »Aber natürlich«, sagte sie. »Sie ist in der Küche. Gehen Sie nur hinein.«

In der Küche fand ich mehrere Frauen. Alle hatten blaue Arbeitskittel an, mit Ausnahme einer Frau mittleren Alters, die makelloses Weiß trug. »Haben Sie die Pies gebacken, von denen wir eben gegessen haben?« fragte ich sie. Sie mußte eine verpflanzte Nordstaatlerin sein, denn sie war äußerst wortkarg. »Wer sonst?« gab sie bloß zurück.

»Wissen Sie, ich möchte Ihnen sagen, daß ich schon überall in der Welt Pies gegessen habe. Und ich bin in Ohio aufgewachsen, wo wir die besten Köche und Kuchenbäcker haben, aber ich muß zugeben, daß mir bis jetzt noch nie so etwas Feines untergekommen ist. Ihr Pie ist bei weitem der beste, den ich je gegessen habe.«

Worauf sie lediglich feststellte: »Das sagen alle.«

»Und darf ich fragen, wie viele Sie jeden Tag herstellen?«

»Siebenundvierzig.«

»Und tun Sie es gern?«

»Was glauben Sie denn? Sonst täte ich es nicht.« Und dann fügte sie noch hinzu: »Es ist meine Art zu dienen.«

Nach dieser für ihre Verhältnisse langen Rede verstummte sie. Als Leonard und ich weiterfuhren, sagte ich: »Weißt du was? Ich habe gerade eine Frau der höchsten Spitzenklasse kennengelernt.«

»Inwiefern?« fragte Leonard.

»Nun: Sie liebt ihre Arbeit. Sie wird es nicht müde, sechs Tage in der Woche früh aufzustehen, um siebenundvierzig Pies herzustellen. Sie hat den höchsten Standard in Qualität und handwerklichem Können. Sie rühmt sich nicht, sie steckt Lob einfach ein. Offensichtlich liebt sie Gott, geht sonntags zur Kirche und bäckt Pies nicht, um Geld zusammenzuraffen, sondern um zu dienen. Sie hat in ihrem Wesen das gewisse Extra, das sie zur Spitzenklasse macht, vielleicht gar zur Nummer eins in ihrem Ressort. Auf ihre Weise ist sie genauso Spitze wie die großen Unternehmer, von denen alle Welt spricht, denn sie leistet in ihrem Beruf Vortreffliches.«

Leonard stimmte zu: »Wer immer seine Arbeit so hervorragend ausführt wie diese Frau, hat auf jeden Fall das besondere Etwas, das Gott der menschlichen Natur einpflanzt; und sie hat es in vollem Maße.«

Dann setzte er hinzu: »Und noch eins ist sicher: daß wir heute kein Mittagessen brauchen.«

Wie wird man Spitzenkönner? Ein vorherrschender Zug, den ich bei Spitzenkönnern beobachtet habe, ist, daß sie es immer und immer wieder versuchen. Sie versuchen, ihr Bestes zu tun. Sie versuchen nicht, reich oder berühmt zu werden oder jemandem Eindruck zu machen. Und sie wetteifern nur mit einer einzigen Person: mit sich selber. Sie sind nicht darauf aus, andere zu übertrumpfen. Sie versuchen nur, sich selber zu übertreffen, indem sie ihr Können ständig vervollkommnen, um Besseres und immer noch Besseres zu leisten.

Der berühmte Maler Eric Sloane war mein Freund. Er lebte wenige Meilen von meiner Farm in Dutchess County (New York) entfernt, an derselben Landstraße. Er war ein Genie seltener Art, ein Mann, der aus bescheidenen Anfängen viel aus seinem Leben machte; er nahm das Talent, das ihm gegeben war, und steigerte es, indem er unablässig daran arbeitete und die vorhergehenden Bemühungen zu übertreffen versuchte.

Er malte ländliche Szenen wie etwa alte rote Scheunen im Staat New York und in Vermont, eine Heumiete auf einer Wiese, eine Milchkanne vor einer Molkerei. Er hat auch ein Bild für mich gemalt, das mir sehr lieb ist und in meiner Bibliothek hängt. Es stellt eine Kirche mit weißem Spitzturm in einem kleinen Dorf im Herbst dar, im Vordergrund eine gewundene Mauer aus Steinen. In seinen frühen Jahren verkaufte er seine Bilder sehr billig; später wurden sie Sammlerstücke – und kostspielig.

Er war einer unserer größten Maler des Himmels über uns, den Emerson »das tägliche Brot der Seele« genannt hat. Ein Leben lang studierte er den Himmel, seine sich ständig verändernden Farben, seine Wolkengebilde. Seine Himmelsbilder waren Meisterwerke, nicht nur an Schönheit, sondern auch an besinnlicher Tiefe.

So bereicherte er die amerikanische Kunst. Dann kam der Tag, an dem er seine Palette und seine Pinsel niederlegte, das Schöne, das er geschaffen hatte, zurückließ und still zu Gott heimging.

Ich leitete seine Beerdigung, die an einem Frühlingsnachmittag in einer kleinen Stadt in Connecticut stattfand. Seine Asche wurde unter einem riesigen Findling im Garten des Museums begraben, der ihm Ehre erwies. In dem mächtigen Felsbrocken ist sein Name eingemeißelt, Eric Sloane, und ein Ausspruch, den er oft tat: »Gott weiß, daß ich's versucht habe.« Wenn Gott weiß, daß Sie und ich es versuchen, kommt er uns mit zusätzlicher Unterstützung zu Hilfe.

Während ich einmal an diesem Kapitel arbeitete, saß ich im Admirals Club der American Airlines im Flughafen La Guardia und wartete auf mein Flugzeug. Als ich mich umsah, schien mir der Anteil mürrischer Gesichter größer als sonst zu sein. Diese düstere Atmosphäre diente als Kontrasthintergrund für einen Mann, der an Krücken hereinhumpelte und dessen Hals in Bandagen eingehüllt war. Doch er lachte und spaßte mit Bekannten. Auf dem Weg zum Ausgang wechselte er auch mit mir ein paar Worte, und ich bemerkte: »Ihre Fröhlichkeit erhellt mir den Tag.«

Ein Schatten des Schmerzes durchzuckte sein Gesicht. »Ich versuch's halt«, erwiderte er, »und glauben Sie mir, Versuchen hilft. Gott segne Sie.« Damit ging er hinaus und ließ einen Hauch von Optimismus hinter sich zurück. In einem Land der Spitzenkönner ist es eine bekannte Tatsache, daß Gottvertrauen einen wichtigen Faktor bei überdurchschnittlichen Leistungen bildet, denn Glaube und Vertrauen bringen die Menschen dazu, in ihren Bemühungen nicht nachzulassen und damit letztlich ihr Ziel zu erreichen.

Es gibt eine Organisation mit dem Namen »Horatio Alger – Vereinigung herausragender Amerikaner«. Die Mitglieder sind Männer und Frauen, die sich aus bescheidenen Verhältnissen durch ausdauernde Bemühungen zu einem führenden Rang in der Industrie oder anderen Bereichen emporarbeiteten. Ich habe einige Abendessen dieser Vereinigung besucht, bei denen die Preisträger jeweils ein paar Worte sprachen. Es war auffallend, daß diese Geehrten ihren Erfolg immer darauf zurückführen, daß sie nie aufgehört hatten, sich zu bemühen, und auf ihr Vertrauen in Gott, der ihnen stets geholfen hatte, besonders dann, wenn es ganz schwierig wurde.

Das Erfolgspotential, ein anderer Name für die Fähigkeit, das, was man tut, meisterhaft zu tun, steckt, wie ich glaube, in jedem normal intelligenten Menschen. Warum werden dann die einen wirkliche Meister und andere nicht? Motivation oder Mangel an Motivation, das scheint mir die treffendste Antwort auf diese Frage zu sein. Motivation gibt einem den Glauben, daß man etwas kann. Sie verleiht einem das Wissen, daß man allen Widrigkeiten, die sich einem in den Weg stellen, zu begegnen und sie zu überwinden imstande ist. Und sie läßt einen durchhalten, weitermachen, weiterstreben, weiterdenken, weiter glauben in allen Wechselfällen der Laufbahn.

Eines Mittags sprach ich darüber beim wöchentlichen Treffen des Rotary-Clubs in Hongkong. Später sagte ein Mitglied des Clubs, ein Chinese, zu mir: »Sie hatten ja so recht mit Ihren Worten heute.« Dann erzählte er mir seine eigene Geschichte. Als junger Mann hatte er mit seiner Frau und zwei kleinen Kindern in Schanghai gelebt. Dann kamen die Kommunisten an die Macht, und nach deren Beschlagnahmung von Privatbesitz war die früher ziemlich wohlhabende Familie praktisch mittellos. »Ein innerer Drang«, fuhr er fort, »veranlaßte uns, unser Zuhause zu verlassen, nur mit den Kleidern, die wir anhatten, und ein paar wenigen Dingen, die wir tragen konnten. Ich erinnere mich, wie ich mich in unserem Haus umsah und dann nur meine Bibel mitnehmen konnte, die ich mir unter das Hemd steckte. Dann wanderten wir fort. Nachts schliefen wir auf offenem Felde. Wir marschierten nach Hongkong und schlüpften über die Grenze.

Wir fanden dort Tausende von flüchtigen, freiheitsliebenden Chinesen vor. Wie sie suchten wir alte Kisten und Wellblechstücke zusammen und zimmerten uns eine Notunterkunft. An Suppenküchen, die von der Regierung in Hongkong unterhalten wurden, konnten wir jeweils zur Essenszeit anstehen und unsere Ration bekommen.

Um mich nicht unterkriegen zu lassen, las ich ständig in der Bibel und betete zu Gott. Er schenkte mir das Gefühl, daß ich besser für meine Familie sorgen könne, daß wir uns aus dieser Existenz aufschwingen könnten, ja, daß ich irgendwann tatsächlich etwas werden könne. So verlor ich den Glauben nie. Wir hielten Monat um Monat durch. Gott schien mir zu sagen, ich müsse unseren Nachbarn Mut machen, also redeten wir mit ihnen über Glauben und Gottvertrauen.

Dann las ich eines Tages in der Heiligen Schrift die Stelle im Philipperbrief 4,13: ›Ich vermag alles durch den, der mich stark macht.‹ Wissen Sie«, sagte er mit einem Ausdruck des Staunens, »ich hatte das schon tausendmal gelesen, aber diesmal spürte ich, daß jetzt Handeln geboten war. So studierte ich, grübelte ich, und dann kam ich auf eine mathematische Formel: Ich glaube an Christus + mit Christus kann ich's schaffen + mit Christus werde ich es schaffen = ich will es schaffen. Dann begann ich nachzudenken, richtig nachzudenken, und Gott tat mir kleine Möglichkeiten auf. Wunderbare kleine Dinge geschahen. Das Ergebnis: Im Verlauf der Jahre bin ich in dieser Stadt Geschäftsmann geworden. Gott hat mich gedeihen lassen, und ich habe mich stets an jene Formel gehalten, die Gott mir eingab.«

Ich zähle die Begegnung mit jenem Chinesen zu den motivierendsten Ereignissen meines Lebens. Denn er gab mir bei dem Gespräch eine unschätzbar wertvolle Formel weiter. Auch ich habe seither nach ihr gelebt. Ich empfehle sie Ihnen eindringlich. Sie funktioniert bei allen, die daran glauben und damit arbeiten. Schieben Sie sie nicht achtlos beiseite, sie ist eine kostbare Perle.

Wohlstand und Erfolg stellten sich bei unserem chinesischen Freund nicht mühelos ein. Er mußte sich bemühen und immer wieder neu bemühen. Der Weg war hart und steinig, aber er ließ nicht locker. Er verlor nie den Mut. Er gab nie auf. Er fuhr immer wieder fort, zu glauben, zu studieren, zu arbeiten, etwas zu versuchen und noch einmal zu versuchen. Er war ein positiver Denker, der Negatives nie Fuß fassen ließ. Er war stets voll Vertrauen. Und schließlich wurde er zum Sieger. Er wurde tatsächlich zu einem Mann der Spitzenklasse.

Und was bedeuten diese Geschichten von erfolgreichen Leuten für Sie und mich? Sie sollen uns einfach daran erinnern, daß auch wir unsere Ziele erreichen können, wenn unser Plus-Faktor am Werk ist und der Herr uns beisteht.

16

Der Plus-Faktor und die Gesundheit

Wir sind heutzutage gesundheitsbewußter denn je. Zeitungen, Zeitschriften, Radio und Fernsehen bringen regelmäßig Beiträge zum Thema Gesundheit. Unser Büro bekommt im Laufe eines Jahres Tausende von Zuschriften und Anrufen, in denen Menschen sich mit ihren Problemen an uns wenden. Und das Problem Nummer eins in der Mehrzahl dieser Briefe ist die Gesundheit, sei es die des Briefschreibers oder die eines ihm Nahestehenden.

Wie fängt ein Nichtmediziner es an, gute Ratschläge zur Erlangung und Bewahrung der Gesundheit zu erteilen? Wenn er selber bei bester Gesundheit ist, kann er natürlich in bezug auf die Maßnahmen, die er zu deren Erhaltung trifft, Auskünfte geben. Da meine Frau Ruth und ich schon immer als Gespann zusammengearbeitet haben, will ich Ihnen ein doppeltes Geheimnis verraten und in groben Zügen darlegen, wie wir beide uns Wohlbefinden und Energie erhalten.

Unser Lebensstil ist der eines berufstätigen Ehepaares. Zum Beispiel sind wir die Direktoren von zwei ziemlich großen Verlagen. Ruth gibt meine Bücher heraus und ist auch selber Autorin. Sie begleitet mich zu vielen Vortragsverpflichtungen. Auf solchen Reisen arbeiten wir gemeinsam an Manuskripten und an unserer umfangreichen Post. Unser Arbeitsplan erfordert, daß wir gesund sind, denn er verlangt viel Energie, und Energie läßt sich nur aus Gesundheit ableiten.

Ruth und ich hatten schon immer eine gute Gesundheit. Wir sind seit über fünfzig Jahren verheiratet, und ich habe gelernt, in ihr eine Quelle der Klugheit und des Verständnisses zu sehen. Ich habe sie gefragt: »Warum waren wir eigentlich stets mit Gesundheit gesegnet? Ich schreibe dieses Buch, um Menschen zu helfen, deshalb sollten wir unser gemeinsames Rezept bekanntgeben.«

Im folgenden finden Sie einige Grundsätze, die wir aus unserer eigenen Erfahrung weitergeben können.

Als erstes haben wir herausgefunden, daß einer der Wege, gesund und erst noch glücklich zu sein, in interessanter Arbeit besteht. Wir sind gesund, kräftig, energisch, dabei arbeiten wir tagtäglich hart, und das seit vielen Jahren. Wir frühstücken schon vor sieben Uhr und arbeiten zu Hause an Vorträgen und Manuskripten bis halb neun oder neun, dann gehen wir ins Büro. Dort erwartet uns ein gedrängtes Arbeitspensum von Sitzungen, Besprechungen, Interviews, Telefongesprächen und Diktieren der Post. Das Mittagessen besteht aus einem halben Sandwich und einem halben Apfel am Schreibtisch und dauert etwa eine Viertelstunde.

Wenn wir nicht auf der »Guideposts«-Redaktion oder in der »Stiftung für Christliches Leben« sind, nehmen uns die Vortragsreisen zu nationalen Geschäftstagungen überall in den Vereinigten Staaten und in Kanada und gelegentlich auch in so entfernten Ländern wie Neuseeland und Australien voll in Anspruch. Uns gefällt dieses Leben dermaßen, daß wir nur sehr wenig Ferien nehmen. Und dieses rege Arbeitspensum erfüllen wir Monat um Monat, Jahr um Jahr. Trotzdem oder vielleicht eben wegen unseres lebhaften Interesses an all diesen Tätigkeiten sind wir gesund.

Eigentlich denken wir selten an unser fast selbstverständliches Wohlbefinden, außer wenn es darum geht, ein Kapitel wie dieses zu schreiben. Dann fragen wir einander, warum und wie wir bisher imstande waren, in einem so geschäftigen Leben über so viele intensiv aktive Jahre hinweg bei Kraft und Energie zu bleiben. Wir sind keine Genies, sondern ganz gewöhnliche Alltagsmenschen; daß wir immer noch äußerst aktiv sein, von einer Aufgabe zur andern eilen, jährlich eine Viertelmillion Kilometer weit für Rednerverpflichtungen reisen und doch bei bester Gesundheit sein können, bedeutet doch, daß andere dazu ebenfalls in der Lage sind. Wenn Sie richtig denken, beten und die innere Ruhe bewahren, dann sind Sie auf gutem Wege zu körperlichem Wohlergehen.

Wenden wir uns nun dem Essen zu, das meiner Meinung nach für die Gesundheit grundlegend wichtig ist. Wir essen einfach. Ein Schälchen Getreideflocken mit einer Banane und ein Stück Toast oder ein Brötchen zum Frühstück, ein karger Imbiß zu Mittag am Schreibtisch, wie schon erwähnt, und ein frühes Abendessen, das aus Fisch oder Huhn mit Gemüsen und Salat besteht. Wenn wir Fleisch essen, dann meist Kalbfleisch. Kalorien zählen wir nicht, aber wir sind sparsam mit Süßigkeiten, haben nie einen Salz- oder Zuckerstreuer auf dem Tisch und halten die Nahrungsmenge insgesamt unter Kontrolle. »Zwischendurch« essen wir sowieso nichts.

Wir gehen früh zu Bett, wenn wir keine Verpflichtungen haben, die uns auswärts aufhalten. Vor dem Schlafengehen oder vor dem Abendessen, wenn wir auf der Farm sind, auch beides, gehen wir zwei bis drei Kilometer, mitunter schwimmen wir auch.

Wenn wir in New York sind, gehen wir täglich eine Meile auf der Fifth Avenue, der Madison oder Park Avenue. Wir haben zwei Lieblingsrestaurants, ein chinesisches und ein deutsches, beide sind eine Meile von unserem Arbeitsplatz entfernt, und wir gehen zu Fuß hin und zurück. Das Gehen hat bei uns erste Priorität; wir finden, daß es viel zu einer guten Kondition beiträgt.

Wie gesagt, sind wir nicht der Meinung, daß Arbeit schadet, im Gegenteil: Wenn man zutiefst an seiner Arbeit interessiert ist, bleiben einem viele Wehwehchen erspart. Wir haben keine Zeit, ungesund zu sein. Gott weiß das und hilft großzügig mit, indem er uns beide fit hält, um die Aufgaben zu erfüllen, zu denen er uns berufen hat. So sind unsere Plus-Faktoren ständig in gutem Funktionszustand, erzeugen andauernd die notwendige Energie, damit wir weitermachen und unseren beträchtlichen Pflichten nachkommen können.

Als ich indessen vor dem Schreiben dieses Kapitels Ruth fragte, warum wir wohl in unserem Alter noch so gesund seien, antwortete sie: »Nun, zum einen sind wir nicht Leute, die sich sorgen oder ängstigen, und wir hassen niemanden. Und zum zweiten lieben wir Gott und unseren Herrn Jesus und die Menschen und geben uns ernsthaft Mühe, nach dem Willen des Herrn zu leben. Das wär's eigentlich schon«, schloß sie.

»Denk positiv, bleib gesund«, lautete die Schlagzeile über einem Artikel in der Londoner »Sunday Times« vom 27. Juli 1986. In dem Artikel wird erklärt, daß »Depressionen und Ängste die Fähigkeit des Körpers, Krankheiten abzuwehren, untergraben«.

> Die volkstümliche Meinung, daß sich nach Angst und Depressionen eher Krankheiten einstellen, wurde kürzlich durch wissenschaftliche Studien erhärtet. Die Immunologen entdecken immer mehr über den Zusammenhang zwischen Seele und Körper.

Wir wissen zum Beispiel, daß in Streßperioden der Körper große Mengen eines Steroides namens Cortisol erzeugt. Dieses hemmt die Arbeit von Makrophagen, das sind Zellen, die ein entscheidender Teil unseres Immunsystems sind. Das bedeutet, daß der Körper auf Infektionen nicht mehr normal reagieren kann.

Nachdem die Forscher Beweise dafür haben, daß Streß das Immunsystem schwächt, versuchen sie nun herauszufinden, welche Art von Zuständen und Ereignissen es umgekehrt stärken ...

Dr. Stephen Greer vom Royal Marsden Hospital hat dargelegt, wie solche Sorgen auch die physische Verfassung des Patienten beeinträchtigen können. Er achtete auf den seelischen Zustand von Frauen, denen im Zuge einer Krebsbehandlung eine Brust amputiert wurde, und stellte fest, daß bei Patientinnen, die zu einer positiven Einstellung gefunden hatten, die Überlebenschance auf zehn Jahre hinaus doppelt so groß war wie bei jenen, die nach der Operation an Depressionen litten.

»Wir wollen unsere Patientinnen Erkenntnisstrategien lehren – das heißt geistig-seelische Tricks, um ihr negatives Denken zu bekämpfen«, erklärte er.

Diese und andere bedeutsame Forschungsergebnisse, über die ausführliche Berichte erschienen sind, untermauern das Vorhandensein von Gesundheitsvoraussetzungen in unseren Einstellungen. Diese stützende Extrakraft, die wir den Plus-Faktor nennen, ist eine Gabe, die der Schöpfer jedem von uns geschenkt hat, um sich geistig und körperlich in Form zu halten. Es ist ja nur logisch, daß es Gottes Wille ist, daß die wunderbaren Instrumente, die er erschuf, nämlich Körper und Geist, so gut funktionieren, wie er es geplant hat.

Seit vielen Jahren arbeite ich aufs engste mit Menschen und ihren Problemen, und ich zögere keinen Augenblick, zu behaupten, daß eines der Geheimnisse guter Gesundheit darin liegt, sich Geist und Seele gesund zu erhalten. Wer nach den Lehren und im Geist Jesu Christi lebt, ist psychisch gesund, und psychische Gesundheit führt zu einer ganzheitlichen Persönlichkeit. Damit will ich nicht sagen, daß gläubige Menschen nie krank werden; natürlich erkranken auch sie. Aber es ist eine erwiesene Tatsache, daß sich echte Religiosität ganz allgemein positiv und Abkehr von moralischen Grundsätzen negativ auf die Gesundheit auswirken.

Es ist vielleicht merkwürdig, wie körperliche Störungen oder sogar eine bleibende Verschlechterung oft durch Schuldgefühle verursacht werden. Wir leben in einer Zeit, in der manche Leute tatsächlich glauben, man könne ruhig ein wenig Unrecht tun; schließlich gehe es nur einen selbst an und tue niemandem weh. Das Dumme ist, daß es doch jemandem weh tut – einem selbst! Ungut Handeln frißt am Wohlbefinden. Es kann Körper und Seele in Mitleidenschaft ziehen und führt oft zu Krankheit.

Ein hervorragender Ohrenarzt sagte mir, daß Ohrenbeschwerden – wie etwa Ohrensausen, Hörschwäche, Gleichgewichtsstörungen, Schwindel – nicht immer körperlicher Natur seien. Sie können von Schuldgefühlen verursacht werden.

Unlängst erzählte mir dieser Arzt, der von Kollegen als führende Kapazität bezeichnet wird, von einer Patientin, die über Schmerzen im linken Ohr klagte. Er untersuchte sie gründlich, fand aber nichts. Sie kam mehrmals wieder und meinte, es *müsse* mit ihrem Ohr etwas sein.

Der Doktor sagte: »Hören Sie, ich habe alles genau untersucht, da fehlt nichts.«

Er betrachtete sie eingehend. Sie war dick, viel zu schwer für ihr Alter und ihre Größe. Ohne dieses Übergewicht wäre sie hübsch gewesen. Anscheinend litt sie unter Eßzwang. Es gibt Zwangsesser und Zwangstrinker, und beide werden von verdrängten emotionalen Konflikten getrieben. Wenn Sie jemanden sehen, der übermäßig trinkt oder ißt, können Sie ziemlich sicher sein, daß seelische oder gefühlsbedingte Störungen vorliegen. Menschen, die sich gewaltsam vollstopfen, versuchen etwas wegzufressen, was an ihnen frißt.

Der Arzt fragte die Patientin, warum sie es zulasse, so übergewichtig zu werden. »Wahrscheinlich, weil ich so unglücklich bin«, klagte sie. »Ich war verheiratet, aber ich war meinem Mann nicht treu. Wir sind geschieden. Und jetzt habe ich eine Affäre mit einem verheirateten Mann. Aber was hat das mit meinem Ohr oder mit meiner Esserei zu tun?«

»Es hängt möglicherweise beides damit zusammen«, erklärte der Arzt.

»Ja und?« rief sie aus, »was soll ich machen? Ich gebe zu, daß ich mich miserabel fühle, und ich weiß, daß ich mich falsch verhalte, aber wie kann ich mir helfen?«

Der Arzt antwortete: »Zuerst müssen wir Ihre Schuldgefühle loswerden. Ich glaube nicht, daß Sie je richtig glücklich oder körperlich wohlauf sein werden, solange Sie Ihre inneren Konflikte nicht anpacken und lösen. Also ziehen wir am besten diese Schuldgefühle aus Ihren Gedanken ab.« Als christlicher Laie fühlte er sich diesem psychischen Problem gewachsen.

Als sie schließlich ihre Schuldgefühle in den Griff bekam, machte sie mit dem verheirateten Mann Schluß. Nach und nach brachte sie ihr Gewicht um dreißig Pfund herunter. Sie wurde eine gesunde, frohe, innerlich zufriedene Frau. Und dann waren ihre Ohrenbeschwerden weg.

Schuldgefühle können auf mancherlei Weise seelische und auch körperliche Störungen verursachen. Manchmal werden Menschen infolge einer lange verschwiegenen Schuld von Sorgen und Ängsten geplagt. Ja, Unruhe und Angst sind so unlösbar miteinander verknüpft, daß diese beiden Feinde des Wohlbefindens, wenn sie sich miteinander verbünden, einem das Leben wirklich elend machen können. Wer von Angstzuständen heimgesucht wird, sollte sich ernsthaft und ehrlich fragen, ob ein Schuldgefühl im Spiel sein könnte. Dessen Beseitigung ist für die Heilung unabdingbar.

Ich kannte einen Mann, der als Opfer von Angstzuständen eine dramatische Veränderung seiner Persönlichkeit durchmachte, einer Persönlichkeit, die vordem frei von abnormaler Furcht gewesen war. Es stellte sich heraus, daß er gegen seine eigenen moralischen Gesetze verstoßen und in der Folge einen schweren Schuldkomplex entwickelt hatte. Traurig mußte er sich eingestehen, daß diese tiefverwurzelten Überzeugungen nicht ohne katastrophale Zersetzung der Persönlichkeit beiseite geschoben werden können.

Ich empfahl mehrere Schritte, um ihm zu Frieden und Erneuerung zu verhelfen. Erstens: er mußte sein falsches Handeln sofort einstellen. Zweitens: er brauchte eine vollständige seelische Läuterung unter der Führung eines kompetenten geistlichen Beraters. Damit meinte ich, daß er alles Böse, das er gedacht und getan hatte, aus sich herausschütten müsse und nichts zurückbehalten dürfe. Ein gutes »Ausspülen« der Seele kann bei jedermann Wunder wirken. Drittens: er sollte göttliche Vergebung erbitten und bekommen. Dem Aufrichtigen wird Vergebung rasch und großzügig gewährt. Viertens: er sollte sich selber vergeben, was noch schwieriger ist. Und er sollte sich nicht länger verurteilen. Das Ich glaubt instinktiv, es müsse sich ständig und immer wieder bestrafen. Selbstvergebung ist lebenswichtig, macht sie doch der abnormalen Selbstbestrafung ein Ende. Fünftens: er sollte seine Persönlichkeit auf einer mit seinen innersten Überzeugungen in Einklang stehenden Grundlage neu aufbauen.

Als der Mann dieses Rezept befolgte, fand er seinen Frieden und auch seine Gesundheit wieder.

Wir befassen uns hier aber mehr mit der Verhütung von Krankheiten als mit deren Heilung. Ich halte es für eine unumstößliche Tatsache, daß jemand, der ein harmonisches, gesundes geistig-seelisches Leben führt, sich am ehesten Kraft und Energie und Wohlbefinden bewahrt. Ein solcher Mensch ist frei vom »Virus« der Ressentiments. »Kranke« Gedanken können seine Gesundheit nicht untergraben.

Daß es indessen eine Ebene gibt, auf der spirituelle Kräfte auch heilend wirken, scheint aus den Erfahrungen vieler vollkommen zuverlässiger Leute hervorzugehen. Ein Bekannter hat mir einen Zeitungausschnitt aus »The Daily Review« von Towanda (Pennsylvania) vom 13. August 1985 geschickt. Er enthält die Geschichte der Heilung von Sally Schultz, einer Mutter und hochangesehenen Krankenschwester in jener Gemeinde. Ich kenne Sally Schultz nicht und weiß über den Fall auch nichts außer dem, was der Journalist Wes Skillings in seinem Bericht geschrieben hat. Doch ich finde diese Geschichte einer Heilung seltsam anrührend und auch bezeichnend für das Wirken des Plus-Faktors.

> Sally Schultz hat etwas Altersloses an sich. Sie ist einer jener seltenen Menschen, die den Zyklus, der uns mählich Jugend und Vitalität raubt, umzuwenden scheinen. Ihr rostbraunes Haar und der zarte Porzellanteint, betont von rosig angehauchten Wangen, die das feinste

Rouge beschämen würden, lassen vergessen, daß diese Frau Mutter von drei über zwanzigjährigen Kindern ist.

So war es nicht immer. Sie litt an einer Krankheit, die den Sonnenschein zu ihrem Feind machte. Wenn sie im Freien war, auch im Sommer, steckte sie in einem Kokon von langen Ärmeln, Hosenbeinen, Handschuhen, Hüten und Schals.

Eines Tages würde die Sonne sie umbringen.

Das war eine Krankheit namens Lupus. Nach einem Autounfall vor 20 Jahren war sie plötzlich aufgetreten. Bei dem Unfall wurde ihr Kiefer gebrochen und verschiedene Knochen und Sehnen ihres Halses angerissen und gequetscht. Sie wurde von einer ganzen Batterie von Beschwerden heimgesucht, die ihren Körper zunehmend schwächten. Schmerzen wurden ihre ständigen Begleiter. Etwas vom Brutalsten war eine Arthritis, die die einfachsten Bewegungen zur Qual werden ließ und ihr oft mehrere Nächte hintereinander den Schlaf raubte. Sie war allergisch gegen alles, besonders Aspirin – und es sah aus, als wären alle Fortschritte der modernen Medizin in ihrem Fall nutzlos.

Sally begann nach Antworten zu suchen. Je mehr sie las, desto überzeugter wurde sie, daß die Kraft, alle ihre Leiden zu besiegen, in ihr selbst lag. Obwohl sie nicht in einer religiösen Familie aufgewachsen war, fand sie in der Macht des Gebetes und der Meditation große Erleichterung. Beim Lesen fand sie immer wieder den einen Schlüssel: die Antwort ist in deinem Kopf, in einem Winkel des Gehirns oder im Unterbewußtsein, wo sie darauf wartet, angezapft zu werden. Wenn das stimmte – und instinktiv wußte sie, daß es stimmte –, mußte sie sich fragen, ob die Krankheiten selbst, die sozusagen alle voneinander lebten, aus der durch negative Kräfte irgendwo in ihrem Bewußtsein aufgekeimten Saat erwachsen waren.

»Wenn mir im Kopf etwas fehlt, dann sagen Sie es mir bitte«, bat sie die Ärzte. »Ich werde es akzeptieren.« Aber natürlich war nichts eingebildet, sondern die physischen Beweise lagen vor: in den Tests und in ihrer wachsenden Krankengeschichte. Je mehr sie las, desto sicherer wurde sie, daß eine Kraft in ihr diese Eindringlinge würde besiegen können.

Ein Wunder kam für Sally Schultz in den frühen Morgenstunden. Sie hatte nicht schlafen können. Nun schlummerte sie kurz ein und erwachte dann mit einem übermächtigen Drang, aufzustehen. Da war kein Schmerz. Sie stand auf und ging durchs Zimmer. Kein Schmerz. Sie setzte sich, erhob sich. All die Bewegungen, die so unerträgliche Pein bereitet hatten, gelangen auf einmal mühelos, schmerzlos.

Die Krankheit kam nie wieder. Irgendwie genas sie. Für sie sind die Jahre, die seither vergangen sind, Jahre der ständigen Heilung gewesen. »Ich bin tatsächlich auf eine höhere Ebene der Heilung gelangt«, sagt sie.

»Es ist Geist, Körper und Seele«, erklärt sie ruhig. Als überzeugte Befürworterin natürlicher Nahrungsmittel, Vitamine und Kräuter ist sie im Ort als Besitzerin eines Ladens für Gesundheitsnahrung bestens bekannt.

»Aber man braucht auch seelische Nahrung«, sagt sie. »Und da läuft nichts, solange nicht das Ego durch die Tür verschwindet.«

Sie ist sicher, daß auf einer anderen Ebene ein ständiger Kampf zwischen positiven und negativen Energien herrscht.

»Ich glaube, daß es einen offenen Kanal zum Schöpfer gibt«, fährt sie fort. »Er ist unsere Vergangenheit, Gegenwart und Zukunft.« Es sei ein Kanal, den wir alle benützen können. Und dann stellt sie schlicht fest: »Man muß sich verlieren, um ihn zu finden.«

Als jemand, der an Visionen und Anweisungen aus einem höheren Reich glaubt, fühlt sie sich oft zum Lesen einer bestimmten Bibelstelle aufgerufen und ist schon häufig mitten in der Nacht aufgewacht mit dem plötzlichen Bewußtsein, daß jemand ihrer Fürbitte oder Hilfe bedürfe. Und diese Anweisungen, sagt sie, hätten sich bisher noch nie als falsch erwiesen.

Obwohl Lupus eine bekanntermaßen unberechenbare Krankheit ist, die immer wieder aufflammen und nachlassen kann, besteht Anlaß zur Vermutung, daß die innere Einstellung des Opfers bei deren Verlauf eine Rolle spielt.

Im vorliegenden Fall gelangte Mrs. Schultz zur Überzeugung, daß eine Kraft in ihrem Inneren darauf hinwirkte, ihre Gesundheit wiederherzustellen. Mir scheint, wir können diese Kraft als den Plus-Faktor identifizieren, das besondere Etwas, das der Schöpfer in uns eingepflanzt hat.

Mein Bruder Dr. Robert Clifford Peale war Arzt und Chirurg; er hatte an der Harvard Medical School studiert. Für mich war er immer der geborene Arzt. Er war von der Natur mit einem liebevollen Wesen ausgestattet, und seine Patienten hingen sehr an ihm. Er sagte mir einmal: »Norman, du wirst lange leben, auch wenn du dich mit Arbeit schindest.« Als ich wissen wollte, warum er das glaube, antwortete er: »Du hast das unschätzbare Geheimnis gefunden, inmitten allen äußeren Aufruhrs den inneren Frieden zu haben. Und«, fügte er hinzu, »Ruth hat diese Gabe auch, sogar noch mehr als du.«

Wenn Bob mit dieser Diagnose recht behielt, dann deshalb, weil Ruth und ich das Glück hatten, einen der größten Segen in dieser Welt zu finden; die Heilige Schrift nennt ihn »den Frieden Gottes, welcher höher ist als alle Vernunft«. Auch Sie können ihn erwerben.

Während ich diese Zeilen schreibe, arbeite ich in meinem Zimmer in der Schweiz, das auf einen blauen, von firnbedeckten Bergen umkränzten See hinausgeht. Den blauen Himmel darüber zieren ein paar flockige weiße Wölkchen. Dieser märchenhafte Flecken Erde enthält den Frieden der Welt in reichem Maße.

Gerade vorhin zeigte die Natur eines ihrer herrlichsten Schauspiele. Der breiteste Regenbogen, den ich je gesehen habe, erstreckte sich vom See über einen hohen Schneeberg tief hinunter in ein Alpental. Dieser gigantische Regenbogen war wie ein inniger Segenswunsch für Frieden und Hoffnung. Aber so unbeschreiblich die Natur in ihrer Wirkung der Schönheit auf den menschlichen Geist auch ist, kann sie es doch niemals mit dem Frieden Gottes in seiner heilenden Wirkung aufnehmen. Jesus selbst benutzt diesen Vergleich: »Meinen Frieden gebe ich euch. Nicht wie die Welt gibt, gebe ich euch.« (Johannes 14,27) Man kann gar nicht stark genug hervorheben, daß der von Gott eingehauchte Frieden seelisch und körperlich Harmonie und Wohlbefinden hervorbringt und damit der größte Segen für die Gesundheit ist.

Nach einem Bericht im »International Journal of Cardiology« vom Januar 1986 kann religiöser Glaube ein Schutz gegen Herzkrankheiten sein. Zu diesem Schluß kamen israelische Forscher, die unter frommen orthodoxen Juden ein selteneres Vorkommen von Herzanfällen feststellten als unter nichtpraktizierenden. In dieser Untersuchung von 500 Männern und Frauen nannten die Forscher psychologische und soziale Faktoren, die möglicherweise eine Rolle spielten, meinten aber: »Der starke Glaube an ein höchstes Wesen und die Rolle des Gebets dürften an sich schützend wirken.«

Mein Freund und Arzt Dr. John C. Carson in La Jolla (Kalifornien) ist immer so freundlich, meine Gesundheit zu überprüfen, wenn er jeden Sommer einen Monat als Arzt von Lake Mohonk verbringt, das in einem ausgedehnten Waldgebiet im Staat New York liegt. John läuft jeden Tag inmitten dieser Stille und hat das Gefühl der inneren Ruhe, das er offensichtlich aus dieser Umgebung gewinnt, an mich weitergegeben. In einem viel kleineren Umkreis auf unserer nicht weit davon entfernten Farm habe ich bei Spaziergängen unter Bäumen und durch Wiesen eine innere Ruhe gefunden, die sich in normalen Blutdruckwerten und einer guten Herztätigkeit niederschlägt.

Während ich inmitten der Schweizer Alpen dieses Kapitel schrieb, rief mich eine perfekt Englisch sprechende Holländerin an und sagte: »Was ich mehr als alles andere haben möchte, ist ein inneres Gefühl des Friedens Gottes.« Ich antwortete, wenn sie in ihrem Inneren immer näher bei Gott lebe, sei ihr dieser Friede gewiß. Und dann bin ich sicher, daß sich diese Dame in entsprechendem Maße einer guten Gesundheit erfreuen wird, denn der Friede Gottes und die Gesundheit von Seele und Körper gehen Hand in Hand. Der Plus-Faktor wird in Form neubelebter Energie freigesetzt.

Daß das Denken die Gesundheit zum Schlechten wie zum Guten beeinflussen kann, ist schon oft nachgewiesen worden. Der verstorbene einstige Postminister James A. Farley war ein Freund von mir. Als ich ihm einmal auf der Straße begegnete und mit ihm plauderte, fiel mir wie schon oft seine prächtige Gesundheit auf. Ich wußte, daß er schon über achtzig war, und sagte bewundernd: »Jim, du siehst noch genauso aus wie vor fünfundzwanzig Jahren. Wie kommt es nur, daß du so gesund aussiehst und keine Anzeichen des Alterns zeigst?« Da lächelte er: »Ich denke eben nie alte Gedanken.«

Was sind alte Gedanken? Vielleicht fadenscheinige, abgetragene, müde Gedanken über das Leben, seine Sorgen und Mühen, wie sie uns allen begegnen. Alte Gedanken nehmen mitunter die Form von Groll, ja von Haß an. Solche Gedanken können, wenn man sie über eine lange Zeit hegt, körperlich schlechte Auswirkungen haben. Explosiver Zorn löst bekannte Reaktionen aus. Wenn der Zorn nicht so hitzig ist, sondern nur leise brodelt, ergeben sich vielleicht heimtückische Auswirkungen, die erst mit der Zeit akut werden.

Andererseits führen manche Leute ihren Gedanken stets von neuem die Würze, die guten Gelegenheiten, ja das Wunder des Lebens zu. Sie sacken nicht ein, sie verlieren ihren geistigen und seelischen Schwung nicht. Der Plus-Faktor arbeitet ständig für sie und hält sie lebendig, vital, interessiert.

Es ist wichtig, daß man für sich gute Gesundheit erwartet, denn was man sich vorstellt und erwartet, hat gute Chancen, Wirklichkeit zu werden. Ich habe einige Male in meinem Leben eine gesundheitliche Krise durchgemacht, die Anlaß zu Besorgnis gab. Doch selbst in solchen Notfällen erwartete ich stets, daß die Sache gut ausgehen werde. Und jedesmal kam ich in bester Verfassung aus der Krise heraus. Positive Vorstellungen und die Erwartung guter Gesundheit tragen meiner Meinung nach viel dazu bei, körperlich und seelisch eine positive Reaktion auszulösen. Der Plus-Faktor ist fortwährend bestrebt, den Gesundheitszustand zu erzeugen, den man sich positiv vorstellt. Seelische Kraft verleiht dem Plus-Faktor Auftrieb. Es ist das Wirken des Glaubens, wie es in der Bibel steht: »Euch geschehe nach eurem Glauben!« (Matthäus 9,29) oder: »Wenn ihr Glauben hättet, ... nichts würde euch unmöglich sein.« (Matthäus 17,20)

Diese spirituelle Kraft, die, wie ich fest glaube, körperliche Kraft übersteigt, funktioniert aber nicht, und man kann das von ihr auch nicht erwarten, wenn sie von Praktiken begleitet wird, die der Gesundheit zuwiderlaufen. Positives Denken, positive Vorstellungen und positive Erwartungen mit all ihrer Kreativität können von einer Lebensweise, die gegen die Gesetze des Wohlbefindens verstößt, vereitelt werden. Aber wenn man vernünftig lebt, positiv denkt und daran glaubt, daß alles gut herauskommt, dann wird die Gesundheit, wenn auch nicht garantiert, so doch wahrscheinlich erreicht und gewahrt. (Natürlich ist professionelle ärztliche Hilfe notwendig; Sie sollten sich von Ihrem Arzt helfen lassen, sich Ihre Gesundheit zu bewahren.)

Hier sind, kurz zusammengefaßt, die Gesundheitsregeln, an die Ruth und ich uns halten und die auch Ihnen helfen werden:

1. Sorgen Sie dafür, daß Sie interessante Arbeit haben. Bleiben Sie aktiv bei einem Tun, das der Mühe wert ist.

2. Essen Sie einfach. Halten Sie unter Kontrolle, was Sie zu sich nehmen.

3. Gehen Sie früh schlafen, und stehen Sie früh auf.

4. Legen Sie größten Wert darauf, jeden Tag eine rechte Strecke zu Fuß zu gehen. Auch Schwimmen tut gut.

5. Lieben Sie Gott, hassen Sie niemanden, und ängstigen Sie sich nicht.

6. Lassen Sie niemals Schuldgefühle in Ihrem Innern wuchern. Fegen Sie sie aus.

7. Entwickeln Sie geistige und seelische Gesundheit.

8. Kultivieren Sie den »Frieden Gottes, welcher höher ist als alle Vernunft«.

9. Erwarten und denken Sie sich gute Gesundheit.

10. Halten Sie mit Hilfe spiritueller Pflege Ihren Plus-Faktor leistungsfähig.

17

Mit dem Plus-Faktor werden Rückschläge zu Aufschwüngen

Jim Deckers Name kam mir immer wieder in den Sinn. Und das war etwas seltsam, hatte ich ihn doch schon längere Zeit nicht mehr gesehen. Aber ich habe die Erfahrung gemacht, daß es meist ein Wink ist, etwas zu tun, wenn jemand hartnäckig durch meine Gedanken geistert. Und meistens bin ich nachher froh, den Wink befolgt zu haben.

Ich ging Jim besuchen und fand ihn in seinem Bürosessel zusammengesunken, ein Bild der Gedrücktheit und Verzweiflung. »Was ist denn los, Jim?« fragte ich. »Sonst bist du doch immer obenauf, glücklich und positiv. Warum dieser Trübsinn? Man kann ihn geradezu mit dem Messer schneiden.«

»Norman, ich habe den schwersten Rückschlag meiner geschäftlichen Laufbahn erlitten«, gestand er traurig. »Ich habe einen großen Auftrag, ein Drittel meines Geschäfts, verloren. Ich weiß, jetzt wirst du mir mit deinem ›positiven Denken‹ kommen, aber ich fürchte, das hilft diesmal nichts. Ich bin total am Boden. Es ist eine fürchterliche Schlappe.«

»Willst du's mir erzählen?« fragte ich und fügte hinzu: »Ich bin kein Weiser, aber manchmal hilft es schon, wenn man mit jemandem redet, besonders mit einem Freund, für den du ein feiner Kerl bist, der dich mag, der an dich glaubt.«

»Ja«, sagte er, »und es ist wirklich lieb, daß du gekommen bist. Es sieht dir ähnlich. Du hast ja recht: Ich grüble und grüble, bis ich erst recht durcheinander bin. Vielleicht tut es gut, mich auszusprechen. Wieviel Zeit hast du?«

»Wenn ich gehen muß, sag' ich's dir, Jim. Fang nur an.«

Das tat er. Er breitete alles aus, verurteilte sich selbst wegen seines »blödsinnigen« Handelns, seiner dummen Fehler, aber ganz allmählich redete er immer weniger von dem, was er hätte tun sollen, und immer mehr von dem, was er vielleicht tun sollte, was er tun könnte. Er begann nach Lösungen zu forschen. Er wandte sich im Geist von der Vergangenheit ab und versuchte der Zukunft ins Auge zu blicken. Und das war erst der Anfang.

Wenn einen ein schwerer Rückschlag trifft, besteht der erste Schritt auf dem Weg zur Erholung darin, daß man sich von der Vergangenheit abwendet und seinen Blick in die Zukunft richtet. Das geschah bei Jim indessen nicht von einer Minute zur andern. Ich hörte ihm mehr als zwei Stunden lang zu.

Und ich bin froh darüber, denn dadurch, daß er einem anteilnehmenden Freund gegenüber alles aussprechen konnte, arbeitete sich Jim Decker an jenem Rückschlag vorbei, verwob ihn schließlich schöpferisch in seine Erfahrungen.

Ich will Ihnen sagen, wie er den Weg fand, sich von dem Schlag zu erholen. Als er etwa zwei Stunden geredet hatte, unterbrach ich ihn: »Entschuldige, Jim, liest du eigentlich ›Guideposts‹?«

»›Guideposts‹? Aber natürlich. Phantastische Zeitschrift. Warum fragst du? Du weißt doch, daß ich sie lese.«

»Dann kennst du auch die Seite, die wir ›Worte, an denen man wachsen kann‹ nennen.«

Er nickte. »Da stehen gute Sachen.« Er deutete auf einen Stapel »Guideposts« auf einem Nebentischchen.

Ich suchte die Ausgabe vom September 1986 heraus. Dann sagte ich: »Ruh du jetzt deine Stimme aus und laß mich vorlesen, was Grant Teaff, der Coach der Football-Mannschaft der Baylor-Universität, zu sagen hat.«

Ich achte immer auf die richtigen Worte, um meine Mannschaft zu ermutigen. An der Baylor-Universität, wo ich seit 14 Jahren Cheftrainer bin, habe ich vom Lob bis zur Provokation alles eingesetzt, um das Beste aus meinen Spielern herauszuholen. Einmal aber kamen die richtigen ermutigenden Worte von einem Mannschaftsmitglied.

1980 waren wir ein sehr starkes Team und hatten die ersten sieben Spiele der Saison gewonnen. Wir waren weit oben und begannen uns ein wenig zu fürchten, als der Druck, gewinnen zu müssen, immer stärker wurde. Unsere achte Begegnung fand gegen die Mannschaft San José State statt, von der angenommen wurde, daß sie nicht unser Kaliber hatte.

In einer schockierenden Niederlage wurden wir von San José 30 : 22 geschlagen. Mit einemmal war unsere Selbstsicherheit dahin. Ich hörte Leute sagen, was hatte sein können, sah sie die Köpfe schütteln über das, was wir hätten tun können. Das Team schien dieses negative Denken aufzusaugen wie ein Schwamm. In den Vorbereitungen auf unser nächstes Spiel gegen die Universität Arkansas wurden wir einen schleichenden Defätismus einfach nicht los.

Dann kam Kyle Woods zu uns in die Garderobe. Ein Jahr zuvor hatte sich Kyle im Training verletzt und war seither gelähmt. Er war erst im zweiten Studienjahr gewesen und hatte als Verteidiger in der zweiten Mannschaft gespielt, als dies geschehen war. Jetzt würde er für sein ganzes Leben ein Krüppel bleiben. Dies war sein erster Besuch bei einem Spiel im Baylor-Stadion seit dem Unfall.

Kyle saß vor dem Spiel im Rollstuhl bei uns in der Garderobe. Nach unserem Mannschaftsgebet sprach ich einige Worte und fragte dann Kyle, ob er etwas hinzufügen möchte.

»Allerdings«, sagte er.

Ich schob seinen Rollstuhl in die Mitte des Raumes. Kyle schwieg eine Weile und schien jedem einzelnen Spieler in die Augen zu schauen. Dann sagte er: »Hier ist es: *Nimm einen Rückschlag, und mach daraus einen Aufschwung.*«

Er ließ die Hände an seine Seiten sinken. Sie gehorchten ihm nicht mühelos, aber er schaffte es, die Daumen um die Armlehne zu klammern. Er drückte die Hände auf die Lehnen und hob seinen Körper. Mit einem einzigen gewaltigen Ruck stand er auf.

Da stand er in der Garderobe, um zu unterstreichen, was er gesagt hatte: daß man aus einem Rückschlag einen Aufschwung machen könne. Ich habe noch nie eine großartigere Botschaft gehört, noch sie je so dramatisch veranschaulicht gesehen.

Dann liefen wir aufs Feld und schlugen die Universität Arkansas 42 : 15, und wir siegten weiter und wurden Südwestmeister von 1980.

In der Bibel steht: »Denn Gott hat uns nicht einen Geist der Furchtsamkeit gegeben, sondern der Kraft und der Liebe und der Zucht.« (2. Timotheus 1,7) Der

Herr will, daß wir etwas vollbringen. Aus jedem Rückschlag heraus können wir den Neubeginn finden, den er für uns im Sinn hat.

(Aus »Winning: It's How You ,Play the Game« von Grant Teatt.)

Jim saß da und nickte. Dann erhob er sich, ging um den Schreibtisch herum und legte mir die Hand auf die Schulter: »Weißt du was, Norman? Gott hat dich heute hierhergeschickt. Das ist es gewesen, was ich nötig hatte zu hören. Aus jedem Rückschlag heraus können wir den Neubeginn finden, den er für uns im Sinn hat.« Er ging zum Fenster und blickte mehrere Minuten lang hinaus. »Ja, jetzt kann ich neu beginnen. Ich weiß, daß ich's kann. Bete für mich, und halt zu mir.«

Glücklicherweise war er ein intelligenter, religiöser Mensch, der wußte, wo die Quelle der Kraft liegt, um ein Comeback zu beginnen. Er schaltete seinen Plus-Faktor ein. Schließlich machte er den Verlust des einen großen Auftrages wett, indem er mehrere kleinere an Land zog, und so stand er langfristig, wie er selber zugab, besser da als vor dem Unglück.

Jedermann erleidet Rückschläge. Das ist der normale Lauf des Lebens. Und wenn, wie es gelegentlich vorkommt, gleich mehrere hintereinander eintreffen, so kann das schon sehr entmutigend sein. Es kann einen, wenn man es zuläßt, völlig zu Boden werfen. Aber man sollte nie vergessen, daß trotz allem noch viele Möglichkeiten bestehen, sich aufzufangen. Und wenn man bewußt seinen Plus-Faktor aufbietet, kann man beginnen, aus Rückschlägen Aufschwünge zu machen.

Jim Decker hat das getan. Wieso er es geschafft hat? Ich würde sagen, weil er ein großer Mann ist. Nicht körperlich, denn er ist nur von durchschnittlicher Größe. Aber innerlich ist er groß, groß in der Lebensanschauung, groß im Glauben.

Jeder Mann, jede Frau hat etwas Großes in sich, eine besondere, zusätzliche Kraft, die der Schöpfer selbst eingepflanzt hat. Gott wußte, daß Sie schwierige Zeiten durchmachen würden – Zeiten, in denen etwas mißlingt, in denen sich alles gegen Sie zu verschwören scheint. Der Schöpfer wußte, daß Rückschläge kommen und Sie den Mut verlieren und sich besiegt fühlen würden oder daß sich unverhofft Krisen entwickeln würden, denen Sie nicht gewachsen zu sein glauben. Er wußte, daß Sie irgendwann, irgendwo in Ihrem Leben – und vielleicht mehr als einmal – dringend eine Extrakraft benötigen würden. Also schuf er einen Mechanismus, der diese Extrakraft erzeugen kann, und baute ihn in Ihre Seele und in Ihren Körper ein – und er funktioniert phantastisch. Er ist eines der Wunder, die Ihnen gehören: der Plus-Faktor.

Überall im Neuen Testament finden sich Stellen über das Geschenk der Kraft, das Gott dem Gläubigen macht: »Ich vermag alles durch den, der mich stark macht« (Philipper 4,13); »Allen denen aber, die ihn aufnahmen, gab er Vollmacht ...« (Johannes 1,12); »... ihr werdet Kraft empfangen, wenn der Heilige Geist über euch kommt« (Apostelgeschichte 1,8); »Denn ich schäme mich des Evangeliums nicht; denn es ist Gottes Kraft ...« (Römer 1,16)

Tatsächlich hat Gott der Allmächtige Sie viel größer geschaffen, als Sie je zu sein glaubten. Vielleicht machen Sie sich selbst klein, sehen sich als einen Durchschnittsmenschen, der nicht imstande ist, viel zu ertragen oder sich in den Wechselfällen des Lebens zu behaupten. »Das alles ist mehr, als ich tragen kann«, sagen wir verzagt. Wenn wir jedoch anfangen, innerlich zu wachsen, dann werden wir seelisch groß und groß auch im Glauben – im Glauben an Gott und im Glauben an uns selbst.

Ein Mann erzählte mir einmal, daß er in einem meiner Bücher gelesen habe, man solle großherzig beten, großherzig glauben, großherzig denken. Er gestand, daß er von sich selbst vorher kleinherzig gedacht hatte. Er fing also an, großherzig zu beten, großherzig zu glauben und großherzig zu denken. Nach einer Weile fing er innerlich zu wachsen an. Er wuchs zu größerer Zuversicht, größerer Gedankenkraft, zu einer größeren Persönlichkeit heran. »Ich legte mir den ›Zwölf-Größen-Plan‹ zurecht«, berichtete er: »Großherzig beten, großherzig denken, großherzig glauben, großherzig handeln, großherzig träumen, großherzig arbeiten, großherzig geben, großherzig verzeihen, großherzig lachen, großherzig vornehmen, großherzig lieben, großherzig leben.« Tragen Sie diese Liste bei sich, lesen Sie sie immer wieder durch, und Sie werden zu einer nie gekannten inneren Größe gelangen.

Sie und ich, wir alle tragen in uns eine unbezähmbare, superstarke Fähigkeit. Wir können sie in Notzeiten zu Hilfe rufen. Auf den Körper bezogen, nennt man das oft einen »Adrenalinstoß«. Es läuft auf eine plötzliche Steigerung der Kraft hinaus, die unsere normale Energie dramatisch ergänzt. Man darf es als eine Demonstration des Plus-Faktors betrachten.

Ein Mann, mittelgroß und nur 148 Pfund schwer, fuhr hinter einem riesigen Traktor mit Anhänger. Plötzlich schleuderte der Lastwagen, der Anhänger stellte sich quer, krachte in einen Graben und kippte um. Aussickerndes Benzin fing Feuer, und der Brand breitete sich schon aus, als der Automobilist stoppte, aus dem Wagen sprang und zu der Fahrerkabine rannte. Der Fahrer war über dem Steuer zusammengesunken, befand sich in einem Schockzustand und war von den verbogenen Türen eingeklemmt. Der Mann versuchte die Tür aufzureißen, aber sie war völlig verkeilt. Er bot alle seine Kraft auf und versuchte es von neuem, doch die Tür gab nicht nach.

Das Feuer, das schon die ganze Länge des Lastzuges erfaßt hatte, machte ihm erschreckend klar, daß es jeden Augenblick zur Explosion kommen konnte. Er mußte den Fahrer herausholen, und zwar schnell. »O Gott, hilf mir! Gib mir Kraft!« rief er laut. Er packte die Kabinentür noch einmal, nahm alle zusätzliche Kraft zusammen, riß die Tür auf, ergriff den betäubten Fahrer und zog ihn heraus – gerade noch rechtzeitig.

Wo kam diese Sonderkraft her? Woher denn, wenn nicht vom Plus-Faktor, den er zu Hilfe rief und der in Aktion trat, als es um Leben und Tod ging. Wozu er unter normalen Umständen nicht die Kraft gehabt hätte, dazu war er imstande, als die verzweifelte Lage es erforderte.

Wenn ein Rückschlag Sie umwirft, stehen Sie sofort auf, schauen Sie in den Spiegel und sagen Sie sich: »Ich bin größer, als ich zu sein glaube. Ich habe den großen Gott, der mir hilft.« Dann schalten Sie das mächtige Etwas in Ihrem Inneren ein, das wir Plus-Faktor nennen. Bald werden Sie stark genug sein, aus dem Rückschlag einen Aufschwung zu machen.

Mein Freund Smith Johnson ist ein bemerkenswerter Mann, erfinderischer Techniker, Begründer einer erfolgreichen Gummifirma, Künstler und Mann der positiven Tat. Er behauptete sich in seiner Kindheit gegen die Furcht und wurde infolgedessen größer als die Furcht. Und das ist viel, denn Furcht kann wirklich riesengroß sein. Johnson sagt: »Ich muß an ein Ereignis denken, das sich zutrug, als ich etwa zehn Jahre alt war. Ich hatte mich immer so sehr vor Donner und Blitz gefürchtet, daß ich mich manchmal bei schweren Gewittern unters Bett verkroch. In einer solchen Nacht, etwa um zehn Uhr, faßte ich einen folgenschweren Entschluß: Ich wollte ins Freie gehen und mich den Elementen stellen, was immer auch geschehen mochte. Ich ging aus dem Zimmer, wo ich schon im Bett gewesen war, zog Überschuhe und einen Regenmantel an, schlich nach unten und aus dem Haus, ohne daß meine Eltern es bemerkten. Unser Haus lag auf dem Lande, etwa zwei Kilometer außerhalb der Stadt. Hinter unserem Haus erstreckte sich ein freies Feld von 40000 Quadratmetern, daran anschließend ein ebenso großes Waldstück. Ich bahnte mir den Weg über das Feld; die Blitze blendeten mich, und die Donnerschläge krachten mir in den Ohren. Dann betrat ich den Wald, wo die sich fast ununterbrochen jagenden Blitze mein einziges Licht waren. Über Wurzeln und durchs dichte Unterholz stolpernd, erreichte ich endlich den hinteren Zaun, ungefähr 800 Meter von unserem Haus entfernt. Das Gewitter war womöglich noch stärker geworden, aber ich setzte mich auf die oberste Zaunplanke. Der Regen prasselte auf mich nieder, der Wind wollte mir den Mantel wegreißen, aber ich empfand das wunderbare Gefühl, etwas vollbracht zu haben. Ich hatte dem Sturm getrotzt, und ich lebte noch. Dann kehrte ich auf dem gleichen Weg zurück, und es erschien mir nicht halb so weit. Ich schlüpfte in mein Zimmer, ohne die Eltern aufzuwecken. Glücklich schlief ich ein, sogar noch ehe das Gewitter vorüber war.

Die nächste Prüfung, die ich mir auferlegte, war das Überwinden der Furcht vor einem Gebäude an meinem Schulweg durch einen Park. Man nannte es den Pavillon, weil viele Jahre zuvor dort Bälle stattgefunden hatten. Es war mit Brettern vernagelt, und die Stadtleute mieden es im allgemeinen, weil es als verhext galt. Ich hatte solche Angst davor, daß ich meistens in möglichst großer Entfernung daran vorbeirannte. Eines Abends jedoch, mit meinem neuen Mut, nahm ich diese Abkürzung, statt auf der Straße zu gehen. Kühn kreiste ich um das Gebäude und hielt Ausschau nach einer Möglichkeit, hineinzugelangen. Zufällig fand ich ein loses Brett, das ich entfernte. Dann zwängte ich meinen schmalen Körper durch die Öffnung. Es war in der Tat gespenstisch, als ich da von einem Ende zum anderen über den knarrenden Fußboden ging. Ich wagte mich sogar in die unbenutzte Küche, in der es besonders finster und für meine fieberhafte Phantasie sehr gefährlich war. Wieder empfand ich dieses wunderbare Gefühl des Vollbringens, während ich in dem verlassenen Haus durchhielt.

Ich bin sicher, daß diese beiden Erlebnisse große, tiefe Auswirkungen auf mein Leben hatten, das sich nun mit fast achtundachtzig Jahren dem Ende zuneigt. Ob es Gott war, der mir die Kraft verlieh, diese beiden einfachen, aber für mich so wichtigen Mutproben zu bestehen? Ich weiß es nicht. Aber mein Gott- und mein Selbstvertrauen haben mir, glaube ich, durch ein Leben geholfen, in dem ich viele Male knapp einer Katastrophe oder dem Tod entronnen bin. Und ich bin sehr dankbar dafür.«

Tatsache ist, daß wir mit Dingen fertig werden und uns über sie hinwegsetzen *können*, und dies viel besser, als wir annehmen. Und doch schaffen es zuweilen ganz gewöhnliche Alltagsschwierigkeiten, sich zusammenzuballen und uns schließlich zu besiegen, sofern wir es zulassen. Eine Dame schrieb mir aus Florida: »Vor etwa sechzig Jahren hatte ich eine Zeitlang Mühe mit dem Einschlafen. Meine Mutter erzählte unserem Pfarrer davon, weil sie fand, eine Zwölfjährige sollte diese Schwierigkeit nicht haben.

Der Pastor nahm mich beiseite und sagte, er habe gehört, daß ich mich mit Schlaflosigkeit herumplage. Er nahm ein Blatt Papier und schrieb mit Blockbuchstaben acht Wörter darauf: ruhig, gemütlich, mühelos, geduldig, friedlich, vertrauensvoll, heiter, froh. Er gab mir das Blatt und sagte: ›Wiederhole diese Wörter langsam, und denk über den Sinn jedes einzelnen nach. Ich bin sicher, bis du am Ende bist, nickst du schon ein.‹

Ich habe es immer noch in meiner Bibel, und wenn eine unruhige Nacht kommt, repetiere ich die Wörter und denke an jenen gütigen, verständnisvollen Pfarrer.«

Als zwölfjähriges Mädchen kam diese Frau zu einer Technik, die ihre Schlaflosigkeit wirksam bekämpfte, und als sie eine ältere Dame war, funktionierte diese Technik noch immer. Ich habe stets geglaubt und in Büchern und Vorträgen gelehrt, daß es für jede Schwierigkeit ein wirksames Rezept gibt. Es ist wie beim Suchen nach Heilmitteln für Krankheiten: die Entdeckungen gehen ständig weiter. Es gibt ein Mittel gegen jeden Rückschlag, und vielfach ist es eine einfache, bewährte, ehrliche Methode.

Meine Mutter sagte oft: »Immer, wenn eine Tür zuschlägt, bedeutet das, daß Gott eine andere für dich offenhält.« Sie glaubte daran, denn es bewahrheitete sich im Leben meiner Eltern immer wieder. Darum gab sie es an ihre Kinder weiter, meine Brüder und mich; und wir glaubten alle drei daran, hatten wir doch miterlebt, wie gut es bei Mutter und Vater funktionierte. Unser fester Glaube daran erwies sich auch für uns als wirksam. Wir ließen uns von Rückschlägen nicht allzusehr aus der Fassung bringen, denn wir waren überzeugt, daß ein Stückchen weiter auf unserem Weg schon ein Neubeginn wartete. Und genauso war es für Bob und Leonard und mich und für viele, denen wir diesen Grundsatz empfohlen haben.

Oft ist ein sogenannter Rückschlag in Wirklichkeit ein verkappter Segen. Viele Male führen Rückschläge nicht nur zu Neuanfängen, sondern sogar zu besseren Verhältnissen. »Zu jedem Nachteil gehört ein Vorteil«, hat W. Clement Stone häufig festgestellt, und er erlebte Nachteile genug, um sich darin auszukennen und zu wissen, was aus ihnen entstehen kann. Durch eine starke positive Einstellung und intelligenten Einsatz vermochte er die Mehrzahl seiner Rückschläge in Aufschwünge zu verwandeln. Und er sagt, er habe aus jeder Erfahrung etwas gelernt. Was er auf jeden Fall lernte, war, jede Rückschlagsituation intensiv nach praktischem Erfahrungsmaterial abzusuchen, die sie enthalten mochte, denn meist finden sich darin gewisse Wegweiser zu den offenen Türen weiter vorn am Weg.

Ein Fall, in den ich selbst ein wenig verwickelt war, betraf den Finanzdirektor einer ziemlich großen Anlageberatungsfirma. Sein Ziel war es, als Präsident nachzurücken, wenn der amtierende Präsident und Generaldirektor der Firma in den Ruhestand treten würde. Er war sicher, daß er es schaffen würde. Und warum auch nicht? Er galt in weiten Kreisen als einer der kenntnisreichsten Männer auf dem Gebiet der Anlageberatung.

Doch als es soweit war, wurde nicht er gewählt, sondern jemand aus einer Zweigstelle des Geschäfts. Der Übergangene war natürlich schwer enttäuscht und verärgert. Er fühlte sich unfair behandelt und gedemütigt. Laut und rundheraus erklärte er, der neue Präsident verstehe »nichts von Anlageberatung; er ist bloß ein gewöhnlicher Verkäufer«.

Der neue Präsident, den ich zufällig gut kannte, ein freundlicher, besonnener, christlicher Mann, rief mich an und sagte, er würde gern zu mir kommen, um über ein Problem zu sprechen. Das Problem war die oben erwähnte Geschichte. Er sagte, es sei wirklich so, daß der Finanzchef – ganz ohne Frage – der beste Mann im Geschäft sei, und fügte hinzu: »Er hat schon mehr vom Fach vergessen, als ich je gewußt habe.

Es tut mir leid für ihn, denn das ist ein furchtbarer Rückschlag für seine Karriere.«

»Warum hat dann der Verwaltungsrat ihn übergangen und dich gewählt?« fragte ich.

Floyd antwortete: »Weil er nicht mit Menschen umgehen kann. Er ist ein Finanzgenie, aber gleichzeitig ein unnahbarer Mann, der die Leute einfach abschreckt. Der Verwaltungsrat wollte einen Chef, der Entscheidungen treffen kann, der aber auch die Menschen gern hat, umgänglich ist und auf diese Weise zu führen versteht.«

Er schmunzelte: »Da er nicht besonders viel können muß, kamen sie auf mich. Aber«, fuhr er fort, »ich möchte Frank helfen. Ich werde, bei meinem Alter, nicht allzulange auf diesem Posten bleiben, und ich würde ihm gern helfen, sich von seinem Rückschlag zu erholen und später wieder richtig hochzukommen und mir als Präsident nachzufolgen.«

»Such ihn doch in seinem Büro auf«, schlug ich vor, »oder noch besser, geh an einem Abend zu ihm nach Hause. Laß ihn wissen, wie sehr du ihn und sein Können achtest, und versuch ihm zu helfen, seine Einstellung zu den Menschen zu ändern. Sag ihm, daß du dich auf ihn verlassen können willst. Eine Wandlung der Persönlichkeit erfordert Takt und Geduld, aber du hast beides. Zu gegebener Zeit, wenn du sicher bist, daß der Verwaltungsrat ihn wählen würde, sofern er sich anders verhielte, kannst du dann offen mit ihm über die Gründe seiner Nichtwahl reden.«

In der Folge arbeiteten die beiden Männer gut zusammen. Der Finanzchef war seinem Präsidenten gegenüber völlig loyal. Allmählich färbte die Liebenswürdigkeit und Anteilnahme des obersten Chefs auf den anderen ab. Jedenfalls empfahl Floyd, als er fünf Jahre danach in den Ruhestand trat, Frank als seinen Nachfolger. Frank wurde gewählt und wurde, wie man mir berichtete, ein ausgezeichneter und beliebter Präsident. Sein Rückschlag trug den Keim des Aufschwungs in sich. Glücklicherweise war er aus gutem Holz geschnitzt; er verbohrte sich nicht in Groll und Feindseligkeit. Er war zur Zusammenarbeit bereit, lernfähig in bezug auf sich selbst, er korrigierte seine persönlichen Schwächen und qualifizierte sich auf diese Weise für ein Comeback.

Schon oft habe ich gedacht, daß Floyd wohl deshalb die heikle Situation so gut zu meistern vermochte, weil er seit Jahren geistig-seelisch immer mehr gewachsen war. Sein Plus-Faktor funktionierte anscheinend auf das beste.

Dies war ein Fall, bei dem die Umwandlung vom Rückschlag zum Aufschwung von einer Drittperson in die Wege geleitet wurde. Man erkennt daraus deutlich, wie wichtig es ist, Freunde zu haben, die unsere guten Seiten kennen und fördern. Je mehr solche Freunde wir gewinnen, desto sicherer ist eine erfolgreiche Erholung in Zeiten der Rückschläge gewährleistet. Wir können uns Reserven für neue Aufschwünge anlegen, indem wir uns in unseren Wohn- oder Kirchgemeinden engagieren und dabei immer ein offenes Ohr für die Bedürfnisse unserer Mitmenschen haben. Nicht um uns damit eine Belohnung in Form von Hilfe für uns selbst zu sichern, sondern einfach weil es die richtige Lebensweise ist. Allerdings ist auch das eine Tatsache, die in der Bibel steht: »Sende dein Brot übers Wasser, so wirst du es nach langer Zeit wiederfinden!« (Prediger 11,1)

Als für Jules Matsoff der Rückschlag kam, fand er in seinen vielen Freunden die Quelle seines Neubeginns:

> Als er eines Tages im März seinen Kleiderladen betrat, fühlte er sich so niedergeschlagen, wie ein Mann nur sein kann. Sein jetzt abflauendes Geschäft, »Esther's« in

Hartford (Wisconsin), war mit seinen vielen Ladentischen und Gängen voller Damenmode seit 1920 eine lokale Institution gewesen. Jules und Roz, seine Frau seit 44 Jahren, hatten den Laden 1958 von Esther gekauft, und er war ständig gewachsen – bis jetzt. Jetzt schrumpfte das Geschäft, und die Aussichten waren trübe – nicht so, wie Jules Matsoff es gewohnt war.

Jules, ein redseliger, energischer, menschenfreundlicher, risikofreudiger Geschäftsmann, hatte Erstaunliches für sein 7000-Seelen-Städtchen getan. Er hatte es zu einem Magneten für Käufer aus der Großstadt gemacht. Seine Verkaufsmethode bestand darin, daß er in Radio und Fernsehen und in Zeitungen in Milwaukee, mächtig Reklame für seinen Laden machte. Er mietete sogar jeden Sommer die Stadthalle von Hartford und veranstaltete einen solchen Riesenverkauf, daß er Käufer aus sechs Landkreisen anlockte. Eine ganze Anzahl Detaillisten der Stadt geben zu, daß Jules' Werbung auch ihren Geschäften Kunden brachte.

1980 beschlossen Jules und Roz, den Laden zu vergrößern. Das Amt für Innenstadtentwicklung war bereit, ihnen eine Million Dollar zu 10 Prozent Zins zu leihen, um ein kleines Einkaufszentrum zu bauen. Zwei Jahre danach zog »Esther's« in einen modernen roten Backsteinkomplex um, der Platz für neun weitere Ladengeschäfte bot. Das Geschäft war sehr lebhaft. Aber nicht lange. Sosehr Jules sich auch bemühte, er konnte vier der neun Läden in dem Zentrum nicht vermieten. Der leere Raum fraß seine Gewinne auf, er konnte sich die Werbung in den Medien von Milwaukee nicht mehr leisten – was das von den Käufern aus der Stadt angekurbelte Geschäft scharf absacken ließ.

1984 hatten die Zeitungen und Fernsehstationen allmählich bemerkt, daß in vielen Schaufenstern des kleinen Einkaufszentrums ständig das Schild »zu vermieten« zu stehen schien, und plötzlich hatte »Esther's« den Beinamen »in finanziellen Schwierigkeiten«. Gerüchte schwirrten herum, »Esther's« werde bald aus dem Geschäft sein. Bräute riefen in Panik an: »Herr Matsoff, ich heirate in einem Monat! Was wird aus meinem Brautkleid und den Kleidern der Brautjungfern?«

Jules versicherte den jungen Damen, ihre Kleider würden pünktlich geliefert. Doch einige mochten es nicht glauben und machten ihre Bestellungen rückgängig. Zwei Spitzenkräfte des Verkaufspersonals kündigten und gingen nach Milwaukee arbeiten, weil sie annahmen, das Geschäft sei dem Untergang geweiht.

1985 mußte die Stadtentwicklungsbehörde die Matsoffs um die 50000 Dollar Zins betreiben, mit denen sie im Rückstand waren. Die Schließung drohte.

Jules' Vorrat an Optimismus war nachgerade erschöpft. »Vielleicht ist es Zeit, es gut sein zu lassen«, sagte er zu Roz.

»Wir können jetzt nicht aufgeben«, beharrte Roz. »Denk doch, Esther hat sogar die Rezession durchgestanden.«

Ein paar Monate später fand Jules einen Käufer für das Einkaufszentrum. Seine Freude am Detailhandel war geschwunden, doch Roz überredete ihn, nach einem neuen Laden Ausschau zu halten. Halbherzig entschloß er sich, das alte geschlossene Kino schräg gegenüber zu mieten. Das richteten die Matsoffs gerade soweit neu ein, wie es für die Benutzung unbedingt notwendig war.

Jules machte sich weiterhin Sorgen: »Roz, wir verlieren viel zuviel Geld, wenn wir den Laden schließen, um umzuziehen. Das dauert eine Woche. Ich habe fünf Männer angestellt, aber die müssen hundertmal laufen, um alles von Hand aus dem Haus, den Gehsteig entlang und über die Straße zu tragen!«

Roz blieb ruhig. »Es wird schon gehen. Was ist bloß aus deinem Gottvertrauen geworden?«

Jules schüttelte den Kopf. »Vielleicht will Gott, daß wir uns zur Ruhe setzen.«

An jenem Märzmorgen, dem Umzugstag, schleppte sich Jules zur Innenstadt, schloß die Tür zu seinem schönen Ladengeschäft zum letztenmal auf und seufzte tief. Gerade als er das Licht einschaltete, bemerkte er den Lieferwagen einer lokalen Bäckerei, der vor dem Laden hielt. Zwei Männer stiegen aus mit zwei riesigen Tabletts, vollbeladen mit Gebäck, und setzten diese auf dem Schmucktresen ab.

»He, warten Sie! Ich habe das nicht bestellt.«

»Kein Irrtum, Herr Matsoff, es ist alles bezahlt.«

Bevor er noch die Bäckerei anrufen konnte, traf ein Lieferwagen eines lokalen Restaurants mit zwei 100-Tassen-Kaffeemaschinen ein.

Jules dreht sich um. Da sah er all die Menschen, über hundert, auf den Laden zuströmen. Sein Anwalt trug Jeans und ein T-Shirt wie viele der übrigen Berufs- und Geschäftsleute auch. Sogar Bürgermeister Witt war da in seinem schmucken Dreiteiler. Gleich darauf machten sich alle schwatzend und lachend wie die Wölfe über Kaffee und Gebäck her.

»Wir sind hier, um den Umzug zu besorgen, Jules. Du brauchst uns nur zu sagen, was wir zuerst nehmen und wie wir's tragen müssen.«

»He, alter Kumpel«, grinste Dick Furman, der Manager des größten Konkurrenten von »Esther's«. »Wir stellen es uns so vor, daß du den Laden nicht eine Minute lang schließen mußt. Wenn jemand etwas kaufen will, das wir gerade wegtragen, schicken wir ihn gleich an die Kasse!«

Mike LaCrosse, der baumlange, 120 Kilo schwere Besitzer des Sportgeschäfts, brüllte: »He, Jules, willst du uns nicht einen Blitzkurs geben, wie man diese langen Kostüme herumträgt?«

Jules rief Roz im Kinoladen an: »Roz, ich weiß nicht, was vorgeht, aber hier sind ein paar Verrückte, die am liebsten den ganzen Laden gleich auf der Stelle umräumen wollen.«

Und genau das taten sie dann auch an jenem frischen, sonnigen Märzmorgen in der Hartforder Innenstadt. Sogar die Polizei half den Verkehr regeln, während die »Esther's«-Armee mit 14000 Artikeln, samt Schaufensterpuppen und allem Drum und Dran, über die Straße marschierte.

In gut zwei Stunden waren sie mit allem fertig. Dann marschierten die Umzugsarbeiter geschlossen zurück in den leeren Laden und umringten Jules wie Spieler ihren Trainer nach dem wichtigsten und aufregendsten Sieg der Saison. »Hebt ihn hoch, Jungens!« rief Jim Sarafiny, Jules' Anwalt.

Bevor Jules wußte, wie ihm geschah, wurde er auf Schultern gehoben und aus der Tür, den Gehsteig entlang, quer über die Straße und in das alte Kinotheater getragen.

»He, Roz, hier ist das letzte Stück. Wo sollen wir's hinstellen?«

Roz kicherte. »Ach, das ist ein verbilligter Artikel. Den könnt ihr in die Ecke schmeißen.«

Und so endete alles in Fröhlichkeit. Denn ein gewisser mutloser Kleinstadtdetaillist hatte eine Engros-Demonstration von Gottes goldener Regel erlebt.

(Aus »Hartford shows Its Heart« von Patricia Lorenz. Erschienen im »Guideposts«-Magazin.)

Mit den folgenden Grundsätzen tragen Sie dazu bei, Ihre Rückschläge in Aufschwünge zu verwandeln:

1. Glauben Sie immer daran, daß Sie mit Gottes Hilfe aus jedem Rückschlag letztlich einen Aufschwung machen können.

2. Sehen Sie sich als jemanden, der noch eine Menge Rückstoßkraft in sich hat. Ihr Plus-Faktor bleibt ungeschmälert.

3. Denken Sie positiv, besonders dann, wenn Sie am niedergeschlagensten sind. Denken Sie daran: In diesem Rückschlag kann die Antwort für Ihren Neubeginn stecken.

4. Rufen Sie sich in Erinnerung, daß Sie größer sind als alles, was Ihnen zustoßen kann.

5. Fürchten Sie sich nie. Behaupten Sie sich mit Gott gegen Ihre Angst. Er gibt Ihnen Zuversicht, und Zuversicht ist stets größer und stärker als Angst.

6. Beten Sie großherzig, glauben Sie großherzig, denken Sie großherzig.

7. Seien Sie immer hilfsbereit gegenüber anderen, dann werden Sie Freunde haben, die Ihnen helfen, aus Rückschlägen Aufschwünge zu machen.

Denken Sie immer daran, daß Sie mit Ihrem Plus-Faktor Rückschläge in Aufschwünge verwandeln können.

18

Der Plus-Faktor und die Kunst zu altern

Die Schauspielerin Marie Dreßler hat einmal gesagt: »Es kommt nicht darauf an, wie alt man ist, sondern wie man alt ist.« Welch eine Riesenportion Weisheit in so wenigen Worten! Wir alle kennen ja ältere Leute, die sozusagen die Sonnenstoren herunterziehen und vom Leben den Rücktritt nehmen. Sie sehen sich selbst als abgenutzt, unproduktiv, reizlos, mit gesundheitlichen Problemen belastet. Sie tun sich selber leid und erwarten, daß sie auch uns leid tun.

Andererseits kennen wir ältere Leute, die vor Vitalität und Lebensfreude förmlich sprühen. Sie geben fröhlich zu, nicht mehr die Jüngsten zu sein, aber das plagt sie nicht. Sie sehen sich selbst als lebensklug, erfahren, charakterlich reif, kreativ, geistig wach ... und das sind sie meist auch. Eine geheimnisvolle, unsichtbare Kraft hält sie in Gang, zuweilen weit über die biblisch zugestandene Lebensspanne von siebzig Jahren hinaus.

Was ist das für eine geheimnisvolle, unsichtbare Kraft? Ich meine, es ist wiederum eine Erscheinungsform des Plus-Faktors.

Ich bin selbst über das biblische Alter hinaus, und ich finde, es gibt über diese herrlichen zusätzlichen Jahre eine Menge Gutes zu sagen. In der Zivilisation, in der wir leben, ist die Jugend hoch im Kurs. Unsere Fernsehwerbung preist endlos Produkte an, mit denen wir jünger aussehen oder uns jünger fühlen sollen. Die Fotomodelle in der Zeitschriftenwerbung sehen aus, als wären sie gerade der Wiege entsprungen. Dabei hat die Jugend, abgesehen von einer Fülle an roher Energie, doch oft einen großen Mangel an jenen Qualitäten, die das wirkliche Glücklichsein ausmachen: Urteilsvermögen, Ausgeglichenheit, Vernunft, Selbstbeherrschung, Erfahrung ... alles Werte eben, die wir uns erst auf dem Pfad des Lebens aneignen.

Nach meiner Erfahrung sind ältere Leute meist weniger ichbezogen als jüngere. Sie haben mehr gelernt über das Lieben ... und das Leben. Sie nehmen Enttäuschungen und Rückschläge philosophischer. Sie sind nicht so ungeduldig. Sie kennen den Wert des Wartens. Sie sind heiterer.

Mit anderen Worten, es kann befriedigend – sogar überaus erfreulich – sein, das Hochplateau der späten Jahre zu erreichen, wenn ...

Wenn man die richtige Einstellung mitbringt.

Eine der wichtigsten inneren Haltungen ist mit Sicherheit ein starker religiöser Glaube. Vor einiger Zeit führte eine Lebensversicherungsgesellschaft eine Umfrage unter ihren 100- und mehrjährigen Versicherungsnehmern durch. Eine der Fragen lautete: Was ist das Wichtigste, das Sie in Ihrem langen Leben gelernt haben? Die häufigste Antwort: Liebe deinen Nächsten wie dich selbst.

Menschen, die nach diesem Gebot leben, werden in der Regel älter als die andern, weil sie sich von tödlich negativen Einflüssen wie Zorn, Haß, Argwohn, Neid, Schuld- und Angstgefühlen befreit haben, die die Körperrhythmen durcheinanderbringen und sogar organische Krankheiten hervorrufen können. Solche Menschen sind vitaler, haben mehr

Widerstandskraft gegen Krankheiten, mehr Neugier, mehr Eifer, mehr Energie. Wie es im Buch des Propheten Jesaja steht: »Die aber auf den Herrn harren, kriegen neue Kraft, daß sie auffahren mit Flügeln wie Adler, daß sie laufen und nicht matt werden, daß sie wandeln und nicht müde werden.« (Jesaja 40,31)

Was außerdem viele gläubige Menschen weit über die durchschnittliche Lebenserwartung hinaus munter hält, ist das Gefühl, Gott werde einen Grund für ihr verlängertes Dasein haben, auch wenn sie nicht genau wissen, worin dieser Grund besteht.

Im Dorf Carmel (New York) lebte ein bemerkenswerter Mann namens Mort Cheshire. Er wurde über 103 Jahre alt und verlor seinen Enthusiasmus nie. Mort war ein Meister im Umgang mit einem Musikinstrument, das schon fast ausgestorben ist: dem Xylophon. Das war ein großer Schlager in den Minstrel-Shows, an die ich mich aus meiner Bubenzeit erinnere. Mort war in den alten Varietézeiten eine Berühmtheit.

An einem der letzten Male, da ich Mort sah, hatte er bereits das sehr reife Alter von 102 Jahren erreicht. Es war bei der Personalweihnachtsfeier des in Carmel erscheinenden »Guideposts«-Magazins. Mort wurde gebeten, etwas auf seinen »hölzernen Bengelchen« zum besten zu geben. Er stand auf und spielte mit soviel Schwung und Lust, daß alles klatschte und jubelte und manche sich sogar Tränen aus den Augen wischten. Wieso Tränen? Weil die Menge wußte, daß dieser stolze, ungewöhnliche Mann die Dinge noch immer fest im Griff hatte. Er drückte sich nicht. Er hatte sich nicht aufgegeben. Er hatte das Geschenk des Lebens angenommen und schenkte noch immer etwas zurück. Mit seiner fröhlichen, lebhaften Musik vermittelte er den Zuschauern etwas Wundersames. Wir alle spürten es.

Ich erinnere mich, daß ich zu Mort sagte: »Sie sind großartig! Sagen Sie bloß, warum sind Sie bei Ihren 102 Jahren noch so quicklebendig?«

Er antwortete schlicht: »Weil Jesus das von mir will. Er muß mit mir hier auf Erden immer noch etwas vorhaben. Darum bin ich hier.«

Er starb mit 103½, nach wie vor stark im Glauben. Wie schaffte er das? Er schaffte es, weil Gott ihm das Geschenk des Plus-Faktors machte, darum.

Ich höre häufig von Menschen wie Mort Cheshire. 1908 wurde beispielsweise Martine Tompkins aus Owensboro (Kentucky) plötzlich berühmt, als sie mit einem Stevens-Duryea-Tourenwagen durch die Hauptstraße fuhr. Heute, fast achtzig Jahre später, ist sie in Owensboro eine Legende wegen ihrer vollendeten Fahrkunst: noch nie ein Unfall oder eine Buße. Jemand fragte sie, wann sie zu fahren aufhören werde. »Wenn ich alt bin«, gab sie bissig zurück. Damals war sie erst vierundneunzig.

Eines ist gewiß: Der Plus-Faktor wird Sie nie im Stich lassen, bloß weil Sie alt werden. Lassen Sie mich über eine andere Vierundneunzigjährige berichten, Effie Ford, die ganz allein in einem Außenquartier von Richmond (Virginia) wohnte. Eines späten Nachmittags wollte sie schnell zu ihrem Briefkasten an der Straße gehen und die Zeitung holen. Es war Ende Oktober, die Wetterprognose hatte für die Nacht Temperaturen unter dem Gefrierpunkt angesagt. Effie trug ein dünnes Hauskleid und hatte sich für den kurzen Ausgang einen Pullover um die Schultern gebunden.

Es war aber kein kurzer Ausgang. Fast am Ende ihres Zufahrtsweges blieb Effie mit dem Absatz im Kies hängen und fiel hin. Als sie aufstehen wollte, mußte sie feststellen, daß ihre arthritisgeschwächten Knie sie nicht trugen. Mühsam schleppte sie sich auf allen Vieren, mit aufgeschürften Knien und Ellbogen, bis zu ihrer Hintertür. Aber dann war sie zu schwach, um die Treppenstufen hochzukommen.

Es war etwa fünf Uhr; der kurze Herbstnachmittag ging zu Ende. Sie rief um Hilfe, aber niemand hörte sie. Die Temperatur sank rasch ab. Sie versuchte sich mit der Fußmatte vor der Treppe zuzudecken, aber das nützte nicht viel. Unten auf der Straße leuchteten immer wieder Scheinwerfer von vorbeifahrenden Autos auf. Aber keines bog in ihre Zufahrt ein. Sie spürte, wie ihre Körperwärme im kalten Boden versickerte.

Die Stunden vergingen, eine immer dunkler, kälter und einsamer als die andere. Die vierundneunzigjährige Effie fühlte, wie die einschläfernde Mattigkeit sich über sie legte, die dem Erfrierungstod vorausgeht. Es wäre leicht gewesen, das einfach hinzunehmen, sich gehenzulassen, für immer einzuschlafen. Aber etwas in ihr – die Macht, die wir den Plus-Faktor nennen – ließ es nicht zu, daß sie aufgab. Sie begann den Körper zu winden und zu zappeln, um sich warm zu halten. Dabei zählte sie laut: fünf Fußtritte mit dem rechten Bein, fünf mit dem linken Bein. Sie fragte sich, ob es wohl Gottes Wille sei, daß sie so allein und fast hilflos sterbe. Nein, entschied sie. Gott wollte sicher, daß sie sich wehrte, solange noch ein Funke Leben in ihr war.

Diese Tochter eines Grubenarbeiters, die sieben Kinder großgezogen und zeitlebens viele Härten durchgestanden hatte, weigerte sich also, sich zu ergeben. Die ganze Nacht lang, zeitweise nur halb bei Bewußtsein, kämpfte sie weiter. Um sieben Uhr am nächsten Morgen schaute eine Nachbarin aus dem Fenster und sah bestürzt die alte Frau auf dem Boden liegen. Sie eilte zu ihr, brachte Decken, rief einen Krankenwagen. Und Effie Ford überlebte.

Ein Arzt sagte ungläubig zu ihr: »Frau Ford, ich werde nie

begreifen, wie Sie diese eiskalte Nacht allein überstanden haben.«

Effie Ford lächelte. »Ich war nicht allein«, sagte sie. Damit war gemeint, daß Gott bei ihr war ... und Gottes Geschenk an Menschen, die gegen hoffnungslos scheinende Situationen kämpfen: der Plus-Faktor.

Ich bin sicher, daß dieses versteckte Kraftreservoir, das Effie Ford rettete, in uns allen existiert. Ein bekannter Arzt hat gesagt: »Wenn Spannungen und Konflikte durch verständige Selbstanalyse ausgeräumt werden können und wenn Muskelverspannungen durch bewußte Körperentspannung gelöst werden können, dann wird die psychische Energie, die latent in uns allen steckt, freigesetzt, und das Resultat ist eine erhöhte Kreativität, ein Gefühl des körperlichen Wohlbefindens und eine allgemeine Freude am Leben.«

Die psychische Energie, die latent in uns allen steckt ... was ist das anderes als der Plus-Faktor? Man kann ihn weder sehen noch berühren. Man kann ihn weder messen noch analysieren. Aber er ist unbestreitbar da und wartet nur darauf, in einer Notlage aufgeboten zu werden, wie bei Effie Ford.

Ältere Menschen bringen Erstaunliches zustande; auch Sie sind dazu in der Lage, wenn Sie in die Jahre kommen. Ich bin sicher, der liebe Gott hat jedem von uns gleich viel an latentem Plus-Faktor mitgegeben. Die einen verstehen es besser als die andern, ihn zu aktivieren, das ist der einzige Unterschied.

Ich möchte Ihnen ein paar Anregungen aus dem Schatz meiner Erfahrungen mitgeben, die Ihnen vielleicht beim Altern helfen.

1. *Hören Sie auf, rückwärts zu blicken.* Es gibt ältere Leute, die

sich dauernd der Vergangenheit zuwenden. Es ist schön, liebe Erinnerungen zu haben, und man soll ruhig von Zeit zu Zeit zu ihnen zurückkehren. Aber bleiben Sie nicht darin stehen. Viel besser ist es, den Blick in die Zukunft zu richten und auf die herrlichen Möglichkeiten zu achten, die sie für uns bereithält. Denken Sie an die Worte des großen schwarzen Baseballspielers Satchel Paige, der weit über die durchschnittliche Altersgrenze hinaus ein Starsportler blieb: »Nie zurückblikken«, mahnte er, »sonst könnte dich etwas einholen.« Was dieses Etwas ist, sagte er nicht, aber er meinte wohl die Reuegefühle und begangenen Fehler, die man hinter sich lassen und vergessen sollte. Leben Sie mit vollem Einsatz in der Gegenwart.

2. *Bleiben Sie elastisch in Ihren Anschauungen.* Lassen Sie sie nicht hart wie Zement werden. Die Welt verändert sich. Die Gewohnheiten verändern sich. Die Ideen verändern sich. Sie müssen flexibel genug bleiben, sich mitzuverändern. Das heißt nicht, daß Sie von Ihren Grundsätzen abrücken müssen. Es heißt nur, daß Sie bereit sein sollen, frische Ideen aufzunehmen. Hören Sie sich verschiedene Standpunkte an. Setzen Sie sich mit Meinungen auseinander, die Sie nicht unbedingt teilen. Lesen Sie Bücher, die Ihren Horizont erweitern.

Vor kurzem hörte ich, wie man von einem Geschäftsmann sagte: »Er hat einen Verstand wie eine stählerne Falle. Bloß ist sie schon seit Jahren eingeschnappt.« Bemühen Sie sich, nicht so zu sein! Halten Sie an Ihren bewährten, echten Wertvorstellungen fest. Wenn diese sich auf die Wahrheit beziehen, sind sie alterslos.

3. *Erwarten Sie Gesundheit, nicht Hilflosigkeit.* Wenn man älter wird, sagt man gern etwa: »Oh, das geht nicht, dazu ist es zu

spät.« Oder: »Ich probiere das gar nicht erst, ich bin zu alt.« Ich bin absolut sicher: Wenn Sie schlechte Gesundheit erwarten, wenn Sie sich schlechte Gesundheit ausdenken, wenn Sie schlechte Gesundheit ankündigen, dann werden Sie sie bekommen. Sehen Sie sich dagegen gesund und tatkräftig, ungeachtet Ihres Alters, dann werden Sie es mit großer Wahrscheinlichkeit auch sein. Wie Oliver Wendell Holmes gesagt hat: siebzig Jahre jung zu sein ist manchmal viel lustiger und hoffnungsvoller, als vierzig Jahre alt zu sein. Er hatte vollkommen recht. Bestätigen Sie sich Ihre Gesundheit, Ihr Wohlbefinden immer wieder.

4. *Bejahen Sie die Einsamkeit nicht.* Leider tun das viele Menschen, wenn sie älter werden. Ihre Freunde sterben weg oder ziehen fort, und sie unternehmen nichts, um sie durch neue Bekannte zu ersetzen. Sie melden sich nie freiwillig für eine Aufgabe, die sie mit andern Menschen in Kontakt bringen würde. Sie scheinen mit den Jahren immer einsamer und eigenbrötlerischer zu werden. Und immer unglücklicher.

Das muß nicht sein! Einsamkeit ist in erster Linie ein Gemütszustand, und das neugierige, eifrige, an allem interessierte Gemüt hat kaum je Zeit für Langeweile oder Raum für Selbstmitleid. Eines der zuverlässigsten Mittel gegen Einsamkeit besteht darin, daß man sich nach Menschen umsieht, die Probleme haben, und ihnen zu helfen versucht.

5. *Lassen Sie Ihre Sinne nicht verkommen.* Ich meine damit die fünf Sinne, die Gott uns allen geschenkt hat. Wie lange ist es her, seit Sie eine frischgepflückte Rose an die Nase hoben und diesen unvergleichlichen Duft einatmeten? Wie lange ist es her, seit Sie nachts draußen waren und die Sterne betrachteten – richtig betrachteten? Wie lange, seit Sie dem Wohlklang,

dem Zauber laut vorgelesener Poesie oder dem Murmeln der Wellen an einem einsamen Strand lauschten? Wie lange, seit Sie ofenfrisches hausgemachtes Brot kosteten? Wie lange, seit Sie durch knöcheltiefes goldenes und rotes Herbstlaub wateten? Oder den Rauch von einem Holzfeuer rochen? Oder den Schrei der Wildgänse hörten? Viel zu lange wahrscheinlich.

Gewiß können einzelne Sinne, wie das Gehör und das Sehvermögen, mit den Jahren schwächer werden, doch läßt sich das meistens korrigieren. Nehmen Sie ein Vergrößerungsglas zur Hand, und studieren Sie die Zusammensetzung eines Stücks Quarz oder die Struktur einer Blume. Stellen Sie den Plattenspieler mit Ihrer Lieblingsmusik ein bißchen lauter, und wenn die Nachbarn reklamieren, bitten Sie sie herein, um mitzuhören. Stehen Sie an einem Morgen ganz früh auf, und beobachten Sie das Wunder des Sonnenaufgangs – Sie brauchen dazu keine Lesebrille.

Nehmen Sie nicht Abschied von Ihren Sinnen, bloß weil Sie älter werden. Und lassen Sie sich von ihnen auch nicht den Abschied geben.

6. *Leben Sie Ihr Leben, und vergessen Sie Ihr Alter.* Ein sechsundachtzigjähriger Bekannter war Besitzer und Manager eines großen Hotels in Chicago. Bewundernd sah ich ihm zu, wie er ein Diner für 1500 Personen beaufsichtigte, bei dem ich als Redner mitwirkte. »Frank«, fragte ich, »wie alt sind Sie eigentlich?« »Warum? Ist Ihr Zimmer nicht in Ordnung? Läßt der Service hier zu wünschen übrig?« »Nein, aber ich weiß, wie alt Sie sind, weil Sie mit meiner Mutter zur Schule gegangen sind.«

»Hören Sie zu, Sohn«, sagte er – und der »Sohn« schlug bei mir mächtig ein –, »leben Sie Ihr Leben, und vergessen Sie Ihr Alter.« Und dann erklärte er mir, wenn er in den Spiegel schaue, sehe er nicht Frank Bering, einen alten Mann. Er sehe Frank Bering – Punkt.

7. *Ziehen Sie sich nie aus dem Leben zurück.* Ich warne Sie: Ihr Plus-Faktor könnte anfangen, Sie im Stich zu lassen. Verlernen Sie das Staunen nicht. Bleiben Sie mit der an Wundern reichen Welt um Sie herum in Berührung. Probieren Sie Neues aus. Sie sind nie zu alt, um schöpferisch tätig zu sein. Wir wissen, daß Tizian *Die Schlacht von Lepanto* malte, als er achtundneunzig war, daß Verdi die Achtzig überschritten hatte, als er die hinreißende Musik der *Aida* komponierte. Goethe und Tolstoi schrieben einige ihrer besten Werke in ihren späten Jahren. Solche überragenden Genies werden die meisten von uns nie sein. Aber zeitlebens schöpferisch sein, das können wir. Denken Sie an die großartige Tatsache: Wenn Sie das Leben nicht aufgeben, gibt das Leben Sie nicht auf.

8. *Freuen Sie sich daran, Sie selbst zu sein.* Dr. Hans Selye, der große Fachmann in bezug auf Streß, hat gesagt, der meiste seelische Streß rühre davon her, daß man etwas sein wolle, was man nicht ist. Ältere Menschen brauchen sich gewöhnlich nicht mehr viel daraus zu machen, was andere Leute von ihnen denken. Sie können Ihre Meinung frei äußern. Sie müssen sich nicht so sehr den andern anpassen. Sie müssen nicht mehr so aggressiv, so streberisch, so materialistisch sein. Sie haben mehr Zeit und manchmal auch mehr das Bedürfnis, anderen zu helfen. Ihre späten Jahre können eine sehr angenehme, produktive Zeit sein – wenn Sie die Heiterkeit erlangen, die daraus erwächst, daß man einfach man selbst ist.

9. *Leben Sie einen Tag um den andern.* Betrachten Sie jeden

einzelnen als kostbar. Leben Sie ihn voll aus. Verbannen Sie die Vorstellung, daß »die Zeit ausläuft«. Nehmen Sie jeden Tag und seine Fülle an Gelegenheiten, und machen Sie das Beste daraus. Sie werden überrascht sein, wieviel Sie tun können.

Ich sprach bei einem großen Abendessen für mehr als 2500 Personen, und der andere Redner war General Jimmy Doolittle, einer unserer Helden aus dem Zweiten Weltkrieg.

Der inzwischen neunzigjährige General riß an jenem Abend die ganze riesige Tischgesellschaft mit seiner Ansprache hin. Auf die Frage, wie er mit dem Alter fertig werde, antwortete er: »Ich tue genau das, was ich immer getan habe: Ich lebe einen Tag um den andern.« Und ich möchte hinzufügen, daß sein Plus-Faktor genausogut funktioniert, wie er es immer getan hat.

19

Wie man den Plus-Faktor in Gang hält

Um den Plus-Faktor in Gang zu halten, empfehle ich folgendes:

Bauen Sie in Ihr Denken und in Ihren Lebensstil die zehn goldenen Grundsteine ein:

Glaube
positives Denken
Beharrlichkeit
Zuversicht
positive Vorstellungen
Gebet
Bekräftigung
Vertrauen
Liebe
Arbeit

Die Reihenfolge muß nicht unbedingt die hier gewählte sein. Aber wenn alle zehn oder auch nur die Mehrzahl dieser Grundmotive uns regelmäßig beseelen, wird als Ergebnis die besondere Eigenschaft namens Plus-Faktor stets in uns wirken. Und unser Leben wird dadurch mit Freude und Zufriedenheit und guten Leistungen erfüllt.

Ich habe diese Lebensweise schon seit langen Jahren gelehrt und befürwortet. Und ich habe viele Nachrichten von Menschen in fast allen Teilen der Welt bekommen, die mir sagten oder schrieben, daß sie diese Grundsätze mit Erfolg angewandt hätten. Manche dieser Mitteilungen legten begeistertes Zeugnis dafür ab, daß die Beherzigung der zehn goldenen Regeln Lebenswenden herbeigeführt und Menschen zu einem intensiven Leben reich an Erfolg und Glück geleitet hat, das sie sich nie erträumten.

So möchte ich denn in diesem letzten Kapitel zu ergründen versuchen, wie im einzelnen diese Geisteshaltungen, die ich die »goldenen« nenne, im Erleben so vieler Menschen erfolgreich am Werk waren.

Der erste, von dem ich Ihnen erzählen will, veranschaulicht die positive Wirkung schöpferischer Unzufriedenheit. Er war ein New Yorker Taxifahrer, der mich zum Kennedy-Flughafen brachte. Sein Wagen war makellos sauber wie auch er selber. Der Mann hatte etwas Genialisches: er war nämlich nicht nur zufrieden – er war auch unzufrieden. Doch er sagte mir gleich, daß er ein überzeugter positiver Denker sei.

Während der Fahrt brachten die Radionachrichten eine kurze Zusammenfassung einer Rede, die der Gouverneur am Vorabend gehalten hatte. Es war eine leidenschaftliche Erklärung, daß er, der Gouverneur, alles daran setzen werde, alle Ratten aus New York City zu vertreiben.

Der Fahrer stellte das Radio ab mit den Worten: »Ich weiß nicht, ob der Gouverneur weiß, wie man Ratten los wird. Aber ich weiß es. Ich lebte nämlich früher in einem Ghettobezirk von Manhattan. Aber«, beteuerte er, »in meinem Haus gab es nie Ratten.«

»Warum nicht?«

»Weil unser Haus sauber war, tadellos sauber. Meine Frau

ist eine phantastische Hausfrau. Sie haßt Schmutz, und darum gab es bei uns keinen, aber auch gar keinen Schmutz. Es spielt keine Rolle, wie ärmlich die Gegend ist, in der man wohnt, es gibt keine Entschuldigung dafür, die eigene Wohnung nicht sauber zu halten. Und es gibt noch eine Methode, Ratten zu überlisten«, belehrte er mich. »Ich füllte jede Öffnung mit Glasscherben. Das macht es für eine Ratte so mühsam, daß sie es leid wird und weiterzieht.

Auch in diesem sogenannten Ghetto war ich ein zufriedener Mensch«, lächelte er breit, »und warum auch nicht: hübsche Frau, brave Kinder, nettes Heim – was kann man mehr verlangen? Ich war ein zufriedener Mann und ein positiver Denker ...

Aber ...«, und dann kam die gute alte schöpferische Unzufriedenheit: »Ich wollte etwas Besseres: ein Haus außerhalb der Stadt mit Gras und Bäumen und Blumen. Deshalb arbeitete ich schwer und sparte mein Geld, und einer meiner Fahrgäste, ein Anlageberater, gab mir Tips, wie ich das bißchen, das ich hatte, gut anlegen konnte, und wissen Sie was?«

»Nun, was denn?« fragte ich, fasziniert von dieser Geschichte des guten alten amerikanischen Selbstvertrauens. Also: er bekam sein Haus – auf Long Island, mit ein paar kümmerlichen Bäumen und kaputtem Rasen und keinerlei Blumen. Der Mann hatte keine Ahnung, wie man Rasen pflegt oder Blumen zieht. Aber er beschaffte sich ein paar Broschüren über Rasenkultur und Blumenzucht, und aus der Gartenbeilage einer Sonntagszeitung bezog er manchen guten Tip. Zuletzt hatte er einen Garten, von dem die ganze Nachbarschaft sprach. So sehr, daß alle neiderfüllten Hausfrauen an der Straße ihre Ehegatten bedrängten, sich dem Gärtnern zu widmen. So wurde schließlich ein ganzes Quartier zu einem Ort der Schönheit.

»Wunderbar!« sagte ich, »positiv wunderbar! Ist es nicht unglaublich, was ein einzelner zustande bringt, wenn Zufriedenheit, angekurbelt von Unzufriedenheit, ihn richtig motiviert? Jemand, der nicht auf ein staatliches Wohnungsbauprogramm wartet, sondern selbst etwas unternimmt. – Jetzt sind Sie erst wirklich zufrieden, nicht?«

»Aber sicher«, antwortete er stolz. »Ich bin ein zufriedener Mann. Hübsche Frau, brave Kinder, schönes Heim und Garten ... aber ...«

Er fing an, mir zu erzählen, was ihm für die Zukunft vorschwebte, und das hörte sich mächtig nach treibender Unzufriedenheit, nach dem Zielen auf etwas noch Besseres an.

Daß dieser New Yorker Taxifahrer seinen Plus-Faktor in Topform hält, steht fest. Wenn ich irgendwann zufällig wieder in seinem Wagen sitze, wird er mir vielleicht von ein paar herben Erfahrungen zu berichten haben, aber ganz sicher auch davon, wie er sie besiegt hat. Denn er gehört zu den Menschen, die Schläge elastisch auffangen und am Ende die Gewinner sind. Und die schöpferische Unzufriedenheit, die ihn immer nach etwas Besserem drängt, ist einer der Gründe dafür.

Jetzt möchte ich Ihnen von einem meiner anregenden Freunde erzählen, Pete McCulley, einem Trainer im American Football. Er war nacheinander Fängertrainer bei den Baltimore Colts und bei den Washington Redskins gewesen. Dann, im achtzehnten Jahr seiner sehr erfolgreichen Trainerkarriere, erreichte er sein höchstes Ziel: er wurde Cheftrainer der San Francisco 49er. Dann aber kam der verheerende Schlag. Er wurde aus dieser sportlichen Spitzenposition entlassen.

Trotz dieses Schocks und Mißgeschicks aber funktionierte

Petes Plus-Faktor großartig. Ed Jacoubowsky, Sportjournalist der »Palo Alto Times«, schrieb über ihn: »Doch McCulley tritt mit Würde ab. ›Ich gebe niemandem die Schuld als mir‹, sagt er. ›In diesem Geschäft hat man entweder Erfolg, oder man ist weg. Man kann nicht durchs Leben gehen und ständig andere verantwortlich machen. Man hofft natürlich, wenn man eine Chance in der Nationalliga bekommt, daß es besser gelingt als so. Aber das ist nun Vergangenheit, fertig, vorbei.‹ Für manche vielleicht. Aber nicht für Pete McCulley. Was immer er anpackt, er wird Erfolg haben. Er ist ein Siegertyp.«

Als einer der qualifiziertesten Trainer im Profi-Football landete er bald danach in einer Spitzenstellung bei den New York Jets. Damals schrieb er mir den folgenden Brief. Es ist der Brief eines echten Champions, in dem ein großer Plus-Faktor am Werk ist. Und wie Sie aus diesem Brief ersehen, weiß er, wie man diesen in Gang hält: Er praktiziert die zehn goldenen Regeln. Der Brief lautet:

> Lieber Dr. Peale,
> als wir vor zwei Jahren nach Long Island zogen, weil ich eine Stelle bei den New York Jets annahm, war mir, als hätte ich mein Herz in San Francisco gelassen. Ich war als Chef-Coach der San Francisco 49er entlassen worden, nachdem sich mein Karrieretraum, Cheftrainer eines Nationalliga-Clubs zu werden, dort erfüllt hatte. Es war eine bittere Pille, und moralisch war ich so down, daß ich das Gefühl hatte, nach oben graben zu müssen, um an den Boden zu gelangen. Doch der Umzug nach New York war ein Segen, denn er brachte mich an einen Ort, wo ein wahrer Mann Gottes einer wunden Seele echte Hilfe leisten konnte.

Als Trainer habe ich zahlreiche Niederlagen und Schwierigkeiten aller Arten überwunden. Normalerweise greife ich, wenn ich in ein Sumpfloch falle, in meine Hüfttasche, um zu sehen, ob ich einen Fisch gefangen habe. In diesem Fall jedoch benötigte ich eine starke Dosis Ihres praktischen Christentums, um volle Genesung und seelischen Frieden wiederzuerlangen.

In letzter Zeit habe ich in meiner Fuchshöhle meine körperlichen und seelischen Muskeln gestärkt. Meine Fuchshöhle befindet sich in unserem Keller, wo ich Krafttrainingsgeräte, einen Hometrainer und ein Tonbandgerät habe, dazu mindestens dreißig Ihrer Predigten auf Band. Jeden Morgen um sechs Uhr, wenn ich dort trainiere, höre ich mir dabei zwei Ihrer Bänder an, um meine körperlichen und seelischen Muskeln gleichzeitig zu stählen. Im Sport sagt man, Müdigkeit mache Feiglinge aus allen, die ein hohes Ziel anstreben. Ich glaube, das gilt auch für das Seelische, und ich will natürlich nicht müde werden und das Ziel verfehlen.

Danke, daß Sie den Brennstoff besorgt haben, um die hungrigen Gefühle zu entflammen, die tief in meinem Innern darauf brennen, Gottes Willen in einem sinnvollen Leben zu finden. Es ist wirklich, wie verheißen, der Sieg, der »die Welt überwindet«. Gott segne Sie jeden Tag.

Mit herzlichen Grüßen
Pete McCulley

Gegenwärtig arbeitet Pete als Assistenztrainer in Kansas City. Durch seinen starken Glauben und sein reifes Verständnis der Höhen und Tiefen im Sport wie im Leben ist er ein großartiger positiver Denker geworden. Er weiß, daß positives Denken in guten wie in schlechten Zeiten funktioniert. Und daß die zehn goldenen Regeln uns helfen, alle Lebenslagen zu meistern.

In der Tat, eine Fähigkeit, die wir pflegen müssen, ist das richtige Reagieren, wenn böse Zeiten kommen. Die »goldenen zehn« sind nicht dazu da, aus unserem Leben ein Rosenbett zu machen, sondern vielmehr, uns so zu stählen, daß wir Sorgen und Schwierigkeiten als starke Menschen auf uns nehmen und bewältigen. Die ständige, ehrliche Anwendung der zehn Grundsätze, die am Anfang dieses Kapitels aufgelistet sind, machen das Leben besser, sogar großartig, und führen zu echtem Erfolg. Aber sie verleihen auch Durchhaltekraft, wenn die harten Schläge eintreffen. Sie ziehen einen förmlich durch alles hindurch und bringen einen sogar dann wieder auf die Füße, wenn alles hoffnungslos erscheint. Das sagen die vielen Leute, die sich mit mir darüber unterhalten haben.

Als ich eines Abends bei einer öffentlichen Versammlung von Handelsvertretern zu sprechen hatte, betrat ich den Saal durch den Bühneneingang und setzte mich hinten hin, um auf den Beginn des Programms zu warten. Ein etwas untersetzter, athletisch aussehender Mann trat herzu und stellte sich als Zeremonienmeister der Veranstaltung vor. Er war lebhaft, voll Schwung und Begeisterung. Seine positive Lebenseinstellung war eindrücklich zu spüren.

Er erzählte mir, daß er im Krieg in Südostasien Helikopterpilot gewesen war. Er wurde abgeschossen und so schwer verletzt, daß wenig Hoffnung bestand. Wegen einer vermuteten Gehirnschädigung gelangten die Ärzte zur provisorischen Diagnose, daß er, selbst wenn er überlebte, »nur noch dahinvegetieren« würde. Er wurde einer Gehirnoperation unterzogen und behielt eine kleine Metallplatte im Schädel zurück.

Dann überführte man ihn in ein Militärhospital in den Vereinigten Staaten. Er war an beiden Beinen und Armen gelähmt. Aber er konnte sprechen, und auch seine geistigen Fähigkeiten waren nicht beeinträchtigt.

Eines Tages sagte er zu seiner Frau: »Bring mir doch bitte ein Buch über positives Denken, das ich einmal gelesen habe, und lies es mir vor.« Tag um Tag las ihm nun seine Frau von den starken schöpferischen und heilenden Kräften des positiven Denkens vor, bis dieser hoffnungslos darniederliegende Mann eine außerordentlich positive Lebenseinstellung gewann.

Dann gelangte er zur Überzeugung, daß auch er trotz der entmutigenden Prognosen geheilt werden könne.

Er sagte seiner Frau, er werde seinen Geist darauf programmieren, sich seines zerschlagenen Körpers anzunehmen. Er unterzog sich einem intensiven, ausdauernden Training des positiven Denkens und der Affirmation und flößte seinem Geist eine starke leitende Kraft ein. Seine Heilung trat nicht als Wunder über Nacht ein, sie war auch nicht besonders leicht; daß sie aber gelang, dafür war dieser körperlich stramme, geistig rege Mann der lebende Beweis, der mir bestätigte, was ein motivierter Mensch aus sich machen kann, wenn sein Glaube stark genug ist. Er wußte, wie man den Plus-Faktor in Gang hält.

Als ich später zusah, wie dieser bemerkenswerte Mann mit Witz und Geist durch das Programm führte und der ganzen Versammlung einen positiven Stempel aufdrückte, war ich in meiner eigenen Überzeugung erneut bestärkt, daß eine tiefe positive Einstellung alle Schwierigkeiten überwindet. Halten Sie sie also in Gang – immerfort. Es stecken Wunder in Menschen, die ihren Geist auf eine tiefe innere Überzeugung programmieren.

Sogar brüchige Ehen können, wird das Programm der goldenen Regeln angewandt, wieder gekittet werden, wie der folgende Brief veranschaulicht. Er stammt von einer Dame in Australien, wo ich bei mehreren Gelegenheiten Ansprachen gehalten habe.

Lieber Dr. Peale,
es ist mir gelungen, für Ihre Versammlung zwei Karten in der letzten Reihe zu bekommen, und ich überredete meinen Mann, mich zu begleiten, weil ich wollte, daß er Ihre positiven Ideen hört.

Mein Mann war immer ein sehr negativer und zu Ängstlichkeit neigender Mensch; er kommt aus einer großen Familie ohne jede Liebe oder Zuwendung. Wir sind seit fast dreißig Jahren verheiratet und haben fünf Kinder, und bis jetzt war mein Mann weder ein guter Gatte oder Vater, noch hatte er finanziell Erfolg. Vor drei Jahren erlitt er einen Herzanfall, von dem er sich aber gottlob wieder erholte.

Ich beschaffte mir ein Exemplar Ihres Buches *Die Kraft positiven Denkens* und beschloß, einige der Grundsätze des Buches in der Praxis anzuwenden, und in unserer Ehe ist ein Wunder geschehen. Wir sind uns heute näher als fast zwanzig Jahre lang. Mein Mann ist der Mensch geworden, der er in all diesen Jahren hätte sein sollen.

Ich danke Ihnen, daß sie mir geholfen haben, meinen Gott auf positivere Weise zu sehen. Ich bin katholisch, aber der Gedanke, ihn zu meinem Partner zu machen, war mir nie gekommen, und ich weiß, ohne seine Hilfe hätten wir unser Zusammenleben nicht reparieren können.

Ihr Vortrag hat uns so sehr gefreut. Der ganze Saal schien von Ihrer Gegenwart erfüllt zu sein. Ich hoffe, Sie bleiben uns noch viele Jahre erhalten, um in der heutigen Zeit Gottes Werk zu tun.

Mit freundlichen Grüßen

Etliches in diesem Brief weist darauf hin, daß diese Dame die zehn goldenen Regeln befolgt. In einer schwierigen Zeit ist sie zum Sieg durchgedrungen. Der Plus-Faktor in ihrem Inneren, gepaart mit Glauben, Gebet und positivem Denken, war ihr Geheimnis auf diesem Weg.

Man darf ein schwieriges Problem nie negativ angehen, nie annehmen, es sei ja doch nichts zu machen. Das erste, was zu tun ist, ist nachdenken. Praktisch jedes Problem ist lösbar, wenn wir kühl, objektiv und sachlich denken. Geben Sie nie Gefühlsaufwallungen nach. Denken Sie vielmehr nach, beten Sie, und bestätigen Sie sich immer wieder, daß die Kraft, die Einsicht, die Klugheit Ihnen gegeben werden, mit der beschwerlichen Situation fertig zu werden. Bestätigen Sie es sich, indem Sie sagen: »Ich habe einen Plus-Faktor in mir. Er kommt mir jetzt mit Macht zu Hilfe, damit ich gut imstande bin, dieses Problem zu meistern.«

Dann bieten Sie Ihren Glauben auf, Ihnen beizustehen. Denken Sie immer an die große Verheißung. »Wenn ihr Glauben hättet wie ein Senfkorn, so würdet ihr zu diesem Berge [dieser Schwierigkeit] sprechen: Hebe dich von hier weg dorthin! Und er würde sich hinwegheben, und nichts würde euch unmöglich sein.« (Matthäus 17,20)

Auf diese unübertreffliche Art arbeiten der Plus-Faktor, der uns vom Schöpfer eingepflanzt wurde, und die zehn goldenen Einstellungen, die uns Jesus Christus gegeben hat, zusammen. So werden die Probleme des Lebens siegreich gelöst, überwunden oder angenommen. Durch beharrliches Einprägen legen Sie das Erfolgsbild in Ihrem Bewußtsein fest; eigentlich beten Sie dadurch das kraftvolle Gebet des Glaubens. Und dieses hochrangige Gebet überwindet alles, weil es den Glauben aufzeigt. Denken Sie an die Verheißung: »Es geschehe dir nach deinem Glauben.«

Zusätzlich zur Aktivierung des uns innewohnenden Plus-Faktors und zur Entwicklung der Kraft, ihn in Gang zu halten, sind jene zehn goldenen Lebensregeln von höchster Wichtigkeit. Lesen Sie sie noch einmal sorgfältig durch:

Glaube
positives Denken
Beharrlichkeit
Zuversicht
positive Vorstellungen
Gebet
Bekräftigung
Vertrauen
Liebe
Arbeit

Meiner Ansicht nach, die sich auf Tausende von persönlichen Erlebnissen im Verlauf von vielen Jahren stützt, ist die beste Art, aus Schwierigkeiten herauszukommen und ein schöpferisches, glückliches Leben zu führen, die Befolgung der zehn goldenen Lebensregeln. Ich meine das nicht nur ehrlich, sondern auch voll Begeisterung. Diese Lebensweise wird Ihre eigenen angeborenen Fähigkeiten freisetzen wie nichts anderes. Ihre Plus-Kraft wird eine Idee nach der anderen hervorbringen, die zu Ihrer Fähigkeit beiträgt, erfolgreicher mit allem fertig zu werden. Ich habe es bei zu vielen Leuten jedes Typs und Herkommens miterlebt, um auch nur den Schatten eines Zweifels daran zu hegen, daß alles wahr ist, was ich hier schreibe.

Die Erlebnisse, die in diesem Kapitel erzählt wurden, erhärten die Tatsache, daß die Lehren Jesu Christi die besten Werte im Leben hervorbringen und dem Glaubenden die Fähigkeit schenken, selbst den schwierigsten Situationen entgegenzutreten und sie zu überwinden. Ich will nicht sagen, daß sie Reichtümer produzieren und einem jeden alles geben, was er sich wünscht, denn was er sich wünscht, ist nicht unbedingt das, was Gott für ihn will. Ich sage aber, daß er bekommen wird, was er braucht, und daß Gott in seiner großen Güte ihn mit seinem Wohl in vollem Maße versehen wird. Denken Sie an dieses Versprechen:

> ... aber euer himmlischer Vater weiß, daß ihr all dessen bedürft. Trachtet aber zuerst nach dem Reiche Gottes und nach seiner Gerechtigkeit, so wird euch solches alles hinzugelegt werden. (Matthäus 6,32–33)

Ich habe immer festgestellt, daß bei Menschen, die nicht nur die Lehren Jesu befolgen, sondern auch seinen Geist der Liebe, des Mitgefühls und der Achtung für andere besitzen, der eigene Plus-Faktor mit besonderer Kraft wirkt.

Ein alter Bekannter von mir, der bekannte Schriftsteller Ben Sweetland, wurde von vielen geachtet und geliebt. Er war eine positive Persönlichkeit, die es liebte, anderen zu helfen. Und er leistete diese Hilfe oft auf ganz neue Art. Wie er bei einem Maler den Plus-Faktor aktivierte, ist eine Geschichte, die er mir während eines Abendessens in San Francisco erzählt hat.

Ben ließ in seiner Wohnung Malerarbeiten ausführen durch einen Mann namens John Doyce, der eines Tages sagte: »Sie haben ja so ein Glück! Wie gern hätte ich ein eigenes Heim!« Ben, der wußte, daß der Maler um die Fünfundvierzig und verheiratet war, fragte ihn, warum er das nicht habe. John leierte eine lange Liste von Ausgaben herunter, die das Aufziehen von zwei Kindern in einer Zeit der ständig steigenden Lebenskosten mit sich brachte. Er kam gerade knapp zurecht.

Ben überließ John seiner Arbeit, aber später kam er zu ihm zurück mit einer Schachtel in der Hand. Es war eine gewöhnliche Konfektschachtel, die Ben in eine behelfsmäßige Bank verwandelt hatte. Er bat um eine Münze. Verwirrt zog der Maler einen Zehner aus der Tasche, den Ben entgegennahm und in den »Sparkassen«-Schlitz steckte. Dann überreichte er ihm die Schachtel und sagte: »John, Sie sind auf dem Weg zu Ihrem eigenen Heim.«

John schaute verblüfft drein, aber Ben erklärte ihm, er müsse sich die Gewohnheit des Sparens aneignen. Jedesmal, wenn er Geld verdiene, müsse er einen Teil davon, und wäre es noch so wenig, wegnehmen und in die Schachtel stecken. Letzten Endes würden die kleinen Beträge etwas ergeben. Der Maler nahm die »Bank« mit, aber Ben sah ihm an, daß er seine Zweifel hatte.

Ein paar Jahre danach jedoch erhielt Ben mit der Post eine Einladung zu einer »Hauseinzugs-Party« – von John und seiner Frau. Das Heim war nicht nur angemessen, sondern bezaubernd und voller Phantasie eingerichtet.

John erzählte Ben, daß das Geldsparen nicht das Wichtigste für den Hausbau – und für andere Lebensbereiche – gewesen war. Er hatte vielmehr gelernt, seine Einstellung zu ändern – das »ich kann nicht« durch »ich kann« zu ersetzen. Als seine Konfektschachtel erst einmal überfloß, nahm er

Nebenarbeiten an und steckte alles, was er dabei verdiente, in den »Baufonds«. Dadurch, daß er John zu diesem entscheidenden Schritt brachte, hatte Ben Sweetland zur Aktivierung seines Plus-Faktors beigetragen. Und eine veränderte Einstellung hielt diesen in Gang.

Wer jemandem hilft, zu beherzigen, daß es »ich kann« heißt anstatt »ich kann nicht«, begeht eine Tat der Nächstenliebe. Denn dadurch setzt er dieses Sondertalent, dieses größere Etwas frei, das der Schöpfer diesem Nächsten eingepflanzt hat. Sich so um Menschen zu kümmern, daß man sie dabei unterstützt, das zu werden, was sie sein können, ist eine erhabene Form christlichen Verhaltens. Und etwas zu tun, das einem anderen hilft, seinen Plus-Faktor in Gang zu bringen und zu entwickeln, heißt außerdem, nicht nur dessen Glück und Wohlergehen zu vergrößern, sondern auch das eigene.

Während ich zu den letzten Seiten dieses Buches komme, erinnere ich mich an eine kleine Kirche in der Schweiz und an ein paar Worte, die ich dort gehört habe.

Eines Sonntags in Zermatt suchten meine Frau Ruth und ich die kleine englische Kirche im Herzen des Dorfes auf. Gottesdienst hielt an jenem Morgen ein Bischof der Church of England, ein hochgewachsener, stattlicher, weißhaariger Mann mit langen, ausdrucksvollen, blaugeäderten Händen. Er las aus dem Gebetbuch in seinem korrekten Englisch, jede Silbe so klar und deutlich wie eine frischgeprägte Münze. Dann schloß er das Buch, kam von der Kanzel herunter, stand im Mittelgang und sagte, er würde gern für ein paar Minuten ganz zwanglos zu uns sprechen. Und was er zu sagen hatte, war wahrhaft denkwürdig.

Er erzählte von dem kleinen Friedhof inmitten des Dorfes, wo manche der Bergsteiger begraben sind, die ihren Kampf mit dem großen Matterhorn verloren haben. Auf einigen der Gräber, sagte er, seien die Eispickel zu sehen, die diesen mutigen Männern gehört hatten. Dann stellte er ein paar Fragen: »Warum sind Sie heute hier? Warum bin ich hier? Wir mögen verschiedene weniger wichtige Gründe haben, aber der wahre Grund unseres Hierseins, ob wir uns dessen bewußt sind oder nicht, ist doch, daß wir den Bergen nahe sein wollen.« Er zitierte die majestätischen Worte aus dem 121. Psalm: »Ich hebe meine Augen auf zu den Bergen, von denen mir Hilfe kommt.« Stille senkte sich über die Gemeinde. Man spürte, wie die schweigende Kraft der hohen Berge uns umhüllte, sich in unsere Herzen stahl, Ruhe und Frieden verbreitete und ein tiefstes Bewußtsein der wunderbaren Macht, die diese Berge erschaffen hat.

Der Bischof wies auf die Kirchenwand. »Sehen Sie die Gedenktafel dort? Für mich ist es nicht einfach eine Tafel, sondern ein Symbol für einen Jungen, der im Friedhof liegt. Ein englischer Junge. Ich kannte ihn gut. Ich kannte seine Eltern. Er kam hierher, als er erst einundzwanzig war. Voll Eifer und Zuversicht erkletterte er das Matterhorn, als ein Seil riß und er abstürzte ...«

Der Bischof hielt inne. Die Stille um uns schien sich noch zu vertiefen.

Schließlich sprach der Bischof weiter: »Aber war dies das Ende für den jungen Mann, der so voller Leben und Verheißung war? Wer ihn gekannt hat, glaubt es nicht. Seine Eltern glauben es nicht. Ich glaube es nicht. Auf dem Friedhof, wo er mit den anderen zusammen liegt, gibt es einen in Stein gemeißelten Satz: ›In den Augen der Unklugen scheinen sie zu sterben.‹ Der Tod ist die Illusion, die Sicht der Kurzsichtigen. Klügere wissen, daß dieser Junge beim Hochklettern starb. Er bewegte sich nach oben. Und im Leben jenseits dieses Lebens bewegt er sich weiter nach oben, steigt er noch immer auf ...«

Wieder verstummte der Bischof. Kein Laut war in der kleinen Kirche zu hören. Endlich fuhr er fort: »Und so sage ich Ihnen, wenn Sie diesen Ort verlassen, suchen Sie einen Berg, den es zu ersteigen gilt. Suchen Sie eine Schwierigkeit, und überwinden Sie sie. Suchen Sie ein Hindernis, und bewältigen Sie es. Sie sind rundum von den großen lebenspendenden, lebenerhaltenden Kräften der Schöpfung umgeben. Geben Sie sich ihnen hin. Vertrauen Sie ihnen. Heben Sie die Augen auf zu den Bergen. Behalten Sie die höchsten Gipfel im Blick ... und Sie werden stets die Kraft finden, die Sie brauchen.«

Ruth und ich verließen die Kirche angeregt und innerlich erhoben. Wo immer Sie sein mögen, wer immer Sie sein mögen, liebe Leserin, lieber Leser, vertrauen Sie auf Gott. Erleben Sie die alles verändernde Macht Jesu Christi. Entwickeln Sie Ihren gottgegebenen Plus-Faktor. Dann können Sie in Freuden leben und schöpferisch mit allem umgehen, was Ihnen das Leben bringt.